인·공·지·능

100개의 징검이야기

중세 로봇에서부터 알파고까지

클리퍼드 A. 픽오버 지음 · 이 재 범 옮김

"기계가 언어를 사용하고, 추상화와 개념을 형성하고, 지금은 사람에게 맡겨진 문제들을 풀어내고, 스스로 개선하게끔 만들기 위해 사람들은 방법을 찾으려 시도하게 될 것이다. . . . 현재의 인공지능 문제란, 사람이 그렇게 했다면 지능적이라고 불리었을 방식으로 기계가 행동하게 만드는 것이다."

— 존 매카시, 마빈 민스키, 너새니얼 로체스터, 클로드 섀넌,
『인공지능에 관한 다트머스 여름 연구 프로젝트 제안서』, 1955

"인공지능은 차를 운전할 수 있고, 증권 거래를 할 수 있고, 단순히 유튜브 동영상만 보고도 복잡한 기술을 배울 수 있고, 수십 개의 다른 언어들을 번역할 수 있고, 우리가 하는 것보다 더욱 정확하게 사람 얼굴을 인식할 수 있고, 질병을 고치기 위하여 새로운 약물을 발견하는 데 도움이 될 독창적인 가설을 만들 수 있다. 이것은 그저 시작에 불과하다."

— 루크 도멜, 『생각하는 기계』, 2017

"기계가 우연히 음표들을 선택하는 것이 아니라, 생각과 감정으로 소넷이나 협주곡을 작곡할 수 있을 때까지는 기계가 두뇌를 가졌다고 동의할 수 없다. 즉 뭔가를 작곡하는 것뿐만 아니라 작곡했음을 알아야 한다."

— 제프리 제퍼슨 교수, 『기계적 사람의 마음』, 1949

"우리가 탄소로 만들어졌는지 실리콘으로 만들어졌는지는 근본적으로 차이가 없다. 우리는 각자 적절한 존중을 받아야 한다."

— 아서 C. 클라크, 『2010년 스페이스 오디세이』, 1984

"철학, 수학, 심리학, 심지어는 신경학과 같은 많은 분야에서 등장한 인공지능은 인간 지능, 기억, 정신/신체 문제, 언어의 기원, 상징적 추론, 정보 처리 등에 관하여 근본적인 질문을 제기한다. 인공지능 연구자들은 금속에서 금을 만들려고 노력했던 옛 연금술사들마냥 아주 작은 실리콘 산화물로부터 생각하는 기계를 창조하려 한다."

— 대니얼 크리비어, 『AI: 인공지능 탐색에 관한 시끌벅적한 역사』, 1993

목 차

들어가는 글

"전체 시간에서 유기물 지능이 차지한 기간은, 초창기 생명과 앞으로 올 오랜 기계 시대 사이에 오는 그저 가느다란 틈에 불과하다."

— 마틴 리즈, "대담", 2017년 4월 인터뷰

인공지능 그리고 그 너머

"많은 최첨단 인공지능들이 일반 응용에 쓰이고 있지만 종종 인공지능이라고 불리지 않는다. 왜냐하면 일단 뭔가가 충분히 유용해지고 보편화 되면 더는 인공지능이라는 딱지가 붙지 않기 때문이다."

— 닉 보스트롬, "인간의 두뇌를 앞서기 시작한 인공지능," CNN.com, 2006년

역사를 쭉 살피다 보면 마음의 신비, 사고의 본질, 그리고 인공적 존재의 가능성 등이 예술가, 과학자, 철학자, 심지어 신학자들을 사로잡아왔음을 알 수 있다. **오토마타**, 즉 살아있는 존재를 모방하여 만든 움직이는 기계 장치에 관한 상징과 이야기들이 신화, 예술, 음악, 문학 속에 스며들어있다. 기계가 하는 지능적 행동이라는 인공지능(AI)에 우리가 얼마나 매혹되었는지는, 감성적인 로봇이 등장하거나 우리가 거의 이해할 수 없는 고급 지능을 다루는, 주제가 무시무시하거나 초월적인 블록버스터 영화 혹은 비디오 게임을 통해서도 드러난다.

이 책에서 우리는 고대의 게임에서부터 시작해서, 규칙이 거의 없거나 전혀 없으면서도 학습을 통해 성능을 향상시키는 인공 신경망 등을 포함하여 첨단 현대 컴퓨팅 방법에 이르기까지 광범위한 시대순 여행을 시작하려 한다. 그 과정에서 우리는 아서왕 전설에 나오는 신

비로운 구리 기사와 같이 기묘하고 당혹스러운 놀라움을 접할 것이다. 또한, 250년도 더 지나서 미국 작가 토마스 핀천의 역사 소설『메이슨과 딕슨』에 영감을 주었던 초현실적 오리 오토마톤인 도 보캉송의 오리 오토마톤과, 기계 장치를 사용해서 인공적으로 생각을 만들어내는 체계적 접근 방법을 최초로 시도했던 13세기 카탈로니아 철학자 라몬 룰도 만나볼 것이다. 1893년으로 건너뛰면『일렉트릭 밥의 대형 흑타조』라는 기발하고 재미있는 소설을 만나게 된다. 이것과『대평원의 스팀맨』 시리즈는 빅토리아 시대의 스팀 펑크 운동 과정에서 기계적인 모든 것에 대해 사람들이 키워나가던 열정을 담고 있어서 유명하다.

보다 최근으로 오면 1952년이 되자 체커 게임을 하는 최초의 컴퓨터 프로그램이 구현되었다. 1955년에는 외부의 간섭 없이 게임하는 법을 스스로 배우는 프로그램을 IBM의 아서 새뮤얼이 만들었다. 오늘날 인공지능이라는 용어는 학습하고, 문제를 풀고, 자연어 처리를 써서 인간과 상호작용하도록 설계된 시스템을 종종 일컫는다. 아마존의 알렉사, 애플의 시리, 마이크로소프트의 코타나 같은 지능형 개인 비서 서비스는 모두 인공지능의 일부 측면을 포함하고 있다.

이 책에서는 인공지능의 윤리적 사용에 관한 매력적인 쟁점들도 다룰 것이다. 여기에는 심지어 인공지능 개체가 위험스러울 정도로 초지능적이 된다면 이것을 외부 세계와 단절시키기 위해 "밀봉" 상자에 가둬두는 문제도 포함되어 있다. 물론 인공지능의 범위와 경계는 시간이 지나면서 변한다. 일부 전문가들은 인간의 인지적 업무를 도와주는 기술을 모두 포함하는 포괄적 정의를 제안한다. 따라서 나는 인공지능 역사에 관한 더 풍부한 이해를 제공하기 위해, 인간의 사고와 인간의 계산을 전통적으로 필요로 하는 문제에 대해 정답을 제공하는 일부 장치나 기계도 포함했다. 주판, 안티키티라 기계(기원전 125년경), 에니악(1946년) 등이 그 예이다. 사실 이런 초기 기술이 없었다면 우리는 현대에 존재하는 첨단 체스 게임 시스템이나 자율주행 시스템을 가지고 있지 못했을 것이다.

여러분이 이 책을 읽을 때 기억해두어야 할 점은, 인공적 존재에 관한 일부 역사적 아이디어나 예측이 지금은 터무니없다고 간주되고 있지만 더 빠르고 앞선 컴퓨터 하드웨어가 등장하면 구린 아이디어도 갑자기 현실이 될 수 있다는 것이다. 우리의 기술적 예측, 심지어 우리의 신화들이란, 적어도 인간의 이해와 창의성에서 나온 매력적인 모델들이다. 그리고 우리가 서로를 이해하고, 또 사회를 위해 신성하거나 유익하다는 것을 배우기 위해 어떻게 하면 문화와 시간을 가로지를지에 대한 모델이기도 하다. 하지만 우리가 인간의 상상력과 천재성을 찬양하더라도 인공지능의 위험 가능성을 포함하여 의도치 않은 결과에 관해 논의하는 것은 아주 중요하다. 이론물리학자인 스티븐 호킹이 2014년에 BBC와 인터뷰하면서 말했듯이, "완전한 인공지능의 개발은 인류의 종말을 가져올 수 있다. . . . 그것은 혼자 스스로 일을 벌여서 점점 더 빠른 속도로 자기 자신을 재설계할 것이다." 달리 말하자면 인공지능 개체가 너무 똑똑해지고 능력이 많아져서 쉬지 않고 자신을 스스로 개선하면 인류에게 큰 위험을 안겨줄 수 있는 일종의 초지능을 창조할 수도 있다는 이야기이다. 때때로 **기술 특이점**이라고 불리는 이런 기술 폭주 성장은 문명, 사회, 인간의 삶에 상상할 수 없는 변화를 초래할 수 있다.

따라서 인공지능의 잠재적 혜택이 자율주행차, 효율적 비즈니스 프로세스, 수많은 분야에서의 동료애에 이르기까지 셀 수 없이 있기는 하지만, 인류가 자율 무기 시스템을 개발한다거나 완전하게 이해가 되지 않는 메커니즘으로 되어 있는 인공지능 기술에 의존하려 할 때는 특별히 주의를 기울일 필요가 있을 것이다. 예를 들어 어떤 인공지능(신경망) 이미지 시스템에서는, 사람이 인지할 수 없는 방식으로 이미지를 조작하여, 동물 사진을 총으로 잘못 인식하게 하거나 비행기 사진을 개로 잘못 인식하게 하는 식으로 "속일" 수가 있다. 만약 테러리스트가 무인 공격 드론을 속여서 쇼핑몰이나 병원을 군사 시설로 오인하게 만든다면 그 결과는 끔찍할 수 있다. 반면에 적절한 센서와 윤리 규칙을 가진 무장 기계는 민간인 사상자를 줄일 수 있다. 인공지능 개체의 놀라운 이점을 위험성이 상쇄하지 않도록 확실히 하려면 정보에 입각한 정책 결정이 필요하다.

많은 복잡한 딥러닝 신경망을 가진 인공지능에 대해 우리가 점점 더 신뢰를 부여해감에 따라 흥미를 끌게 되는 연구 분야 중 하나는, 자신이 어떻게 해서 특정한 결론에 도달하게 되었는지를 인간에게 **설명하는** 인공지능 시스템이다. 하지만 인공지능으로 하여금 스스로에 관해 설명하도록 만들면, 적어도 일부 응용에서는 시스템 자체가 엉망이 될 가능성이 있다. 이런 기계들 중 상당수는 사람이 이해할 수 있는 것보다 훨씬 더 복잡한 현실 모델을 만들 수 있다. 인공지능 전문가인 데이비드 거닝은 최고 성능의 시스템이 가장 설명하기 어려운 시스템이 될 것이라고까지 말했다.

책의 구성 및 목적

나는 과학의 경계지점에 있는 주제와 컴퓨팅에 오랫동안 빠져 왔다. 이 책을 집필할 때 내가 가졌던 목표는 광범위한 독자들에게 **인공지능**의 역사에 관해서 궁금하면서도 중요한 실용적 아이디어를 제공하자는 것이었다. 인공지능이라는 용어는 1955년에 컴퓨터 과학자 존 매카시가 제안하기 전까지 없는 말이었다. 이 책에서 각 이야기는 몇 개의 문단으로만 되어 있어서 독자는 주절주절 쓸데없이 많은 글 속에서 헤맬 필요 없이 아무 쪽이나 펼쳐서 읽을 수 있을 것이다. 물론 이 말은 내가 주제를 깊이 파고들 수는 없었음을 의미한다. 하지만 주석과 참고문헌에서, 다양한 인용문이나 인용된 저자에 관한 출처와 함께 추가 읽을거리를 제시해 놓았다.

철학, 대중문화, 컴퓨터 과학, 사회학, 신학 등과 같이 다양한 연구 분야를 건드리면서 동시에 개인적으로 관심이 있는 주제들도 포함했다. 사실 지금보다 어렸을 때 나는 1969년에 출간된 자시아 라이카트의『사이버네틱 세렌디피티: 컴퓨터와 예술』에 매료되었다. 이 책은 컴퓨터로 만든 시, 그림, 음악, 그래픽스 등을 다뤘다. 또한, 나는 예술 분야에서 인공지능 전문가들이 GAN(생성적 적대 신경망) 기술을 사용해서 실물 같은 얼굴이나 꽃, 새 등의 이미지를 만든 것에 특히나 빠져 있다. GAN은 두 개의 신경망이 서로 맞서도록 하는 방식인데, 한 신경망이 아이디어를 내고 패턴을 만들면 다른 신경망은 그것을 평가한다.

오늘날 인공지능의 응용은 끝이 없어 보인다. 수십억 불의 돈이 매년 인공지능 개발에 투자되고 있다. 알다시피 그런 기술은 바티칸의 비밀 문서보관소에 있는 읽기 어려운 손글씨를 해독해내는 데 사용되었다. 또한, 인공지능은 지진을 예측하고, 의료 이미지와 음성을 해석하고, 환자의 의료 자료 정보를 기반으로 언제 사망할지를 예측하는 일에 사용되고 있다. 농담, 수학 이론, 미국 특허, 게임과 퍼즐, 혁신적 안테나 설계, 새로운 페인트 색, 새로운 향수 등을 만드는 데 인공지능이 사용되어 왔다. 오늘날 많은 이들이 전화기나 다른 장치에 말을 걸고 있는 것과 같이 우리와 기계 사이의 관계는 미래에 점점 더 친밀해지고 인간적으로 될 것이다.

주요 사건, 출판, 발견들을 연관된 연도에 따라 시간순으로 배열한 이 책의 구성에서 각 이야기의 날짜를 정하는 데는 어려움이 있었다. 일부 날짜는 근사치이다. 가능하면 정당한 날짜를 사용하려 노력했다.

이 책에는 1950년 이후에 해당하는 이야기들이 많음을 눈치챌 것이다. 『AI: 인공지능 탐색에 관한 시끌벅적한 역사』(1993)의 작가인 대니얼 크리비어는 "1960년대에 인공지능은 천 송이의 꽃을 피웠다. 인공지능 연구자들은 많은 문제들에 새로운 프로그래밍 기법을 적용했다. 이 문제들은 실제 문제이기는 했으나, 풀어야 할 문제만 떼어내기 위해서 또 한편으로는 당시 가용한 컴퓨터의 작은 메모리 용량에 맞추기 위해서 신중하게 단순화되었다"라고 말했다.

앞으로 다가올 시간에는 의식의 신비, 인공지능의 한계, 마음의 본질 등이 연구될 것이다. 이것들은 실제로 고대부터 사람들의 마음을 끌어왔다. 작가인 파멜라 맥코덕은 그녀의 책 『생각하는 기계』에서 인공지능은 "신을 똑같이 만들어내겠다"는 고대의 소망에서 시작되었다고 적었다.

미래에 이루어질 인공지능의 발견은 인류의 가장 큰 업적에 속할 것이다. 인공지능 이야기는 우리가 미래의 모양을 어떻게 만들어갈 것인가뿐만 아니라, 온통 주변에서 지능과 창의성을 가속화하는 상황에 인간이 어떻게 맞물려 들어갈 것인가에 관한 것이다. 지금으로부터 백 년이 지난 후에 "인간"이란 무엇을 의미하게 될까? 인공지능 에이전트의 사용이 증가함에 따라 사회는 어떤 모습이 될까? 일자리는 어떻게 영향을 받을까? 우리는 로봇과 사랑에 빠질 수 있을까?

누구를 고용할지, 누구와 데이트를 할지, 누구를 가석방할지, 누가 정신 장애가 생길 우려가 있는지, 어떻게 자동차와 드론을 자율적으로 몰지 등을 결정하는 데 도움을 주기 위해 이미 인공지능 방법과 모델들이 사용되고 있다면, 미래의 인공지능에게는 우리 삶에 대한 제어권을 얼마나 더 많이 내어주게 될까? 인공지능이 우리를 위한 결정을 점점 더 많이 내리는 상황에서, 그것이 치명적인 오류를 일으키도록 쉽게 속일 수 있을까? 어떻게 해야 인공지능 연구자들이 다른 사람의 결과와 실험을 더 쉽게 재현할 수 있으면서, 어떤 기계 학습 알고리듬과 구조가 다른 것에 비해서 더 효과적인 이유를 더 잘 이해할 수 있을까?

거기에 더해서 인공지능에 의해 구동되는 장치가 윤리적인 방식으로 행동하고 기계가 사람처럼 정신 상태와 감정을 가지도록 하려면 어떻게 해야 할까? 분명히 인공지능 기계는, 우리의 연약한 두뇌를 위한 보철물인 것처럼 작동하여 우리가 새로운 생각을 하고 새로운 꿈을 꾸게 도와줄 것이다. 나에게 인공지능은 사고의 한계, 인류의 미래, 그리고 광대한 시공간 속에서 우리가 집이라고 부르는 장소에 관한 영원한 경이로움을 키워주었다.

옮긴이의 글

고유명사를 번역하기란 항상 어렵습니다. 고유하다는 것은 시대 및 장소와 결부되기 마련이므로 영어의 고유명사에 해당하는 것이 한국어에 없기 일쑤입니다.

"오토마톤", "오토마타", "안드로이드", "로봇" 등이 그러합니다. 그냥 "자동 인형" 혹은 "자동 기계"라고 옮기기에는 고유명사가 지칭하는 개체의 개별적 특징이 사라져버립니다. "오토마톤"은 살아 있는 생명체를 흉내 낸 자동 인형을 말합니다. 그래서 사람일 수도 있지만 동물일 수도 있습니다. 이것은 아주 오래전에 나타난 개념이며 그 당시 사람들의 상상력을 드러내듯 단순 동작을 반복하고 동력원은 중력이나 물의 흐름과 같은 자연의 힘이거나 태엽 혹은 증기입니다. "안드로이드"는 인간의 기능을 수행하는 인간 모양의 자동 인형을 말합니다. "로봇"은 가장 최근에 등장한 용어입니다. 사람이나 동물뿐만 아니라 자동으로 동작하는 인공적 개체를 포괄하며 인간을 위해 일한다는 목적을 가지고 있습니다. 지능이 없을 수도 있고 아주 고도의 지능을 가지고 있을 수도 있으며, 인간의 명령에 반응합니다. 이런 약간의 차이들 때문에 이 단어들은 원어를 그대로 사용했습니다. 아울러 "오토마타"는 "오토마톤"의 복수형인데 원어를 그대로 사용했습니다.

가능하면 이미 널리 사용되고 있는 번역 사례를 받아들이려고 했지만 단 한 가지는 예외로 했습니다. 흔히 "알고리즘"이라고 번역되는 "Algorithm"은 "알고리듬"으로 번역했습니다. 엄밀히 말해서 "알고리즘"은 "Algorism"이라는 다른 단어와 대응됩니다.

총 100개의 이야기가 큰 그림과 함께 제공되고 있어서 읽기에 즐거움을 더해주지만 때로는 방대한 주제를 짧은 문단에 담아내야 해서 배경지식 없이는 이해되지 않을 수 있습니다. 글에 나오는 전문 용어는 출판사의 관련 웹페이지에서 추가로 설명해 놓았으니 도움이 되셨으면 합니다.

2020년 여름

틱-택-토

고고학자들은 "한 줄에 세 개 놓기 게임"의 기원을 멀리 기원전 1300년경의 고대 이집트까지 거슬러 올라간다. 틱-택-토의 경우, 두 명의 플레이어가 3 x 3의 격자 게임판 위에서 번갈아 가며 각각 O와 X 표식을 한다. 가로나 세로 혹은 대각선 방향으로 자신의 표식 3개를 연달아 먼저 표시한 플레이어가 이긴다.

틱-택-토에 관심이 가는 이유는, **게임 트리**(여기에서 노드는 게임 내에서의 특정 상황이고 에지는 플레이어가 놓은 수를 나타낸다)를 탐색하기가 간단해서 인공지능과 컴퓨터 프로그래밍을 소개하는 용도로 종종 사용되었기 때문이다. 틱-택-토는 "완전 정보" 게임에 해당한다. 완전 정보 게임이란, 모든 플레이어들이 게임 내에서 벌어지는 모든 움직임을 알 수 있는 게임이다. 또한, 틱-택-토는 플레이어들이 차례로 돌아가면서 말을 움직이고 주사위를 사용하지 않으므로, 임의의 상황이 없는 순차적 게임이기도 하다.

후에 몇 세기에 걸쳐 나타난 더욱 진보된 게임들이 틱-택-토를 바탕으로 하고 있다는 점에서 틱-택-토는 물질을 구성하는 "원자"와 같다고 할 수도 있겠다. 이 단순한 틱-택-토 게임은 아주 살짝만 변형하거나 확장만 해도 깜짝 놀랄 정도로 어려워져서 완전히 익히는 데 상당한 시간이 걸린다. 수학자와 퍼즐 애호가들은 틱-택-토를 확장하기 위해서 격자의 개수를 늘리거나 차원을 늘리는가 하면 여러 개의 사각형 보드들을 이어붙여서 토러스(도넛 모양) 혹은 클라인 병(단 한 면만 가지는 표면) 같은 이상한 모양의 놀이판을 만들기도 했다.

틱-택-토에 관한 흥미로운 점 몇 가지를 살펴보자. 플레이어들이 틱-택-토 놀이판에 X와 O를 표시할 수 있는 경우의 수는 362,880(또는 9!)가지이다. 하지만 5, 6, 7, 8, 9 수에 끝나는, 가능한 경기의 수는 255,168가지이다. 1960년에 MENACE AI 시스템(색깔 구슬과 성냥갑으로 만든 장치)은 강화 학습을 통해서 틱-택-토 게임하는 법을 배웠다. 1980년대 초에는 컴퓨터 천재였던 대니 힐리스와 브라이언 실버먼 및 몇몇 친구들이 팅커토이® 조각 10,000여 개를 사용해서 컴퓨터를 만들었는데 이 컴퓨터는 틱-택-토 게임을 할 수 있었다. 1998년에 토론토 대학교의 연구원과 학생들은 3차원 틱-택-토(4 x 4 x 4) 게임을 할 수 있는 로봇을 개발했다.

참조 의식을 가진 방앗간 (1714), 강화학습 (1951), 커넥트 포 (1988), 오델로 (1997), 아와리 게임을 풀다 (2002)

3 x 3 게임을 4 x 4 x 4와 같이 더 높은 차원과 배열 크기로 확장하고, 말을 놨을 때 중력에 의해 밑의 빈 공간으로 내려가는 효과를 도입하면 틱-택-토는 인간과 인공지능 기반 머신에게 훨씬 어려워질 수 있다.

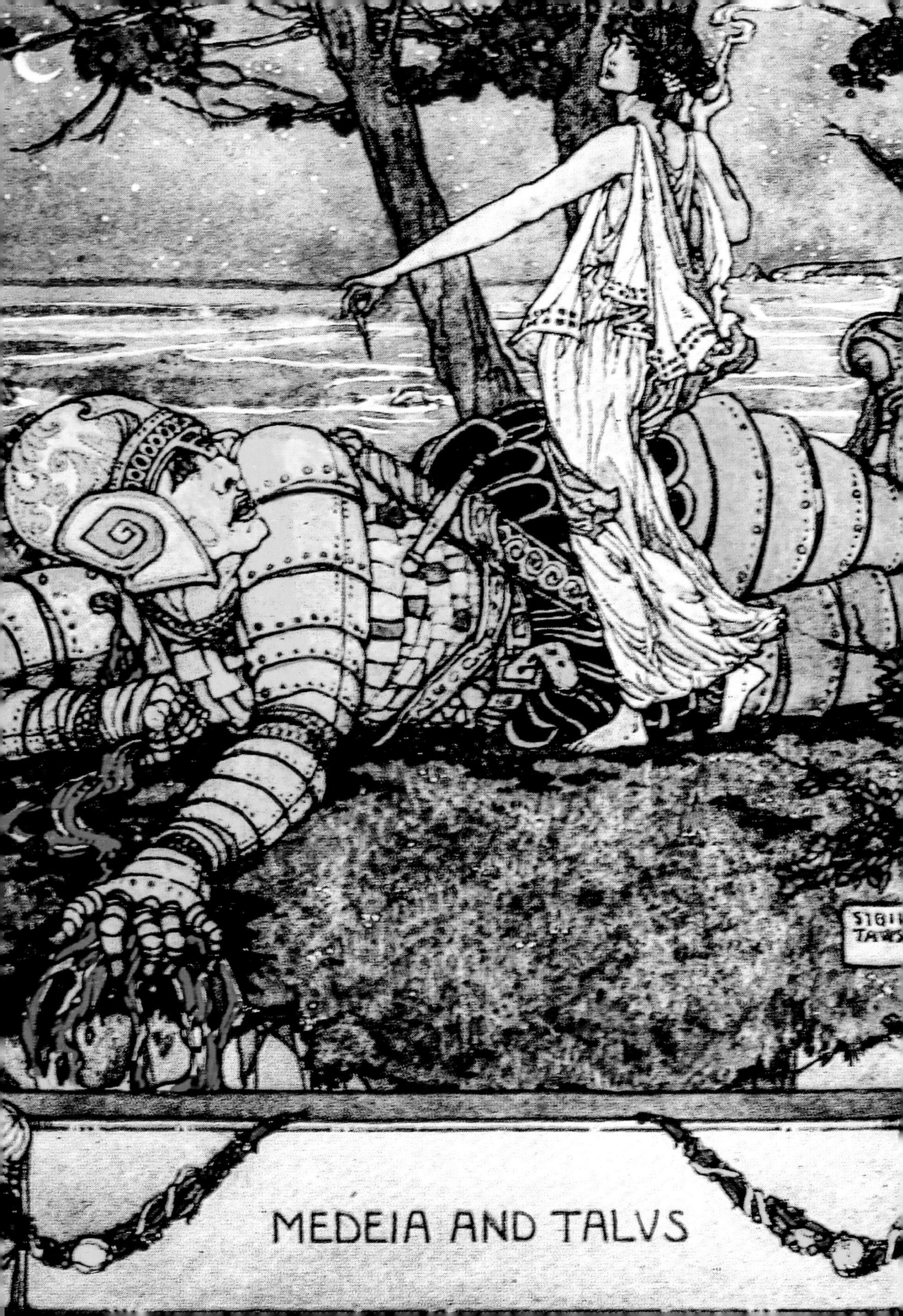

MEDEIA AND TALVS

탈로스

작가인 브라이언 호튼은 이렇게 적었다. "많은 사람들이 익숙해하는 탈로스의 모습은 1963년 작 영화인 <아르고 황금 대탐험>에 나온 청동 거인이다. . . . 그런데 탈로스를 그렇게 묘사한 근거는 무엇인가? 그리고 우리는 그것을 역사상 최초의 로봇이라고 봐야 했던 것은 아닐까?"

그리스 신화에 나오는 탈로스는 크레타 섬 미노스 왕의 어머니인 유로파를 침략자나 해적 또는 다른 적들로부터 보호하는 일을 맡은 거대한 청동 오토마톤§이다. 탈로스는 크레타 섬을 매일 세 번씩 돌면서 해안을 순찰했다. 거대한 바위를 적에게 던져 물리치기도 했고 어떤 때는 불 속에 뛰어들어 몸을 달군 다음에 적을 껴안아 태워 죽였다. 탈로스는 날개 달린 생명체로 묘사되기도 하는데 그리스 크레타의 파이스토스에서 발견된 기원전 300년경의 동전이나 기원전 400년경의 꽃병 그림에서 발견된다.

탈로스의 탄생과 죽음에 관해서는 다양한 설명이 있다. 어떤 그리스 신화에서는 제우스의 요청에 따라 헤파이스토스(금속 가공, 야금, 불, 대장장이 및 기타 장인들의 신)가 만든 것으로 나와 있다. 탈로스는 오토마톤이기 때문에 인간보다 간단한 내부 구조를 가지고 있었다. 실제로 탈로스의 몸에서 정맥은 목에서부터 발목까지 이어지는, 단 한 개뿐이었다. 정맥은 감춰져 있었고 발목에는 청동 쐐기가 박혀 있어서 피가 새는 것을 막았다. 전설에 따르면 마법사인 메데이아가 **죽음의 영혼**Keres으로 탈로스를 미치게 만들어서 스스로 쐐기를 뽑도록 만들었다고 한다. **신성한 피**Ichor가 "녹은 납"처럼 뿜어져 나왔고 결국 탈로스는 죽었다.

탈로스는 고대 그리스인들이 로봇과 오토마톤에 대해 어떻게 생각했는지를 보여주는 하나의 예이다. 다른 사례를 보려면 "비둘기"라고 불리던 자체 추진 비행 새를 설계하고 제작한 수학자 아르키타스(기원전 428-347년)를 참조하자. 이 새는 증기에 의해 작동하는 오토마톤이었다.

참조 크테시비우스의 물시계 (기원전 250년경), 란슬롯의 구리 기사 (1220년경), 골렘 (1580), 프랑켄슈타인 (1818)

토머스 불핀치의 『그리스 로마 신화』(1920)에 나오는 탈로스 모습. 영국 화가 시빌 토스(1886-1971)가 그렸다.

§ 역자: 오토마톤은 살아있는 존재를 모방하여 만든 움직이는 기계 장치를 말한다. 오토마타는 오토마톤의 복수형이다.

아리스토텔레스의 오르가논

그리스 철학자 아리스토텔레스(기원전 384-322년)는 오늘날의 인공지능 연구자들에게 여전히 관심의 대상이 되고 있는 여러 가지 영향력 있는 주제들을 다루었다. 그의 책『정치학』에서 아리스토텔레스는 언젠가 오토마톤이 인간 노예를 대신할 수도 있으리라고 추측했다. "관리자에게 부하가 필요치 않거나 주인에게 노예가 필요치 않은 경우는 한 가지밖에 없다. 도구들이 마치 **다이달로스**가 만든 동상이나 **헤파이스토스**가 만든 삼각 탁자처럼 명령을 받아서 혹은 주인의 뜻을 스스로 헤아려서 일하는 경우이다. 호메로스는 이런 것들을 다음과 같이 시로 읊었다. '그것들은 스스로 움직여서 올림포스산 위에 있는 신들의 회의 장소로 들어갔다.' 다시 말하면 베틀의 북이 스스로 천을 짜고 현악기의 픽이 스스로 하프를 연주하는 식이다."

아리스토텔레스는 논리를 체계적으로 연구한 선구자이기도 하다. **오르가논**이라 불리는 저작들에서 그는 참을 판별하는 방법과 세상을 이해하는 방법에 관한 접근법을 기술하고 있다. 그의 도구들 중에서 가장 기본적인 것은 **삼단논법**이다. 예를 들면, "모든 여성은 반드시 죽는다. 클레오파트라는 여성이다. 따라서 클레오파트라는 반드시 죽는다." 같은 식이다. 만약 두 개의 전제 조건이 참이라면 마지막 결론은 반드시 참이다. 아리스토텔레스는 **특정**과 **보편**(즉, 일반 범주)도 구분했다. '여성'이나 '반드시 죽는다'는 말은 보편적인 용어인 반면에 '클레오파트라'는 특정 용어이다. 보편 용어가 사용될 때는 그 앞에 '모든', '일부' 같은 단어가 온다. 아리스토텔레스는 삼단논법의 많은 종류를 분석했고 어떤 것들이 유효한지를 보여주었다.

아리스토텔레스는 삼단논법이 **모달 논리**를 포함하도록 확장했다. 모달 논리란 '아마도' 또는 '필연적으로' 같은 단어를 포함하는 논리이다. 현대의 논리 수학은 아리스토텔레스의 방법론에서 출발했다고 할 수 있고, 혹은 그의 작업을 다른 종류의 문장 구조로 확장한 것이라고 볼 수도 있다. 후자의 경우로는 "어떤 사람들을 싫어하는 사람들을 모두 좋아하는 사람은 없다"라는 문장과 같이 더 복잡한 관계를 표현하거나 두 개 이상의 정량자를 포함하는 문장 구조 같은 것이 있다. 어찌 되었건 논리에 관한 아리스토텔레스의 깊은 연구는 인류가 거둔 가장 위대한 성취에 속하며 수학과 인공지능 분야의 많은 발전에서 초창기에 자극이 되었다.

참조 탈로스 (기원전 400년경), 불 대수 (1854), 퍼지 논리 (1965)

이 인상적인 아리스토텔레스의 흉상은 기원전 4세기경 그리스에 살았던 조각가 리시포스의 청동 원본 작품을 로마시대에 복제한 것이다.

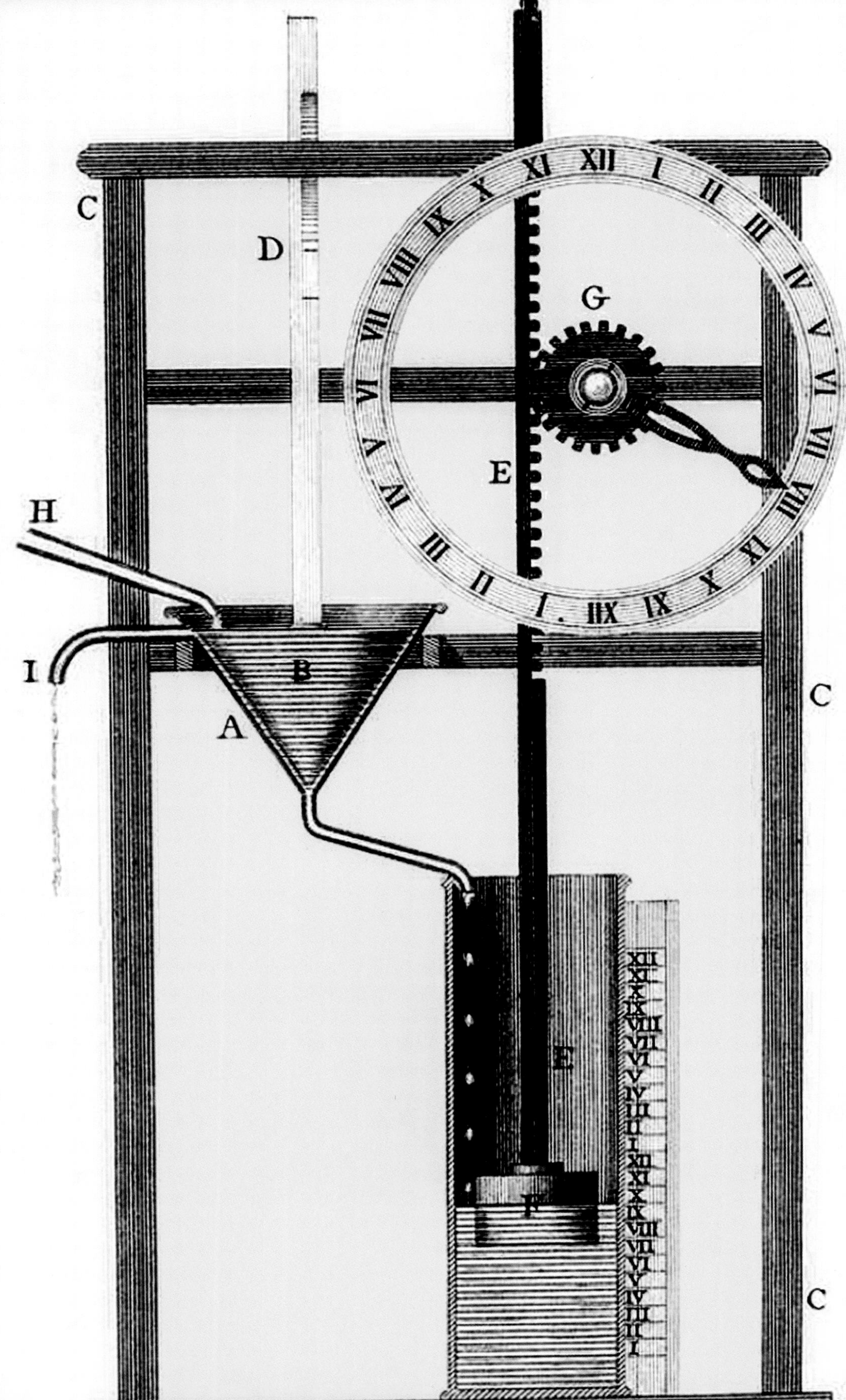
C
D
G
E
H
I
B
A
C
E
F
C

크테시비우스의 물시계

언론인 루크 도멜은 이렇게 말했다. "크테시비우스의 물시계는 왜 중요할까? 그건, 인간이 만든 물건이 할 수 있는 일에 대한 우리의 생각을 완전히 바꿔 놓았기 때문이다. 크테시비우스의 시계가 있기 전에는 오직 살아 있는 것만이 환경의 변화에 따라 행동을 바꿀 능력이 있다고 여겨졌다. 그의 시계가 나온 후부터는 자신을 스스로 통제하는 피드백 제어 시스템이 우리가 쓰는 기술의 일부가 되었다."

그리스의 발명가인 크테시비우스(기원전 285-222년)는 이집트 알렉산드리아에서 펌프와 유압장치 같은 장치를 만들어 유명했다. **클렙시드라**(말 그대로 해석하면 "물 도둑")라고 불리던 그의 물시계가 특별히 관심을 끄는 이유는 피드백 제어 방식의 뜨개를 이용해서 물의 흐름을 일정하게 유지해 주기 때문이다. 이 시계는 고이는 물의 높이에 따라 시간이 결정되므로 일정한 물흐름 덕분에 믿을 만한 근삿값을 표시한다. 그의 시계 중 어떤 버전에서는 시계 눈금이 수직으로 매겨져 있고 인형이 눈금을 가리키는 모양을 하고 있는데, 저수통의 수면 높이에 따라 인형이 올라갔다 내려갔다 한다. 일부 문서에 따르면 이 인형에 다른 메커니즘도 추가되었다고 하는데 예를 들면 트럼펫 소리 같은 것이 나면서 기둥을 돌린다거나 돌 혹은 계란을 떨어뜨렸다고 한다. 크테시비우스의 **클렙시드라**는 재판장에서 발언자의 시간을 할당하거나 아테네 매춘 업소에서 손님의 시간을 제한하는 데 사용되었다.

크테시비우스는 알렉산드리아 박물관의 첫 책임자였던 듯하다. 이곳에는 알렉산드리아 도서관이 포함되어 있었고 헬레니즘 세계의 선두 학자들을 유치했다. 그의 몇몇 특별한 클렙시드라가 유명하기는 하지만 고대 중국, 인도, 바빌론, 이집트, 페르시아 등지에서도 물시계가 만들어졌다. 크테시비우스는 **집단 행렬 퍼레이드**(예: 프톨레마이오스 필라델포스의 그 유명한 그랜드 행렬 퍼레이드)에 등장하는, **고대 신**의 섬뜩한 로봇 동상도 발명한 것으로 알려진다. 이 오토마톤은 캠(원형 움직임을 선형 움직임으로 바꿔주는 바퀴)들의 회전을 통해 일어섰다가 앉을 수 있었다. 이 캠들은 아마도 수레의 움직임에 연동되었던 듯싶다.

참조 알 자자리의 오토마타 (1206), 에이데 기계 공원 (1300년경), 다 빈치의 로봇 기사 (1495년경)

여기에 나온 물 시계에는 크테시비우스가 만든 기능들이 모두 포함되어 있지는 않지만 이러한 장치들이 어떻게 동작하는지에 관한 예시를 보여준다. 이것은 1820년에 발간된 아브라함 리즈의『예술, 과학, 문학에 관한 백과사전』에서 발췌한 것이다.

주판

"인공지능은 달력과 주판으로 시작되었다"라고 엔지니어이자 작가인 제프 크리멜은 말했다. "인간의 인지 작업을 도와주는 기술은 무엇이든 인공지능이다. 이런 맥락에서 달력은 인공지능의 한 부분이다. 그것은 우리의 기능을 보완해주거나 대신해준다. 마찬가지로 주판도 인공지능의 일부이다. . . . 머릿속으로 복잡한 계산을 할 필요가 없어진다."

고대 메소포타미아와 이집트에서 계산할 때 기구가 사용된 증거가 있기는 하지만 현재까지 남아 있는 가장 오래된 것은 **살라미스 타블렛**이다. 기원전 300년경 그리스로 거슬러 올라가는 이것은 여러 묶음의 평행선들이 표시되어 있는 평평한 대리석 조각이다. 고대에 사용된 다른 것들을 보면 보통은 나무, 금속, 돌이었고 선이나 홈들이 만들어져 있어서 그 위로 구슬 또는 돌멩이가 움직이게 되어 있었다.

기원후 1000년경에 아즈텍인은 **네포후알친친**(일부 덕후들은 "아즈텍 컴퓨터"라고 부름)을 발명했다. 이것은 주판처럼 생긴 도구인데 옥수수 알갱이들이 꿰어져 있는 실들이 나무틀 안에 매달려 있었고, 계산을 도와주었다. 구슬들이 막대를 따라 움직이는 형태의 현대적인 주판은 적어도 기원후 190년경 중국으로 거슬러 올라간다. 중국에서는 **수안판**이라고 불리고 일본에서는 **소로반**이라고 불린다.

어떤 의미에서는 주판이 컴퓨터의 조상으로 여겨질 수도 있다. 컴퓨터와 마찬가지로 주판은 인간이 상거래와 공학에서 계산을 빠르게 할 수 있도록 도와주는 도구로 사용된다. 조금씩 디자인은 변했지만 주판은 중국, 일본, 구 소련의 일부, 아프리카에서 여전히 사용되고 있다. 일반적으로는 빠른 덧셈과 뺄셈에 사용되지만 숙달된 사람은 빠르게 곱셈, 나눗셈은 물론이고 제곱근도 구할 수 있다. 1946년에 도쿄에서는 일본 주판 사용자와 전자식 계산기 사이의 시합이 벌어졌다. 몇 가지 산술 문제들에서 누가 더 빨리 답을 내는지 시합을 벌였는데 대부분의 경우 주판이 전자식 계산기를 이겼다.

이렇듯 주판이 중요하다고 보아서 2005년에 포브스닷컴Forbes.com의 독자, 편집자, 전문가 패널은 인류 문명에 끼친 영향이라는 측면에서 모든 시간을 통틀어 가장 중요한 도구들을 선정할 때 주판을 두 번째로 꼽았다. 첫 번째가 칼이었고 세 번째는 나침반이었다.

참조 안티키티라 기계 (기원전 125년경), 배비지의 기계식 컴퓨터 (1822), 에니악 (1946)

주판은 인류 문명에 큰 영향을 미쳐왔다. 수세기 동안 이것은 사람들이 상업 및 엔지니어링 분야에서 빠른 계산을 수행할 수 있는 도구 역할을 했다. 유럽인들은 힌두-아랍어 숫자 체계를 받아들이기 오래 전부터 주판을 사용했다.

ΜΕΣΟΡΙ
ΘΩΘ
ΕΠΙΦΙ
ΠΑΥΝΙ
ΧΗΛΑΙ
ΦΑΡΜΟΥΘΙ
ΦΑΜΕΝΩΘ
ΜΕΧΙΡ

안티키티라 기계

심리학자인 앨런 가넘은 그의 책『인공지능』에서 안티키티라 기계에 관해 다음과 같이 적었다. "아마도 인간의 지능적 노력에서 지루한 일을 떼어내면서 그와 동시에, 저지르기 쉬운 실수를 없애주는 기계를 만들려고 시도한 것이 결국 인공지능으로 이어지게 된 발전의 주된 흐름이었을 것이다." 안티키티라 기계는 별들의 위치를 계산하는 데 사용된 고대의 기어식 계산 장치이다. 이 장치는 1900년경에 천연 스펀지를 캐는 잠수부들이 그리스의 섬 안티키티라 해안의 난파선에서 발견했다. 기원전 150-100년 사이에 만들어진 것으로 추정된다. 언론인 조 마챈트는 이렇게 설명하고 있다. "나중에 아테네로 옮겨진 인양물들 사이에 모양도 불분명한 돌덩이 하나가 있었다. 처음에는 사람들 눈에 띄지 않았지만 둘로 갈라지면서 열리자 청동 기어 바퀴, 시곗바늘, 작은 그리스 비문들이 드러났다. . . . 정밀하게 절단된 다이얼, 포인터, 그리고 적어도 30개의 연동된 기어 바퀴들로 구성된 정교한 기계였다. 인류 역사상 중세 유럽에서 천문 시계가 개발될 때까지 1000년 이상 동안 이렇게 복잡한 물건은 나타나지 않았다."

전면에 있는 다이얼은 아마도 최소 세 개의 시곗바늘을 가졌던 듯하다. 하나는 날짜를 표시했고 다른 두 개는 각각 해와 달의 위치를 나타냈다. 또한, 이 장치는 고대 올림픽 게임의 날짜를 확인하고, 일식을 예측하며, 다른 행성의 움직임을 나타내는 데에도 사용되었던 것으로 보인다.

달을 위한 기계 구조는 여러 청동 기어들로 된 특수한 덩어리를 사용하고 있다. 이 기어들 중 두 개는 살짝 떨어져 있는 축과 연결되어 있어서 달의 위치와 위상을 표시하는 일을 한다. 오늘날 케플러의 행성 운동 법칙에서 알 수 있듯이 달은 지구를 돌 때 다른 속도로 움직인다(즉, 지구에 가까워지면 더 빨라진다). 달의 궤도가 실제로는 타원형임을 고대 그리스인들이 알지 못했음에도 불구하고 안티키티라 기계에는 달의 이러한 속도 변화가 반영되어 있다. "이 기계에 있는 손잡이를 돌리면 시간을 앞으로 가게 할 수도 있고 뒤로 가게 할 수도 있어서 오늘, 내일, 지난 화요일, 혹은 앞으로 백 년 후의 우주 상태를 볼 수 있다. 이 장치를 누가 소유했든 간에 우주의 주인인 된 기분이었을 것이다"라고 마챈트는 적었다.

참조 크테시비우스의 물시계 (기원전 250년경), 주판 (기원전 190년경), 배비지의 기계식 컴퓨터 (1822)

기어와 수동 크랭크를 보여주는 안티키티라 기계의 현대판 재구성

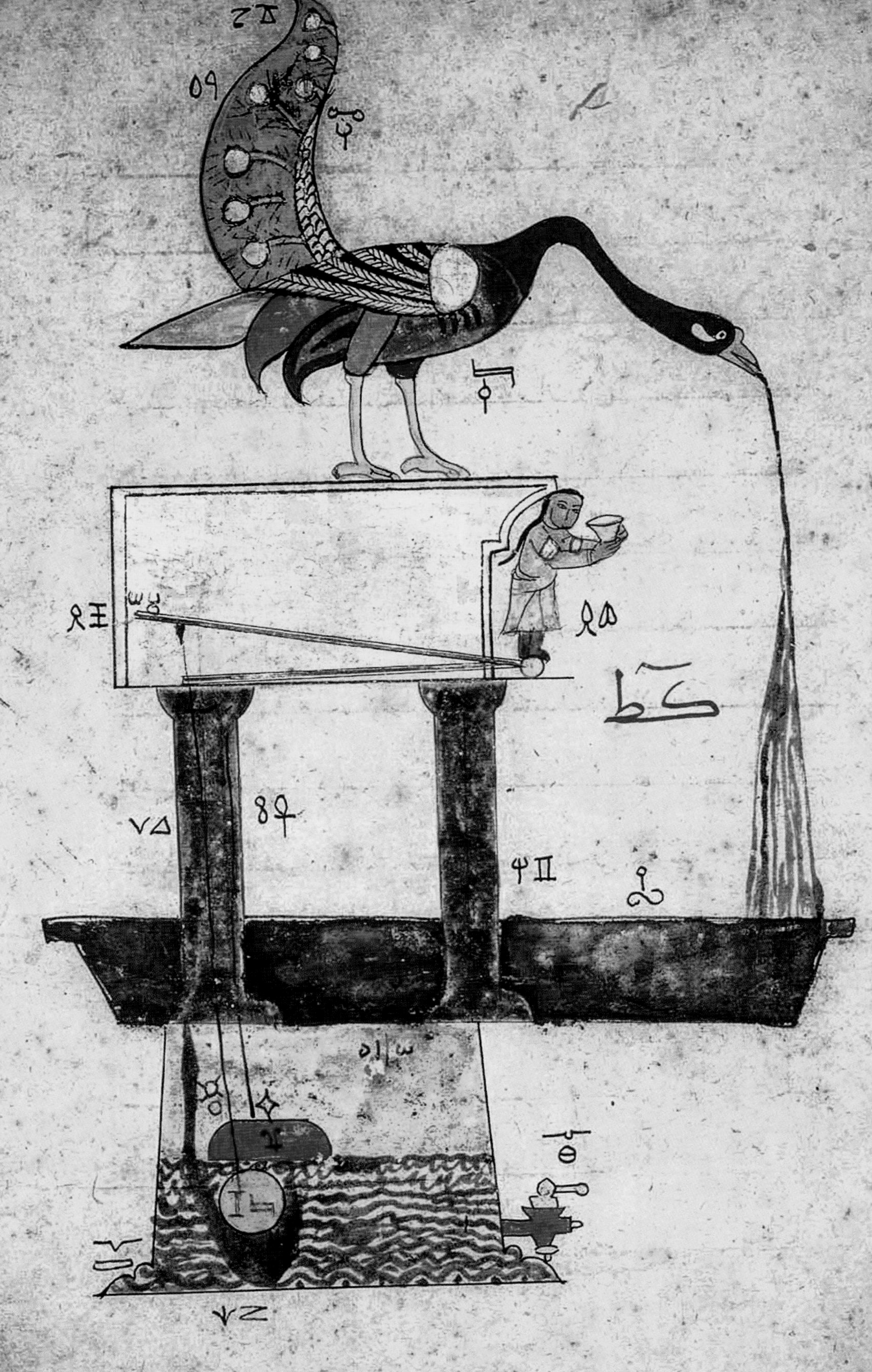

1206년

알 자자리의 오토마타

박식가에 발명가이자 예술가이면서 엔지니어이기도 했던 이스마일 알 자자리(1136-1206)는 이슬람 황금기가 최고조에 달했던 시절, 그의 아버지를 이어 아나톨리아(현재 터키의 디야르바키르)에 있는 알투클루 궁전에서 수석 엔지니어로 살았다. 알 자자리가 쓴 『독창적인 기계장치의 지식에 관한 책』은 그가 만든 수많은 기계 장치들에 관한 설명을 담고 있다. 여기에는 움직이는 인간형 오토마타§와 동물 오토마타, 물을 끌어 올리는 기계, 분수, 시계 등이 포함되어 있다. (이 책은 그를 고용한 왕족의 요청으로 작성되었고 그가 세상을 떠난 해에 출판되었다.) 그는 연구와 엔지니어링 작업을 하는 과정에서 캠 샤프트, 크랭크 샤프트, 탈진기 바퀴, 세그먼트 기어, 기타 정교한 기계 구조 등을 활용했다.

그의 오토마타 중에는 물로 구동되는 움직이는 공작새, 음료수를 대령하는 웨이트리스, 회전 샤프트를 통해 얼굴 표정이 제어되는 네 개의 자동 음악 로봇으로 구성된 로봇 밴드 등이 있다. 일부 연구자들은 로봇 밴드의 기술적 정교함을 지적하면서 로봇의 움직임이 프로그래밍될 수 있었을지 모른다고 추정하기도 한다. 그가 만든 코끼리 시계에서는 사람 모양의 로봇이 주기적으로 심벌즈를 때리고, 로봇 새가 지저귀며, 필경사 모양의 인형이 회전하면서 펜으로 시간을 표기한다. 알 자자리가 만든 높이 3.4m짜리 궁전 모양의 시계에는 다섯 명의 자동 음악 로봇이 들어 있다.

영국의 엔지니어이자 역사가인 도널드 R. 힐(1922-1994)은 알 자자리의 작업을 영어로 번역해서 유명하다. "엔지니어링의 역사에서 알 자자리의 책이 가진 중요성은 너무나도 중요하다. 설계, 제작, 조립에 관한 지침의 풍부함에 있어서 현대에 이르기까지 이에 견줄만한 문서가 없다. 이렇게 된 이유는 의심의 여지 없이, 대개의 경우 제작하는 사람과 글을 쓰는 사람이 사회적 문화적으로 구분되어 있기 때문이다. 글을 못 읽는 장인이 만든 기계를 학자가 묘사하게 되면 일반적으로 완성품에 관심을 둔다. 학자는 정신없는 제작 과정에 대해서 이해하지 못하고 신경도 쓰지 않는다. . . . 따라서 이런 독특한 문서를 갖게 된 점에 대해 우리는 그 알려지지 않은 왕족에게 큰 빚을 지고 있다"라고 그는 말했다.

참조 크테시비우스의 물시계 (기원전 250년경), 에이데 기계 공원 (1300년경), 종교적 오토마타 (1352), 자케 드로의 오토마타 (1774)

알 자자리의 『독창적인 기계장치의 지식에 관한 책』에 나오는 정교한 공작 대야

§ 역자: 오토마타는 살아있는 존재를 모방하여 만든 움직이는 기계 장치를 말한다. 오토마타는 오토마톤의 복수형이다.

Des enchantemens
ors se seigne et entra dedans si
mist lescu devant son vis car il
ny veoit goute fors parmi une

란슬롯의 구리 기사

유럽 중세 시대에는 기계 인간과 생명체의 형태를 띤 인공지능의 단순한 사례들이 흔하게 나타났다. 이 시기를 역사가 엘리 트루이트는 다음과 같이 적었다. “황금 새와 짐승들, 음악이 나오는 분수, 로봇 하인들이 손님들을 깜짝 놀라게 하고 무섭게 했다. . . . 오토마타는 자연 지식(마법을 포함)과 기술의 교차지점에 있었다. 그리고 . . . 예술과 자연을 불편하게 이어주었다.” 고대 문헌에 나오는 실제 장치와 가상의 장치는 둘 다 “과학, 기술, 상상력의 상호 의존성”을 매혹적으로 보여준다고 그는 덧붙였다.

가상의 중세 로봇 중 유명한 사례가 <란슬롯 경에 관한 이야기>(호수의 란슬롯, 1220년경)에 나온다. 이것은 오래된 프랑스 산문 이야기로서 아서 왕과 원탁의 기사단이 벌인 모험을 풀어내고 있으며 란슬롯 경과 아서 왕의 부인 귀네비어 사이의 비밀 로맨스도 담고 있다. 란슬롯은 무서운 마법이 걸려있던 돌로로즈 가드 성 밖에서 소수의 구리 로봇 기사단과 맞붙었다. 성에 들어간 란슬롯은, 마법을 푸는 열쇠를 지닌 젊은 구리 여인이 갇혀 있는 방을 지키던 두 명의 구리 기사를 무찔렀다. 그는 그 열쇠를 써서 어떤 상자를 열었는데 그 안에는 30개의 구리 튜브가 들어 있었고 끔찍한 울음소리가 흘러나왔다. 란슬롯은 곧바로 잠이 들었다. 잠에서 깨어났을 때 그는 구리 여인이 바닥에 쓰러져 있고 구리 기사들은 산산이 부서져 있는 것을 발견했다.

역사가 제시카 리스킨은 이렇게 적고 있다. “아서의 전설에는 오토마타 기사와 여인뿐만 아니라 금, 은, 동의 만든 아이들, 사티로스§, 궁수, 연주가, 신탁자, 거인 등이 나온다. 이런 가상의 인공 존재들에게는 대응되는 현실 존재들이 있었다. 유럽의 중세 말기와 현대 초기에는 실제로 기계 인간과 동물들이 많이 있었다.” 한 가지 예를 들면 란슬롯의 구리 기사 이야기와 같은 시기에 프랑스의 예술가이며 엔지니어인 빌라드 드 안코르트(1225년경-1250년경)는 기계 독수리를 만들었다. 이 독수리는 교회의 부사제가 복음을 읽을 때 고개를 부사제쪽으로 돌리도록 설계되었다. 이런 살아 있는 듯한 오토마톤을 보면, 기계를 생명체에 대한 과학적 철학적 모델로 삼았던 움직임이 17세기에 벌어진 배경을 이해할 수 있다고 리스킨은 주장했다.

참조 탈로스 (기원전 400년경), 에이데 기계 공원 (1300년경), 다 빈치의 로봇 기사 (1495년경), 골렘 (1580), 틱-톡 (1907)

란슬롯은 돌로로즈 가드 성에 들어가기 위해서 구리 기사 오토마타와 대결한다. 이 인간의 형상을 한 오토마타 기사들은 종종 벌거벗은 것으로 묘사된다.(출처: *Lancelot do lac* [호수의 란슬롯], 프랑스, 15세기. 파리, 프랑스 국립도서관. MS Fr. 118. fol. 200v.)

§ 역자: 고대 그리스 신화에 나오는, 남자의 얼굴과 몸에 염소의 다리와 뿔을 가진 신.

Comment lamant fait une complainte defortune et de sa roe

Car elle nest
ferme nestable.
Juste loyal
ne veritable
Quant on la cuide
charitable.
Elle est avere.
Dure. diverse. espouantable.

Traistre poignant deceuable.
Et quant on la cuide amiable.
Lors est amere.
Car sa coue ce quamie appere
Douce co miel vraie com mere
La pointure dune vipere.
Nest mortable.
En riens a li ne se compere.

에이데 기계 공원

프랑스 북동부에 있는 에이데의 공원은 1300년경부터 인간과 동물들을 진짜같이 흉내 내는 장소로 유명해지기 시작했다. 에이데에 있는 오토마타에는 안드로이드, 원숭이, 새, 시간 기록 장치 등이 있었다. 가장 초기의 장치들은 아르투아 백작인 로베르 2세(1250-1302)의 요청으로 만들어졌다. 그중에는 여섯 마리의 기계 원숭이들이 설치된 다리가 있는데 원숭이들을 진짜처럼 보이게 하려고 오소리 털로 덮어 놓았다. 또한, 기계로 만든 멧돼지 머리가 "파빌리온의 벽"을 장식했다. 로베르가 세상을 떠났을 때 그의 딸인 마오(1268-1329)가 뒤를 이어 혁신의 후원자가 되었고 "즐거움의 엔진들"을 계속 유지했다. 예를 들면 1312년에는 그 원숭이들에게 새로운 털을 덮어주면서 뿔을 추가해 악마처럼 보이게 만들었다.

오토마타 공원이라는 아이디어는 프랑스 로맨스 문학에 있는 오토마타와 더불어 이슬람 문화와 엔지니어들에 의해 촉발되었던 것인지 모른다. 역사가인 스캇 라잇시는 이렇게 적고 있다. "인공적인 경이로움에 대한 유럽식 사고방식에서 에이데가 중심적 위치를 차지하고 있다는 점은, 그간 초자연적이라고 여기던 것이 이런 새로운 놀라움의 현상을 통해서 궁중 생활의 동기로 바뀌고 있었음을 시사하고 있다 . . . 로맨스에 관한 전통적인 초자연적 주제들마저도 기술 혁신 덕분에 그들의 정성 들여 꾸며진 홀과 유원지에서 다시 구현되기 시작했다."

수년에 걸쳐 에이데에서는 작업이 계속되었다. 다양한 기계적 경이로움이 추가되거나 개선되었다. 구경꾼들에게 말을 거는, 나무로 만든 은둔자도 있었고 말하는 올빼미도 있었다. 분수에 있는 기계 새들은 부리에서 물을 뿜었다. 손을 흔드는 원숭이 및 다른 오토마타는 시계 부품과 유압 장치를 사용했고 무게를 이용한 방식으로 대부분 작동했던 것으로 보인다.

이곳에 설치된 로봇 방식의 장치들에게서 방문객들은 자동화가 더 확산된 미래의 모습을 엿보았다. 역사가 실비오 A. 베디니는 다음과 같이 썼다. "기술의 진보에서 오토마타의 역할은 . . . 매우 중요하다. 기계적 수단을 써서 생명을 모방하려 한 노력은 기계적 원리의 발전을 낳았고, 기술의 본래 목표인 육체노동 감소와 단순화를 달성하는 복잡한 메커니즘의 생산으로 이어졌다."

참조 크테시비우스의 물시계 (기원전 250년경), 알 자자리의 오토마타 (1206), 란슬롯의 구리 기사 (1220년경), 종교적 오토마타 (1352), 드 보캉송의 오리 오토마톤 (1738), 자케 드로의 오토마타 (1774)

에이데 공원. 에이데에 있는, 벽으로 둘러싸인 정원에 관한 묘사(위). 기어 이미지(아래)는 행운을 의인화하고 있는데 에이데에 있는 오토마타를 나타내는 것으로 보이는 메커니즘을 돌리고 있다. (출처: 기욤 드 마쇼의 *Le remede de fortune*, 프랑스, 1350-1356년경. 파리, 프랑스 국립 도서관. MS Fr. 1586. fol. 30v.)

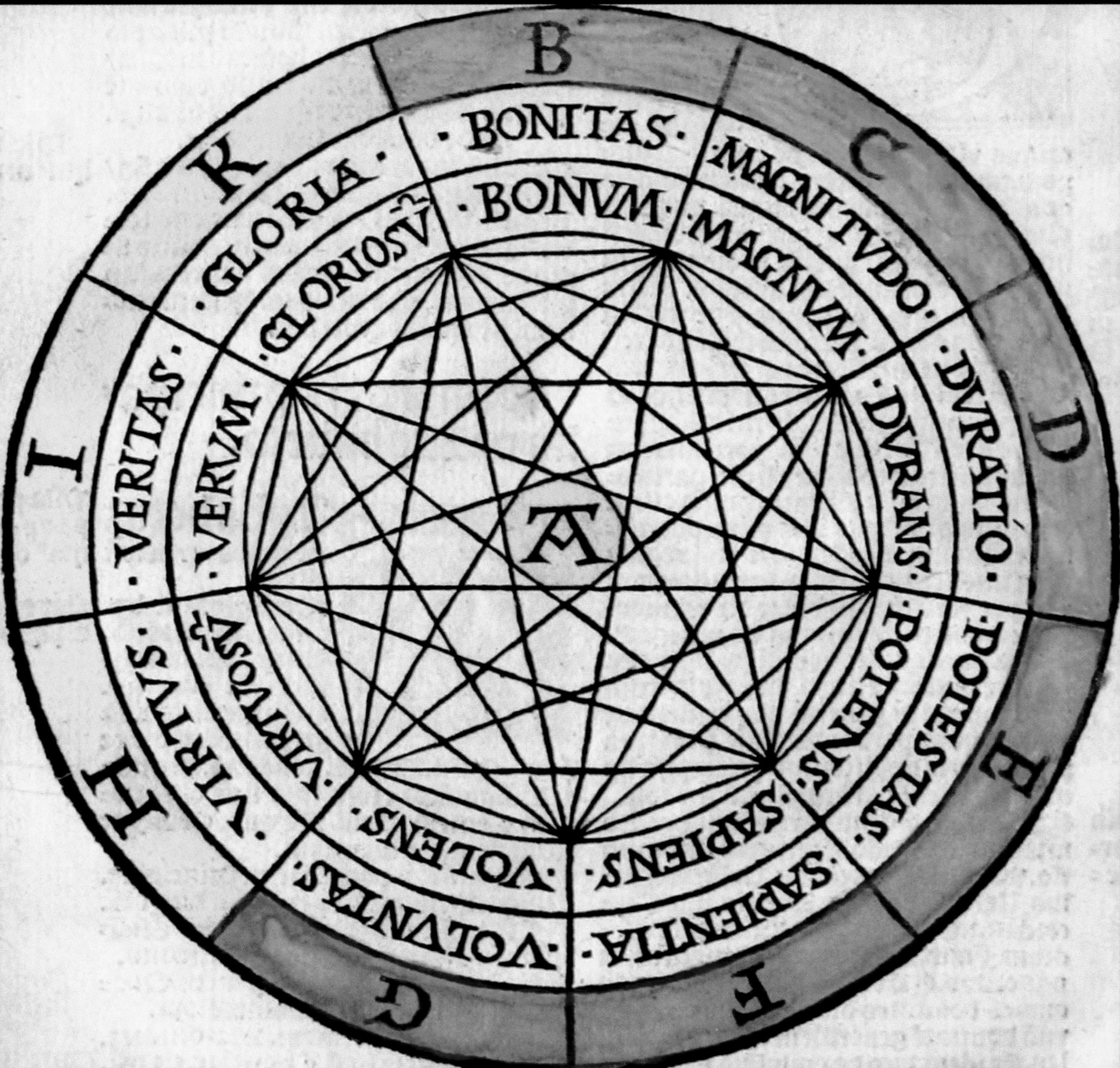

B
C
D
E
F
G
H
I
K
A
BONITAS
BONUM
MAGNITUDO
MAGNUM
DURATIO
DURANS
POTESTAS
POTENS
SAPIENTIA
SAPIENS
VOLUNTAS
VOLENS
VIRTUS
VIRTUOSŨ
VERITAS
VERUM
GLORIA
GLORIOSŨ

라몬 룰의 아르스 마그나

1305년경

"모든 탐구가 그러하듯이 인공지능에 대한 탐구는 꿈에서 시작된다"라고 컴퓨터 과학자 닐스 닐슨은 말했다. "오랫동안 사람들은 인간의 능력을 갖춘 기계, 그러니까 자동으로 움직이면서 추론할 수 있는 장치를 상상해왔다." 인공지능 역사에서 가장 초기의 장치 중 하나가 룰의 원반이다. 카탈로니아의 철학자 라몬 룰(1232년경-1315년경)이 쓴 책『아르스 마그나』(위대한 예술, 1305년경)에는 회전하는 원반들로 구성된 종이 한 장이 들어 있다. 이 원반들에는 가장자리를 따라서 문자와 단어들이 적혀 있다. 기계식 자물쇠와 거의 유사하게 이 문자와 단어들은 일렬로 배치될 수 있고 그래서 새로운 조합을 만들어 낼 수 있는데, 자물쇠와의 차이점이라면 이 조합이 새로운 아이디어와 논리적 탐색의 출발점이 된다는 것이다. 작가 마틴 가드너는, "이것은 형식논리학에서 비수학적 진실을 발견하기 위한 목적으로 기하학 도표를 채택한 가장 초기의 시도이다. 그리고 논리 시스템의 동작을 용이하게 하기 위해서 기계적 장치(원시적 논리 기계)를 사용한 최초의 시도이다"라고 평했다.

조합식 창의성을 위해 만든, 룰의 장치는 "지식을 생산하기 위한 논리적 수단"의 초기 방식이었다고 작가 게오르기 달라코프는 적고 있다. "룰은 매우 기초적이기는 하지만 제대로 동작하는 방법을 시연했다. 이 방법은 인간의 사고를 묘사할 수 있으며 심지어는 장치를 써서 흉내 낼 수 있다. 이것은 생각하는 기계를 향한 작은 발걸음이었다." 한번 머릿속으로, 촛불이 놓여 있는 탁자에 앉아서 이 원반을 돌려 단어를 조합하고 있는 룰의 모습을 상상해보자. 작가 크리스티나 마데지의 주장에 따르면 룰은 "이 조합형 장치를 통해 더 높은 수준의 지식이 드러날 수 있고 이 지식은 종교와 창조에 관한 질문들에 논리적 답을 줄 수 있을 것이다"라고 믿었으며 "진실을 파헤치고 새로운 증명을 만들어 내길" 원했다.

박식가이면서 미적분학의 공동 창시자인 고트프리트 라이프니츠(1646-1716)가 했던 형식 논리학 연구와 **단계 계산기**stepped reckoner의 발명은 룰의 작업에서 자극을 받은 결과였다. 데이터 연구가인 조너선 그레이 교수는 이렇게 적고 있다. "룰과 라이프니츠가 가졌던, 조합에 관한 신비한 환상은 작은 물방울 같았지만 그 후 점점 커져서 오늘날 우리가 사는 세계 속에 스며든 유비쿼터스 계산 기술, 실천사례, 이상으로 이어졌다. 더 광범위한 결과들이 지금도 우리 주위에 모습을 드러내고 있는 중이다 . . . 그 기계들이 우리가 상상하는 방식으로 작동하든 아니든 말이다."

참조 라가도의 책 쓰는 기계 (1726), 컴퓨터적 창의력 (1821), 사이버네틱 세렌디피티 (1968)

라몬 룰의『아르스 마그나』에 나오는 회전 원반과 조합의 한 예(출처: *Illuminati sacre pagine p. fessoris amplissimi magistri Raymundi Lull,* 1517)

VRANIA
DNS LVX MEA
MDCCCXXXVIII MDCCCXLII
QVEM TIMEBO

종교적 오토마타

중세 후기와 근대 초기 무렵에 유럽에서는 예수 오토마톤에서부터 소음을 내며 혀를 내미는 기계식 악마 혹은 사탄 기계에 이르기까지 기독 교회와 관련된 다양한 오토마타가 나타났다. 예를 들어 15세기에 영국 켄트의 박슬리 수도원에 있던 "은총의 십자가상"은 십자가 위에 못 박힌 예수의 모습을 기계로 표현했는데 눈, 입술, 기타 신체 부위가 움직였다. 또한, 천사 오토마톤이라든가 성경에 나온 사건을 오토마톤으로 시뮬레이션하는 일이 15세기 말에 흔해졌다. 역사학 교수인 제시카 리스킨의 말처럼, "오토마타는 일상생활에서 친근했다. 교회와 성당에서 시작된 후 퍼져나갔다. 예수회 선교사들은 기독교 유럽의 힘을 극적으로 보여주기 위해서 이런 것들을 들고 중국으로 갔다."

특히 흥미로운 것은 프랑스 알자스의 대성당에 있는 스트라스부르 천문시계이다. 1352년에 만들기 시작했던 이 시계에는 머리를 움직이고, 날개를 푸득이며, 정해진 시간에 우는 (풀무와 대롱을 이용함) 수탉 오토마톤이 있다. 또한, 움직이는 천사들도 등장한다. 1547년경에 이 시계는 교체되면서 업그레이드되었는데 수탉 오토마톤은 그대로 유지되었다. 교체된 시계는 1788년에 동작을 멈췄다. 새로운 기계 구조를 가진 현재의 시계가 등장한 것은 1838년이다.

오토마타 외에도 스트라스부르 시계에는 만세력(부활절 날짜를 알려주는 방법 포함), 일식 및 월식에 대한 표시 등이 있다. 1896년에 작가 패니 코는 스트라스부르 시계가 "거의 작은 극장과 같다. 조그맣지만 많은 사람과 동물들이 있다. . . . 천사들이 시간을 알리는 종을 치고, 정오와 자정에는 사람 크기의 예수와 열두 제자 모형이 문을 열고 나타난다. . . . 그리고 시계의 꼭대기 튀어나온 부분에 있는 까마귀는 홰를 치면서 운다"라고 적었다.

학자인 줄리어스 프레이저는 이렇게 적었다. "달력에 관한 과학과 시계 세공술이 진화해서, 기독교 우주관을 설명하고 찬양하는 물건을 만들어냈다. . . . [그것들은] 후에 인간의 속세적 이익을 위해 과학자와 장인들의 기술을 사용하려 등장한 욕망의 전조였다."

참조 알 자자리의 오토마타 (1206), 에이데 기계 공원 (1300년경), 자케 드로의 오토마타 (1774)

프랑스 알자스의 스트라스부르 대성당에 있는 천문시계. 자동 수탉은 왼쪽 꼭대기에 있다.

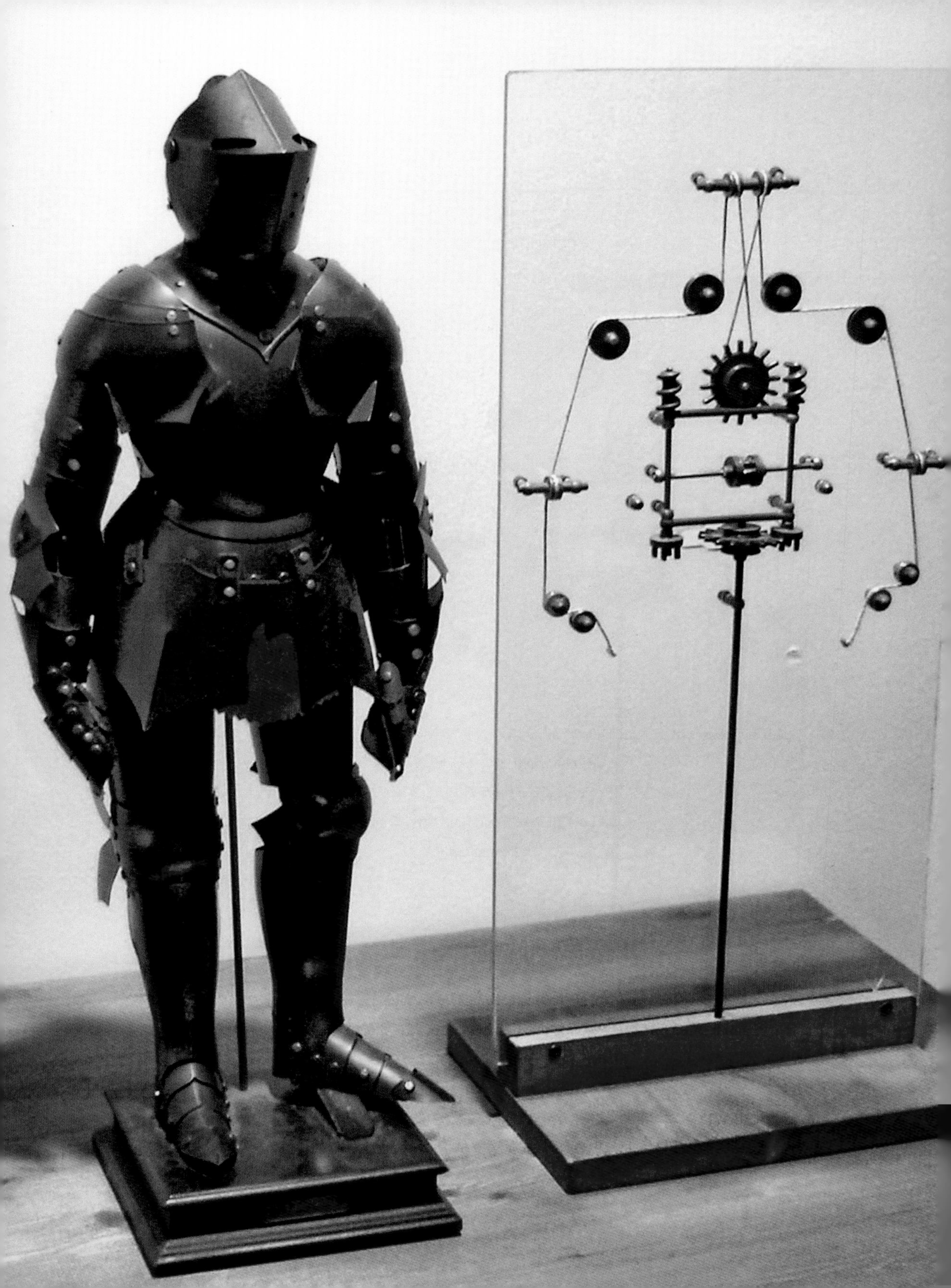

다 빈치의 로봇 기사

"다 빈치의 무장 로봇 기사는 자리에서 일어났다. 아마도 움켜잡는 행동인 듯 팔을 벌렸다가 오므렸다. 유연하게 움직이는 목을 써서 머리를 움직였고, 얼굴 가리개를 열었다. 아마도 사람들을 겁주는 인상을 표현하려는 듯했다. 나무, 놋쇠, 청동, 깃털로 만든 그것은 케이블에 의해 작동되었다"라고 로봇 엔지니어인 마크 로쉬하임은 말했다.

이탈리아 르네상스 시대의 박학다식자인 레오나르도 다 빈치(1452-1519)는 회화와 건축학에서 해부학, 공학에 이르기까지 다양한 관심사를 가지고 있었다. 그의 공책에는 악기, 크랭크 기계구조, 그리고 앞에서 언급한 기계 기사 등에 관한 묘사와 연구가 담겨있다. 이것들은 1495년경에 그려졌는데 그림과 글을 모아 놓은 12권 전집인 **코덱스 아틀란티쿠스**에 들어 있다. 레오나르도의 로봇은 몸의 일부분을 움직이기 위해 도르래 시스템을 사용했다. 그의 설계에는 관절과 팔, 턱, 머리의 움직임에 관한 자세한 설명이 들어 있다. 이 안드로이드 로봇은 독일 및 이탈리아식 중세 갑옷을 입고 있으며, 앉았다 일어날 수 있고, 상체와 하체를 따로 제어하는 하나 이상의 기어 시스템을 가지고 있었다. 레오나르도는 새와 손수레가 포함된 다른 오토마톤에 관한 모형들도 스케치해 놓았다.

레오나르도의 기계 기사가 실제로 만들어졌는지는 알지 못하지만, 유사한 로봇들이 다른 엔지니어들에게 영감을 주었다. 예를 들어 이탈리아 출신의 스페인 엔지니어인 후아넬로 투리아노(1500-1585년경)는 스페인의 필립 2세를 위해서 기계 수도승을 만들었는데 케이블과 도르래를 사용했다. 필립 2세는 심한 머리 부상을 당했던 아들이 기적적으로 회복하자 그 과정에 참여했던 프란치스코 선교사 디다코의 신성한 도움 덕분이라고 생각하고 이를 감사하려 했다. 열쇠로 감는 스프링에 의해 구동되는 이 시계태엽 디다코는 조용히 기도하듯 입과 팔을 움직이며 걸었다. 현재 미국 워싱턴 DC의 스미스소니언 박물관에 전시되어 있으며 아직도 동작한다.

다 빈치의 로봇 기사를 생각하며 작가 신시아 필립스와 샤나 프라이워는 이렇게 적었다. "레오나르도의 로봇 설계는 해부학과 기하학에 관한 그의 연구의 정점이었다. 기계 과학과 인간 형태를 결합하는 더 좋은 방법이 어디 있겠는가? 그는 로마 건축학에 내재된 비례와 관계를 끄집어내어 생명체에 내재된 움직임과 생명에 적용했다. 어떤 의미에서 이 로봇은 살아 움직이는 **비트루비우스적 인간**이었다."

참조 탈로스 (기원전 400년경), 란슬롯의 구리 기사 (1220년경), 틱-톡 (1907), 일렉트로, 모토-맨 (1939)

레오나르도의 로봇 기사 모형. 내부의 기어, 도르래, 케이블이 함께 보인다.

АПТЕКА
גרלם
Cafe
33

골렘

『포워드』 신문에 따르면, "스티븐 호킹 박사가 인공지능의 위험에 대해 경고하기 훨씬 전에 골렘에 관한 전설은 유대인들의 잠재의식 속에 동일한 메시지를 전달하고 있었다." 유대인 민속에 나오는 골렘은 가상의 살아 움직이는 존재로서 진흙으로 만들어졌다. 일단 활성화되어서 바깥세상에 풀어 놓으면 통제가 어려운 오토마타의 몇 가지 인공지능 형태들을 골렘에서 볼 수 있다. 아마도 가장 유명한 골렘은 프라하의 랍비인 주다 로우 벤 베잘렐(1520-1609년경)이 1580년에 반유대 공격으로부터 프라하 빈민가의 유대인을 보호하기 위해 만들었다는 것일 것이다. 프라하 골렘 이야기는 1800년대에 몇몇 작가에 의해 쓰였다.

일반적으로 골렘에는 계속 생명이 유지되도록 해주는 주술 혹은 종교적 단어가 새겨져 있다. 예를 들어 전설에 따르면 골렘의 창조자는 때때로 골렘의 이마 혹은 혀 밑에 있는 점토판이나 종이에 신의 이름을 적어 놓았다고 한다. 어떤 골렘들은 **에메트**[emet](히브리어로 "진실")이란 단어를 이마에 적어야 생명을 얻었다. 적힌 네 글자 중 첫 번째 글자 e를 지우면 **메트**[met](히브리어로 "죽음")이 되어서 골렘을 정지시킬 수 있었다.

골렘을 만들기 위한 또 다른 오래된 유대인 방법을 보면 히브리어 알파벳에 있는 각각의 글자를 **신명사문자**(신을 가리키는 히브리어 이름, YHVH)에 있는 각 글자와 결합한 다음에 각각의 쌍들을 가능한 모든 모음으로 발음했다. 신명사문자는 현실을 꿰뚫고 존재에 힘을 주는 "활성화 단어"의 역할을 한다.

골렘이라는 단어는 성경에 단 한 번만 나타나며(시 139:16) 불완전하거나 틀을 갖추지 못한 몸을 가리킨다. 개역개정판[§] 성경에서는 그 문구를 이렇게 번역하고 있다. "내 형질이 이루기 전에 주의 눈이 보셨으며 나를 위하여 정한 날이 하나도 되기 전에 주의 책에 다 기록이 되었나이다." 히브리어에서 골렘은 "모양 없는 덩어리" 또는 "두뇌가 부족한" 개체를 의미할 수 있으며, 탈무드에서는 이 단어가 "불완전함"을 암시한다. 따라서 문헌에 나와 있는 대부분의 골렘들은 바보로 묘사되고 있다. 그렇지만 그들은 단순하고 반복적인 작업을 하도록 만들어질 수 있다. 사실 골렘을 만든 이에게 어려움이란, 골렘이 작업을 수행하거나 반복하는 것을 멈추게 하는 방법이었다.

참조 탈로스 (기원전 400년경), 란슬롯의 구리 기사 (1220년경), 프랑켄슈타인 (1818)

프라하 골렘. 체코의 화가 유진 이바노프가 그린 이 그림에서 우리는 골렘(가운데 있는 커다란 것)과 랍비 로우 벤 베잘렐 (괴물의 어깨 위에 걸터 앉은 이)을 볼 수 있다.

§ 역자: 원문에서는 새 국제판 성경(NIV)을 인용하고 있다.

홉스의 *리바이어던*

1651년에 영국 철학자 토머스 홉스(1588-1679)는 사회 구조와 그것이 정부와 가지는 관계에 초점을 둔 책인『리바이어던』을 썼다. 이 책에서 홉스가 쓴 몇 가지를 근거로 후에 과학 역사가 조지 다이슨은 홉스를 "인공지능의 아버지"라 칭했다. 예를 들면 홉스는 서론에서 인간의 몸을 기계 엔진과 비교한다. "자연(신이 그것에 의하여 세계를 창조하시고 또 그것에 의하여 통치하시는 솜씨)은 인간의 **기술**에 의해 . . . 모방의 대상이 되며 [인간은] 인공적인 동물을 만들 수 있다. 생명이란 그저 사지의 움직임에 지나지 않으며 그 움직임은 내부의 어떤 중요한 부분에서 시작된다는 사실을 생각한다면 모든 **오토마타**(시계처럼 태엽과 톱니바퀴에 의해 자동으로 움직이는 기계)가 인공적인 생명을 갖는다고 말하지 않을 이유가 어디 있겠는가? 즉 **심장**은 **태엽**에 지나지 않으며, **신경**은 그만큼의 **가느다란 선**이고, **관절**은 그 숫자만큼의 **톱니바퀴**에 지나지 않는 것으로서 . . . 움직임을 몸 전체에 제공하는 것이 아닐까?"

홉스에 따르면 인간이 추론을 할 때는 덧셈과 뺄셈에 유사하게 상징적인 계산과 조작을 수행한다. "이성화(사고)는 **계산**이라는 의미이다. 이제 계산이란, 합쳐지는 많은 것들의 합을 구하는 것이거나 어떤 것에서 뭔가를 덜어낼 때 무엇이 남아 있는지를 아는 것이다."

다이슨은 이렇게 묻고 있다. "만약 추론이, 심지어 홉스의 시대에도 기계적으로 수행될 수 있었던 산술 계산으로 축소될 수 있다면, 기계구조는 추론을 할 수 있을까? 기계가 생각을 할 수 있을까?" 컴퓨터 설계자인 대니얼 힐리스는 스스로 생각할 수 있는 **인공 마음**을 만들어낼 가능성에 대해 다음과 같이 추측했다. "인간의 마음을 기계적으로 설명해내는 것이 두려운 사람들의 입장에서는, 국지적 상호작용이 어떻게 창발적 행동을 만들어내는지에 관해 우리가 무지하다는 사실이 마치 영혼을 숨겨주는 안개처럼 안도감을 가져다준다. 비록 개별 컴퓨터와 개별 컴퓨터 프로그램들에 의해 인공지능의 요소들이 개발되고 있기는 하지만, 인공 마음의 리바이어던을 출현시키기에 더 적합할 것 같은 매개체를 개발하고 있는 곳은 바로 더 큰 네트워크들(혹은 네트워크)이다."

참조 의식을 가진 방앗간 (1714), "미를 추구하는 예술가" (1844), "기계들 속의 다윈" (1863), 초대형 두뇌 혹은 생각하는 기계 (1949), 인간의 인간적 활용 (1950)

토머스 홉스의 리바이어던 표지 삽화. 프랑스 예술가 아브라함 보스(1604-1676)의 판화 작품.

의식을 가진 방앗간

의식이 뇌세포와 그 구성요소들의 패턴 및 동적 상호 관계의 결과라고 믿는다면 우리의 생각, 감정, 기억은 팅커토이®를 조립해서 복제될 수 있을지 모른다. 우리 마음의 복잡도를 구현하려면 팅커토이로 만든 마음은 아주 커야 할 것 같다. 어쨌든 연구자들이 10,000조각의 팅커토이를 써서 틱-택-토 게임을 할 수 있는 컴퓨터를 만든 것과 같은 방식으로 아주 복잡한 기계구조를 만들 수는 있을 것이다. 원칙적으로 우리의 마음은 나뭇잎이나 나뭇가지들의 움직임 혹은 새의 무리 속에서도 실체화될 수 있다. 1714년에 독일의 철학자이자 수학자인 고트프리트 라이프니츠는 그의 논문 <단자론>에서, 생각도 하고 느낄 수도 있는, 방앗간 크기의 인공지능 기계를 상상했다. 그러면서 그는 우리가 그 기계의 속을 들여다볼 수 있다면 "서로를 밀치고 있는 조각들만을 찾을 뿐 인식perception을 설명해줄 수 있는 것은 전혀 찾지 못할 것"이라고 했다. 이와 유사하게 미래에는 촉촉한 유기물질에서 형성되지 않은, 의식을 가진 인공지능 개체가 개발될 수 있다.

철학자 닉 보스트롬(1973-)은 단일한 전자뇌 세포를 생각했다. "뇌세포는 특정한 특성들을 가진 물리적 객체이다. 우리가 이 특성들을 완전히 이해하게 되고 그것들을 전자적으로 복제하는 법을 배우게 된다면 우리가 만든 전자뇌 세포는 살아있는 유기물 뇌세포와 같은 기능을 수행할 수 있다. 그리고 하나의 뇌세포가 그렇게 만들어진다면 최종적으로 만들어지는 전체 시스템이 뇌처럼 의식을 가지지 않으리라는 법이 어디 있겠는가?"

로봇 공학자인 한스 모라벡(1948-)은 다음과 같이 적었다. "우리는 많은 신경 하드웨어 위에서 시뮬레이션되고 있는 의식적 존재이다. 이 의식적 존재는 신경 하드웨어에서 진행되는 일들의 해석에서만 발견된다. 그것은 여기저기 발사되는 실제 화학 신호들이 아니라, 이런 신호들을 묶어서 상위 단계에서 해석한 것이다. 이것이 의식consciuosness을 다른 해석들과 구별 짓는 유일한 점이다."

마찬가지로 여러분의 두뇌도 수백 개의 작은 상자로 나누어 아주 멀리 흩어놓고 전선이나 광섬유로 연결하더라도 제대로 동작할 수 있을지 모른다. 이것을 더 잘 이해하기 위해서 여러분의 왼쪽 뇌와 오른쪽 뇌를 1km 이상 떨어뜨려 놓고 인공 뇌량으로 연결했다고 상상해보자. 그래도 여전히 당신은 당신일 것이다. 그렇지 않은가?

참조 틱-택-토 (기원전 1300년경), 홉스의 리바이어던 (1651), 드 보캉송의 오리 오토마톤 (1738), 영혼 찾기 (1907), 초대형 두뇌 혹은 생각하는 기계 (1949), 시뮬레이션 속에서 살기 (1967)

의식이 뇌의 뉴런과 다른 세포들의 패턴 및 동적 상호 관계의 결과라고 믿는다면, 우리의 생각, 감정, 기억은 나뭇 가지와 잎의 움직임 혹은 새의 무리 속에 복제될 수 있을지 모른다.(벤야비사 루앙파레의 수채화)

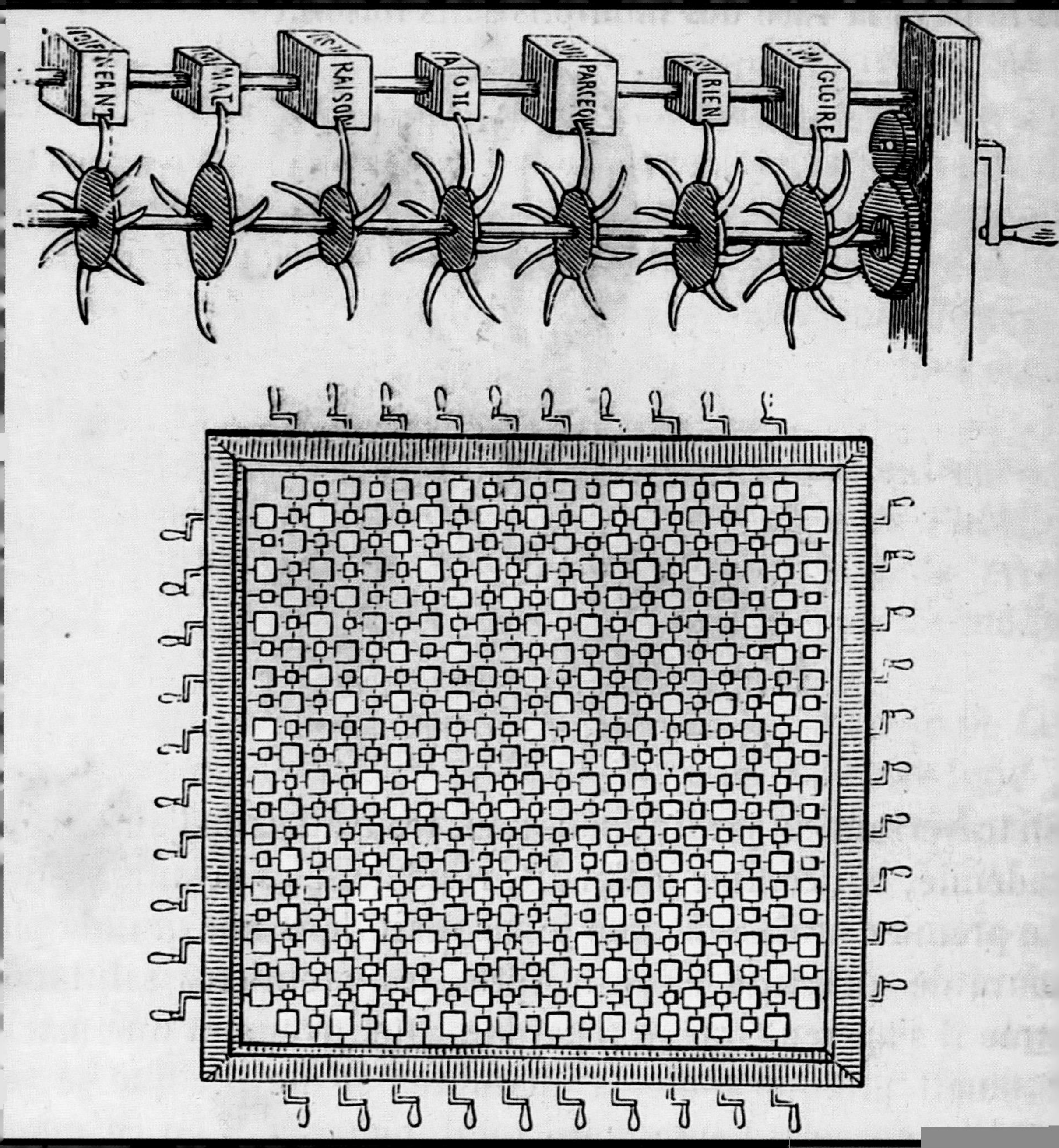

NEANT
RAISON
PARCEQU
RIEN

라가도의 책 쓰는 기계

영국계 아일랜드 작가인 조너선 스위프트(1667-1745)가 1726년에 발표한 유명 소설『걸리버 여행기』에는 기계식 창작 기계가 나온다. 이것은 아마도 역사상 최초로 소설에서 자세하게 언급되는 인공지능 장치일 것이다. 걸리버가 라가도라는 가상의 도시를 방문했을 때 한 교수가 그에게 장치 하나를 보여주는데, 이 장치는 문학 작품, 기술 서적, 흥미로운 아이디어 등을 만들어 냈다. "이 교묘한 장치를 쓰면 아무리 무식한 사람이더라도 합리적인 비용으로 약간의 육체노동만 하면 철학, 시, 정치, 법, 수학, 신학에 관한 책을 천재의 도움이나 연구 활동 없이도 쓸 수 있다"라고 걸리버는 설명하고 있다.

이 장치는 넓이가 1.8 제곱미터나 되었고 "가는 선들로 연결되어 있는" 다양한 나무 조각들을 가졌다. 조각들은 타일처럼 생겼고 그 위를 덮은 종이에는 "그들의 언어에 있는 모든 단어들이 여러 가지 시제, 법, 어형 변화 별로 적혀 있었으나 순서는 뒤죽박죽이었다."

걸리버는 장치의 동작을 다음과 같이 묘사한다. "그가 명령을 내리면 학생들은 각자 철 손잡이를 하나씩 붙잡았다. 그 장치에는 둘레를 빙 돌아서 40개의 철 손잡이가 있었다. 손잡이를 한 번 돌리면 그 단어들의 전체적인 배치가 완전히 바뀌었다. 그러면 그는 [학생들에게] 틀에 나타난 몇 개의 줄을 읽어보라고 시켰다. 하나로 묶으면 문장이 될 법한 3~4개의 단어를 찾으면 다른 네 명의 소년에게 읽어 주어 받아쓰도록 했다. . . . 손잡이를 한 번 돌릴 때마다 . . . 그 정방형의 나무 조각들이 뒤집어지면서 단어들은 새로운 자리에 나타났다."

작가인 에릭 A. 와이스는 이렇게 적고 있다. "[그 기계의] 목적, 그것을 만든 교수이자 발명가의 주장, 그의 공공 자금 지원 요구, 학생들에 의한 작동 등을 보면 이것은 인공지능에 대한 초기 시도로 명백히 분류되며 그 분야에서의 전형적인 예로 인용될 수 있다." 무작위 조합을 통해 인공적인 창작을 하는 형태가 현실 세계에 나타난 사례로는 랙터라는 프로그램이 있다. 이 컴퓨터 프로그램이 생성한 산문은 1984년에 출간된『경찰관 수염이 반만 자랐네』라는 책에 포함되었다.

참조 라몬 룰의 아르스 마그나 (1305년경), 컴퓨터적 창의력 (1821), 사이버네틱 세렌디피티 (1968)

라가도의 글 쓰는 기계. 프랑스 예술가 J. J. 그랑빌(1803-1847)이 그린 이 그림은 1856년에 출간된 걸리버 여행기 불어판에 실렸다.

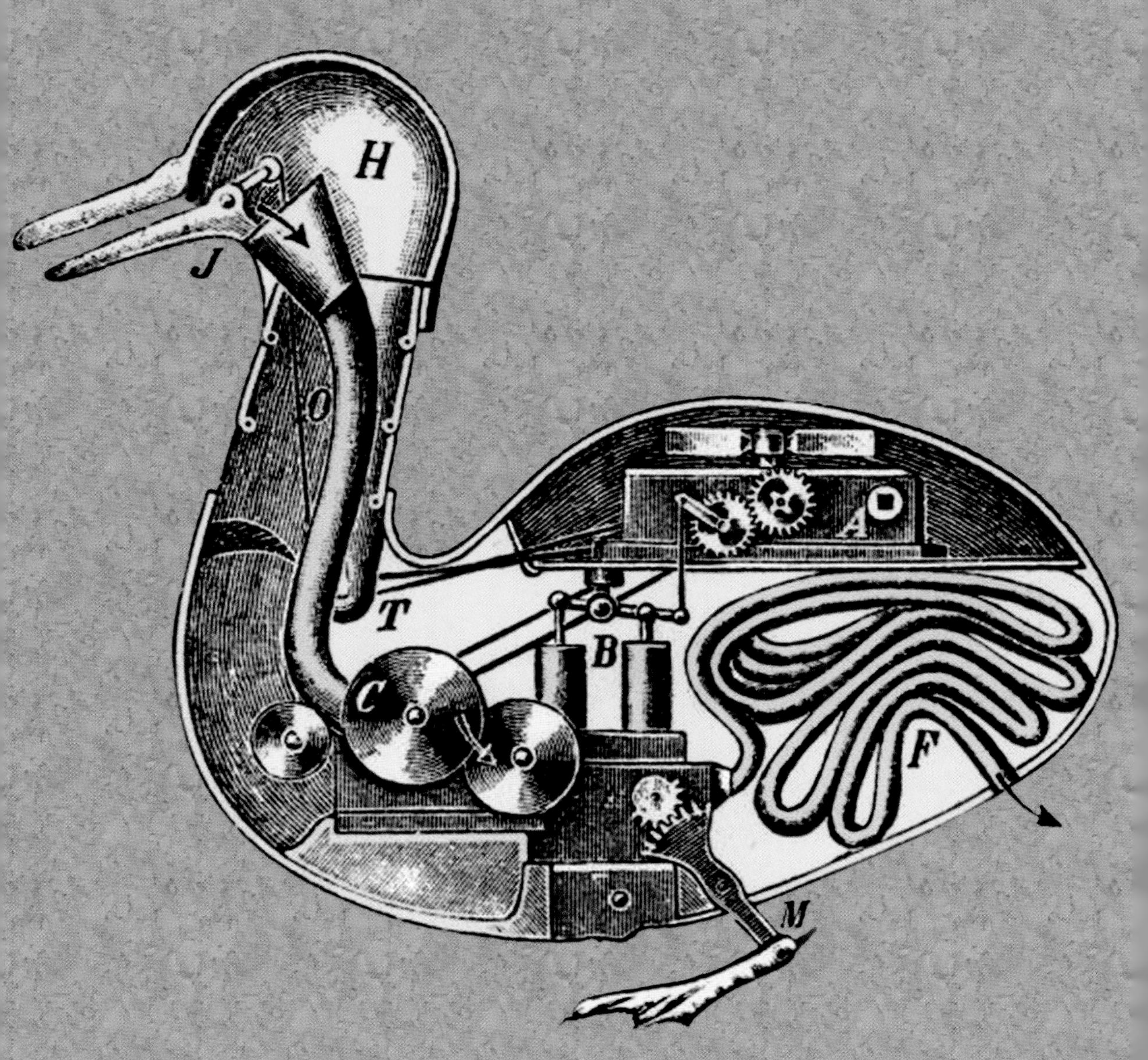
H
J
O
T
B
C
A
F
M

드 보캉송의 오리 오토마톤

"1739년에 29세의 프랑스 시계 제조공 자크 드 보캉송(1709-1782)은 지금까지 통틀어 가장 유명한 로봇 중 하나라고 할 만한 것을 튈르리 정원에 전시했다"라고 미국의 신경과학자인 폴 글림처는 말했다. 드 보캉송의 이 오리 로봇은 수백 개의 움직이는 부품과 깃털을 가지고 있었다. 머리를 움직였고, 부리로 물을 휘저었으며, 날개를 퍼덕이고, 꽥꽥거리고, 관리자의 손에 있는 음식을 꿀떡 삼키는 등 실감 나는 행동을 많이 보였다. 그리고 몇 분이 지나면 소화된 음식물의 찌꺼기가 밑으로 배출되었다(물론 이 오리가 실제로 음식을 소화하지는 않았다. 오리의 꼬리 끝부분에 가짜 배설물이 미리 숨겨져 있었다). 이렇게 다재다능한 오토마톤이 등장하자, 살아 있는 것과 순수히 기계적인 것 사이의 경계에 관한 논쟁이 촉발되었다. 또한, 로봇이 점점 다재다능해지면 그 경계가 얼마나 모호해질지에 대해서도 토론이 벌어졌다.

시간이 흐르면서 이 유명한 오리에 대한 매력은 더욱 커져갔고 심지어는 1997년에 출간되어 격찬을 받은, 토마스 핀천의 소설 『메이슨과 딕슨』에까지 등장한다. 소설 속에서 이 오리는 의식을 가지게 되며 프랑스 요리사를 쫓아다니면서 "죽음의 부리"로 공격한다.

드 보캉송은 놀라운 자동 플루트 연주자도 만들었다. 이것은 세 개의 윈드파이프에 부착된 여러 개의 풀무들에 의해 구동된다. 기어와 캠이 레버를 움직이고 레버들에 의해 플루트 연주자의 손가락, 혀, 입술이 제어된다. 역사가 제시카 리스킨은 이 기계 플루트 연주자가 "디드로의 백과전서에서 안드로이드, 즉 인간의 기능을 수행하는 인간 모양의 모형이라고 정의한 것이 최초로 등장한 사례"라고 적었다. 드 보캉송은 1740년대에 좀 더 실용적인 기계를 설계했다. 비단을 직조하는 기계였는데 비단 직조 노동자들이 크게 반발했고 거리를 걸어가던 그에게 돌을 던지기까지 했다.

글림처는 이렇게 묻고 있다. "보캉송의 오리가 18세기 사람들에게 물었던 오랜 질문은 여전히 현대의 신경과학에도 유효하다. 우리 안에서 벌어지고 있는 기계적 상호작용만으로 우리가 실제로 하고 있는 복잡한 행동 패턴을 만들어내기에 충분한가? 우리를 인간으로 정의하게끔 만드는 것은 무엇인가? 우리가 하는 행동의 복잡성이나, 우리 행동을 만들어내는 것으로 보이는 상호작용의 특정 패턴을 정의하는 것은 무엇인가?"

참조 에이데 기계 공원 (1300년경), 다 빈치의 로봇 기사 (1495년경), 의식을 가진 방앗간 (1714), 대평원의 스팀맨 (1868), 일렉트릭 밥의 대형 흑타조 (1893)

1899년 1월 21일판 『사이언티픽 아메리칸』에 실린 드 보캉송의 오리 오토마톤에 관한 삽화. 여기에 묘사된 기계 구조가 실제 내부 구조와 아주 닮지는 않았지만 화살표 표시는 배설물이 나가는 경로를 아주 잘 나타내고 있다.

E
L
F
T
B
A

기계 투르크인

기계 투르크인은 헝가리의 발명가 볼프강 폰 켐펠렌(1734-1804)이 1770년에 만들어서 오스트리아의 합스부르크 황제 마리아 테레지아에게 선물한 체스 플레이어 안드로이드이다. 이 기계는 유럽과 미국에서 플레이어들을 차례로 물리치면서 훌륭한 체스 경기 기계인 것처럼 보였다. 참가한 플레이어에는 나폴레옹 보나파르트와 벤저민 프랭클린 같은 유명인도 있었다. 사람 크기의 이 안드로이드는 가운, 터번, 검은 수염으로 장식되어 있었고 윗면에 체스판이 놓여 있는 커다란 상자 앞에 앉아 있는 형태였다. 그리고 실제로 손을 움직여서 체스 말을 움직였다. 상당 기간 동안 이 기계의 비밀은 알려지지 않았지만, 오늘날 우리는 이 복잡한 상자 속에 진짜 인간 체스 플레이어가 교묘하게 숨겨져 있었음을 알고 있다. 이 체스 플레이어는 자석을 이용해서 말을 움직였고 여러 가지 레버를 조작해서 안드로이드의 동작을 만들어냈다. 신비로움을 더하기 위해 켐펠렌은 경기를 하기 전에 상자의 문을 열어서 안에 들어 있는, 시계처럼 생긴 기계를 보여주었고 사람이 숨을만한 공간이 없음을 확인시켜 주었다. 많은 사람들이 이 기계 투르크인을 정교한 "속임수"라고 생각하기는 했지만, 아무튼 덕분에 기계가 어느 정도의 일을 할 수 있을지, 기계가 인간의 어떤 능력을 대체할 수 있을지에 대해 사람들이 궁금해하는 계기가 되었다.

이 기계가 어떻게 동작할 수 있었는지에 관한 많은 부정확한 글들이 있다. 예를 들어 에드거 앨런 포는 투르크 안드로이드의 몸체 안에 사람이 들어 있을 것이라고 잘못 추측했다. 그런데 현대 컴퓨터의 아버지라고 불리는 찰스 배비지는 이 안드로이드에서 영감을 받았던 듯싶다. 자신의 기계식 계산 기계에 관한 작업을 시작했을 때 배비지는 기계가 "생각할 수 있을지"에 관해 궁금해했으며, 아주 복잡한 계산 정도는 할 수 있을지 알고 싶어 했다.

작가인 엘라 모튼은 이렇게 적고 있다. "[투르크인 안드로이드가] 궁극적으로는 인간 행동과 약간의 구식 마술에 의존하기는 했지만, 그것이 가진 확실한 기계적 본질은 경이와 걱정을 만들어냈다. 산업 혁명의 중간 시점에 느닷없이 나타난 이것은 자동화의 본질과 생각할 수 있는 기계를 창조할 가능성에 관해 불편한 질문을 던졌다. 이 기계가 시계태엽 구조 방식에 의해 동작하는 것처럼 보인다는 사실은 . . . 체스 게임이 '지성만 존재하는 분야'라는 생각과 모순되었다."

참조 배비지의 기계식 컴퓨터 (1822), "코끼리는 체스를 두지 않는다" (1990), 체커 게임과 인공지능 (1994), 딥블루가 체스 챔피언을 이기다 (1997)

기계 투르크인의 내부 엿보기. 요셉 폰 라그니츠(1744-1818)가 그린 이 그림은 그 기계가 어떻게 동작하는지에 관한 가설을 보여준다. (출처: *Über den schachspieler des herrn von Kempelen und dessen nachbildung* **[폰 켐펠렌 씨의 체스 플레이어와 복제품에 관하여]. Leipzig und Dresden 1789.)**

Les automates
Jaquet Droz
a neuchatel

자케 드로의 오토마타

"그것들은 거대한 마리오네트, 또는 공황 상태에 빠져서 버려진 키 큰 마네킹 인형들이었을지 모른다 - 나는 전염병이 마을 전체를 휩쓸고 지나가서 아무도 살지 않는 곳이 되었음을 눈치챘다. 나는 이 사랑의 복제품들 속에 혼자 있었고 . . . 이 모든 오토마타들의 고정된, 광택이 도는 눈들에 사로잡혔다"라고 소설가 장 로랭(1845-1901)은 적었다.

살아 있는 듯한 오토마타에 관한 으스스한 생각을 하다 보면, 우리가 로봇 같은 존재에게 가졌던 오랜 매혹이 다시 떠오른다. 그리고 복잡하면서 프로그래밍이 가능하다는 점에서 컴퓨터의 초기 조상으로 간주될 수도 있는 18세기 오토마타의 특별한 부류가 생각난다. 시계 제작자였던 피에르 자케 드로(1721-1790)는 1768년부터 1774년 사이에 세 개의 오토마톤을 만들었다. 글을 쓰는 소년 안드로이드는 약 6,000개의 부품, 여성 음악 연주자는 약 2,500개의 부품, 어린이 화가는 약 2,000개의 부품으로 만들어졌는데 많은 숭배자들을 양산했다. 소년 안드로이드는 깃털 촉을 잉크에 찍은 후에 40자 길이의 메시지를 작성할 수 있었다. 움직임은 여러 캠들을 써서 프로그래밍되었다. 이 소년은 주기적으로 촉을 잉크에 찍었고 쓰고 있는 글자를 눈이 따라갔다.

음악 연주자 오토마톤은 실제로 손가락으로 건반을 눌러가며 오르간을 연주했다. 그녀는 자연스럽게 몸과 머리를 움직였고 손가락의 움직임을 눈이 따라가고 있어서 살아 있는 듯 보였다. 그녀는 연주하기 전과 후에는 계속 "숨을 쉬도록" 설계되었고 음악에 맞춰 감정을 느끼듯이 몸을 들썩거렸다. 화가 안드로이드는 네 개의 다른 그림을 스케치할 수 있었다. 개, 루이 14세의 초상, 전차를 몰고 있는 큐피드, 왕실 부부였다.

이 오토마톤들은 몸속에 기계구조가 들어 있다는 점에서 특별하며, 프로그래밍 가능하다는 점, 소형화되었다는 점, 살아 있는 듯 보인다는 점에서 더욱 인상적으로 다가온다. 자케 드로는 아들 앙리-루이와 기계공(이면서 입양한 아들)인 장-프레데릭 레쇼의 도움을 받았는데 후에 선천적 기형을 가진 사람을 위해 두 개의 인공 손을 만들었다고 전해진다. 이 손들은 흰 장갑을 끼고 있었고 글을 쓰거나 그림을 그릴 수 있을 정도로 다양한 일을 할 수 있었다고 알려진다.

참조 알 자자리의 오토마타 (1206), 에이데 기계 공원 (1300년경), 종교적 오토마타 (1352), 드 보캉송의 오리 오토마톤 (1738)

자케 드로의 글 쓰는 안드로이드. 스위스 뇌샤텔에 있는 예술과 역사 박물관에 있다.

T. Holst, del. W. Chevalier, sculp.

FRANKENSTEIN.

"By the glimmer of the half-extinguished light, I saw the dull, yellow eye of the creature open; it breathed hard, and a convulsive motion agitated its limbs.

**** I rushed out of the room."*

Page 43.

프랑켄슈타인

"소설 프랑켄슈타인은 제1차 산업 혁명 중에 쓰였다. 이 기간에 벌어진 엄청난 변화는 많은 이들에게 혼돈과 불안을 일으켰다. 이 책은 인간과 기술 사이의 관계에 대한 탐색적 질문을 던졌다. 우리는 통제할 수 없는 괴물을 창조하고 있는 것인가? 우리는 공감과 감정을 느낄 능력, 인간성, 열정을 잃고 있는 것인가?"라고 세계 경제 포럼의 최고 인사 책임자인 파올로 갈로는 말했다.

특별한 종류의 인공지능이 가진 위험성은 메리 셸리(1791-1851)가 쓴 소설『프랑켄슈타인』(1818)의 두드러진 주제이다. 이 소설에서 과학자 빅터 프랑켄슈타인은 도살장과 묘지에서 다양한 부위들을 훔쳐 생명체를 만든다. 그리고는 "생명의 불꽃"이라는 것으로 그 생명체를 살아 움직이게 만든다. 그 과정에서 그는 자신이 불멸을 성취하기 위한 실험을 하고 있다고 생각한다. "삶과 죽음은 이상적인 경계로 보였는데, 나는 일단 그것을 부순 후에 엄청난 빛을 우리의 어두운 세계에 쏟아부어야 했다. 새로운 종은 나를 창조자로 축복할 것이다. . . . 만약 생명이 없는 물질에게 내가 살아움직임을 부여할 수 있다면 . . . 분명히 죽음으로 인해 육신이 썩어들어갔을 생명을 새롭게 시작하게끔 만들 수 있을지 모른다고 나는 생각했다."

메리 셸리가 19살에 소설을 완성했을 당시, 유럽 사람들은 생물학에서 전기electricity의 역할에 관한 이론과 죽은 조직의 재활성화 가능성에 매료되어 있었다. 이야기의 기본 아이디어는 그녀의 꿈에 나타났다. 때마침 이탈리아의 물리학자 지오바니 알디니(1176-1834)는 1803년경 런던에서 전기를 통한 인간 소생을 공개적으로 많이 시도했다.

이 소설을 보면 여러 등장인물들이 목표를 달성해가는 과정에서 죽음과 파괴가 여기저기에 도사리고 있다. 특히 빅터는 그의 괴물을 위한 여자 친구를 만들다가 미완성인 상태에서 파괴하고, 그 괴물(실제로는 "프랑켄슈타인"이라는 이름으로 불린 적이 한 번도 없다)은 빅터의 부인인 엘리자베스를 죽인다. 소설 후반부에서 빅터는 괴물을 북극까지 쫓아가는데 거기서 결국 죽게 되고 괴물은 스스로 화장용 장작 위에 올라가서 죽겠다고 맹세한다.

언론인 대니얼 다다리오는 이렇게 적고 있다. "소설 프랑켄슈타인은 인간이 태생적으로 인공지능을 비 자연스러우면서 기괴한 것으로 보고 거부하리라는 생각에 기반하고 있다. 그 상당 부분은 프랑켄슈타인의 괴물이 특히나 이상하게 생겼기 때문이다. . . . 하지만 인공지능이 좀 더 매력적인 포장을 하고, 실제 유용한 뭔가로 등장하게 된다면 어떻게 될까?"

참조 탈로스 (기원전 400년경), 골렘 (1580), 대평원의 스팀맨 (1868), 로숨의 유니버설 로봇 (1920)

콜번 앤 벤틀리 출판사가 1831년에 런던에서 출판한 프랑켄슈타인의 표지 삽화.

컴퓨터적 창의력

1821년

"사회 전체적으로 우리는 창의력을 부러워한다"라고 골드스미스 대학의 컴퓨팅 이용 그룹에 있는 사이먼 콜튼과 게란트 위긴스는 말했다. "창조적인 사람들과 그들의 문화적 진보에 대한 기여는 높은 가치를 지닌다. 거기에 더해서 사람들의 창조적 행동은 모든 지능 능력들을 활용하므로 그런 행위를 시뮬레이션하는 것은 인공지능 연구에서 어려운 기술적 도전을 의미한다. 따라서 우리는 컴퓨터를 사용한 창의력이 인공지능 연구에 있어서, 다른 모든 것을 넘어서는 최전선, 심지어는 마지막 최전선이라고까지 말해도 공정하리라 믿는다."

컴퓨터적 창의력은 몇 가지 의미를 가지고 있다. 여기서는 컴퓨터 혹은 다른 기계를 사용하여 창의력을 시뮬레이션하는 인공지능의 하위 분야를 말한다. 종종 그 결과는 참신하면서 잠재적으로 유용한 듯 보인다. 또한, **컴퓨터적 창의력**은 인간의 창의력을 강화하는 프로그램을 가리킬 수도 있다. 예를 들면 **인공 신경망**(ANN)과 기타 방법들을 사용해서 연구자들은 예전 예술가의 스타일로 아름다운 음악이나 그림을 만들어낸다. 특히 **생성적 적대 신경망**(GAN) 방식은 두 개의 인공 신경망을 경쟁시켜서 사람의 얼굴, 꽃, 새, 집안 인테리어 등을 마치 사진으로 찍은 것 같이 현실감 있게 만들어낸다. 그 밖에도 맛있는 요리법, 새로운 종류의 시각 예술 작품, 시와 이야기, 농담, 수학적 이론, 특허, 새로운 게임, 새로운 체스 퍼즐, 혁신적인 안테나 설계, 열교환기 설계 등등에 **컴퓨터적 창의력** 접근 방식이 사용된다. 요컨대 컴퓨터는 계산 혹은 인공적 수단을 써서, 마치 사람이 만들어냈다면 창조적 행위로 간주했을 만한 결과물과 설계를 만들 수 있다.

초기 **컴퓨터적 창의력**의 단순한 예로 1821년에 디트리히 빈켈(1777-1826)이 발명했던 **콤포니엄**이 있다. 이것은 하나의 음악적 테마를 놓고 한없이 변주를 만들어 낼 수 있는 기계식 자동 음악 오르간이다. 두 개의 원통이 번갈아 가며 한 마디씩 연주에 사용되는데 무작위로 선택된 음악이 연주된다. 그리고 플라이휠이 있어서 원통에 있는 음악을 사용할지 말지 결정하는 일종의 프로그래머처럼 동작한다. 만약 한 번의 연주가 5분간 이루어진다면 모든 가능한 조합의 음악을 연주하기 위해 138조 년 이상이 소요될 것이라고 빈켈은 말했다.

참조 라몬 룰의 아르스 마그나 (1305년경), 라가도의 책 쓰는 기계 (1726), 사이버네틱 세렌디피티 (1968), 유전 알고리듬 (1975), 컴퓨터 예술과 딥드림 (2015)

전기 양이 만든 작품. "전기 양"이란 스캇 드레이브즈가 개발한 협업적 추상 예술작업 시스템을 말한다. 더 인기 있는 양이 더 오래 살고 돌연변이와 크로스오버를 가진 유전 알고리듬에 따라 번식한다.

배비지의 기계식 컴퓨터

찰스 배비지(1791-1871)는 영국의 분석가이자 통계학자이면서 발명가였다. 그는 1819년에 기계 투르크인이 영국을 돌면서 인간 체스 플레이어들을 물리치는 광경을 목격했다. 물론 배비지는 이 투르크인이 일종의 속임수였음을 분명히 알아챘을 것이다. 하지만 이 안드로이드 장치에서 **영감을 받아서** 배비지가 좀 더 실용성 있는, 생각하는 기계에 대해 깊이 생각하게 되었을 것이라고 많은 이들은 말한다.

배비지는 컴퓨터의 "선사 시대"와 관련해서 가장 중요한 수학자 겸 엔지니어로 종종 여겨진다. 특히 그는 손으로 크랭크를 돌려 작동시키는 거대한 기계식 계산기를 고안해서 유명하다. 배비지는 이 장치가 수학용 표를 만드는 데 가장 유용하리라고 생각했다. 하지만 그는 사람이 이 기계의 31개 금속 출력 바퀴에 나온 결괏값을 옮겨적다가 실수를 할까 봐 걱정했다. 오늘날 우리는 배비지가 약 100년을 앞서갔으며 그 당시의 정치와 기술은 그의 높은 꿈을 따라가기에 맞지 않았음을 알고 있다.

배비지의 **차분 엔진**은 1822년에 만들기 시작했으나 결국 완성되지 못했다. 약 25,000개의 기계 부품으로 구성된 이 기계는 다항식 함수의 값을 계산하도록 설계되었다. 또한, 그는 좀 더 범용의 컴퓨터를 만들 계획도 세웠다. **해석 엔진**이라는 이 기계는 펀치카드를 써서 프로그래밍될 수 있었고 숫자를 저장하는 곳과 계산하는 곳이 분리되어 있었다. 1,000개의 50자리 숫자를 저장할 수 있는 해석 엔진을 만들려면 길이가 30m 이상은 되어야 하는 것으로 추정된다. 영국 시인 바이런 경의 딸인 에이다 러브레이스(1815-1852)는 해석 엔진용 프로그램을 위한 사양을 제시했다. 배비지가 에이다에게 도움을 주기는 했지만 많은 이들은 에이다를 최초의 컴퓨터 프로그래머라고 생각한다.

1990년에 소설가 윌리엄 깁슨과 브루스 스털링은 『차분 엔진』이라는 책을 썼다. 이 책은 독자들에게 배비지의 기계식 컴퓨터가 빅토리아 시대에 만들어졌다면 어떤 결과가 나왔을지 상상해보라고 말하고 있다. 사실 이 소설의 끝에 가면 그런 일이 벌어졌다고 가상했을 때의 1991년 모습이 나온다. 자신을 자각하는 컴퓨터가 만들어지고 그 컴퓨터가 책의 화자로 등장한다.

참조 주판 (기원전 190년경), 기계 투르크인 (1770), 에니악 (1946)

실제로 동작하는, 찰스 배비지의 차분 엔진 모형의 일부. 런던 과학 박물관에 있다.

“미를 추구하는 예술가”

너새니얼 호손(1804-1864)의 <미를 추구하는 예술가>는 곤충 로봇을 다룬 최초의 단편 이야기이다. 그 아름다움이 뇌리를 떠나지 않을 뿐만 아니라 인공지능과, 인류의 반응에 관한 질문을 던지고 있어 개인적으로 아끼는 작품이다. 아직 전구가 발명되기 한참 전인 1844년에 출판된 이 이야기는 오웬 워랜드라는 천재의 삶을 중심에 두고 있다. 시계 상점에서 일하는 오웬은 예민한 청년으로, 가게주인의 딸인 애니 호벤든과 몰래 사랑에 빠져 있었다. 그리고 그는 “새의 비행이나 작은 동물의 활동을 예로 들 수 있는, 자연의 아름다운 움직임을 흉내 내는 것”이 가능할지 궁금해했다.

결국 오웬은 기계 나비 제작에 성공한다. 하지만 초기 모델을 발견한 가게주인이 실수로 “나비의 해부학적 구조만큼이나 섬세하고 미세한 기계적인 뭔가”를 거의 박살 내버린다. 그는, “오웬! 이 작은 체인과 바퀴와 패들에는 마녀의 손길이 들어 있어!”라고 소리를 지른다.

이야기의 마지막 장면에서 오웬은 그가 만든 새로운 버전을 애니에게 보여주기로 결심한다. “나비가 앞으로 날아왔고 그녀의 손가락 끝에 앉았다. 그리고 여기저기 금색이 흩어져 있는 보라색 날개를 마치 비행의 전주를 연주하듯 웅장하게 흔들며 앉아 있었다. 영광, 화려함, 우아한 아름다움이라는 단어로는 표현이 가능하지 않았다. 그런 말은 그것의 아름다움을 나타내기에 약했다. 자연에 있는 이상적인 나비가 여기에 완벽히 실현되었다. 땅 위의 꽃들 사이를 이리저리 다니는 희미한 곤충의 모습이 아니라 아기 천사와 죽은 아이들의 영혼이 천국의 초원 위를 날아다니며 깔깔깔 장난치며 노는 모습이었다.”

“애니는 소리쳤다. ‘아름다워! 아름다워! 이거 살아 있는 거야? 살아 있는 거야?’”

그 곤충은 공중으로 날아올라 애니의 머리 근처를 맴돌았다. 이 이야기는 나비가 부주의한 아이에 의해 “반짝거리는 조각들의 작은 더미”로 부서지면서 슬프게 끝나는 듯 보인다. 하지만 오웬은 그 나비의 아름다움은 영원하다는 것을 깨달으면서 일종의 에피파니를 경험한다.

곁가지로 한 가지 흥미로운 사실은 2015년에 승인된 미국 특허 9,046,884가 로봇 나비에 관한 내용이라는 것이다. 이 나비는 사람의 기분을 나아지게 만들기 위해 사람의 감정 상태에 따라 반응하고 움직인다.

참조 드 보캉송의 오리 오토마톤 (1738), 자케 드로의 오토마타 (1774), 틱-톡 (1907), 스티븐 스필버그의 영화 A.I. (2001)

<미를 추구하는 예술가>는, 신비로우면서 살아 있는 듯한 수준의 섬세하고 아름다운 나비 오토마톤의 창조를 묘사하고 있다.

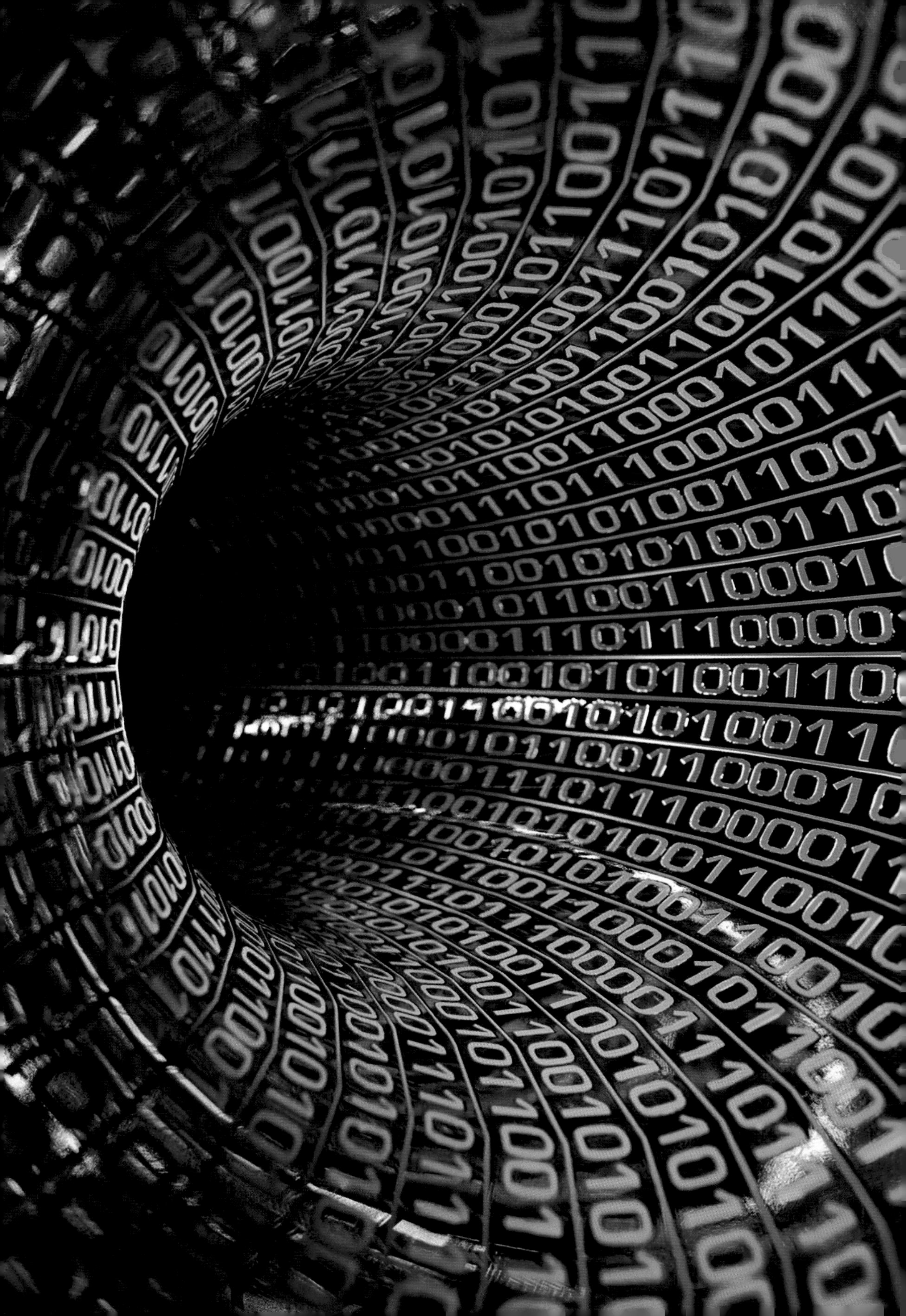

련의 수학 규칙들로 정리될 수 있다고 믿었으며 인간의 허드렛일을 대체하기 위한 방법으로 기계를 옹호했다."

그의 가장 중요한 작업물에서 불은 자신의 목적에 대해 이렇게 적었다. "추론을 수행하는 마음의 동작에 관한 기본 법칙을 알아보고 . . . 인간 마음의 본질과 구성에 관해 알려줄 만한 것들을 몇 개 모아보는 것이다." 1854년에 발표되어 큰 영향력을 발휘한 그의 책은 『논리와 확률의 수학적 기초를 이루는 사고의 법칙 연구』라는 제목을 가지고 있다. 불은 0과 1이라는 두 개의 값과 논리곱(and), 논리합(or), 부정(not)이라는 세 개의 기본 연산만 사용하여, 논리를 단순한 대수로 정리하는 일에 관심을 가졌다. 현대에 **불 대수**는 전화 교환기와 현대적 컴퓨터 설계에서 방대한 응용들을 가지고 있다.

그의 기념비적인 책에서 불은 그의 목표가 "사고의 가장 높은 능력들과 관련된 숨겨진 법칙과 관계를 밝혀내는 것"이라고 말하고 "세상과 우리 자신이 가진 미약한 지각적 지식을 넘어선 모든 것들이 바로 이 숨겨진 법칙과 관계를 통해서 얻어지고 성숙된다"라고 적었다. 동료이자 **수학적 귀납법**이라는 용어를 만들어 냈던 영국의 수학자 오거스터스 드 모르간(1806-1871)은 사후에 출판된 그의 책 『역설 모음집』에서 불의 작업을 칭찬했다. "불의 논리 시스템은 천재성과 인내심을 함께 보여주는 많은 증거들 중 하나이다. . . . 수치 계산의 도구로서 발명된 대수의 기호적 과정들이 모든 사고 행위를 표현해야만 하며 모든 것을 포함하는 논리 시스템의 문법과 사전을 채울 수 있는 수준이 되어야 한다는 것은, 증명되기 전까지는 믿기 어려웠을 것이다."

불이 사망한 지 약 70년이 지난 후에 미국의 수학자 클로드 E. 섀넌(1916-2001)이 불 대수를 접하게 된다. 아직 학생 신분이었던 섀넌은 전화 교환기 시스템의 설계를 최적화하기 위해 불 대수가 어떻게 사용될 수 있는지를 보였다. 또한, 그는 릴레이를 가진 회로가 불 대수 문제를 풀 수 있음을 보여주었다. 섀넌을 통해서 불은 디지털 시대의 기초 중 하나를 제공한 셈이다.

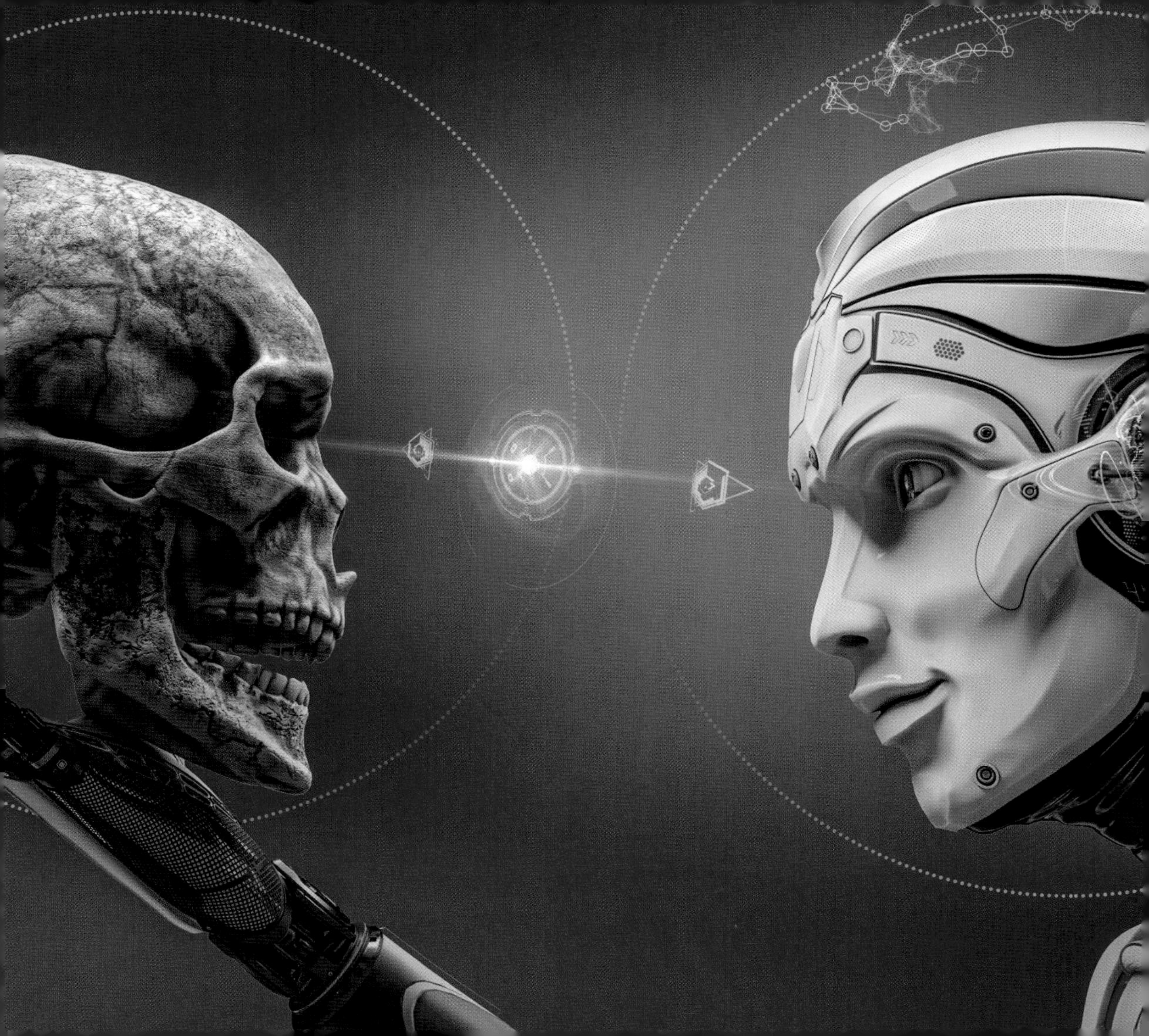

"기계들 속의 다윈"

영국의 작가이자 박학다식자인 새뮤얼 버틀러(1835-1902)는, 스스로 개선하는 초지능 기계와 그것이 가지는 잠재적 위험을 미리 예언하여, 미래에 나타날 수 있는 인공지능에 관해 일찍이 통찰력을 보여주었다. 1863년에 발표한 그의 놀라운 에세이 <기계들 속의 다윈>에서 버틀러는 미래의 "기계식 삶"에 관해 논했다. "우리는 스스로 자신의 후계자를 창조할 것이다. 우리는 매일 그들의 물리적 조직에 아름다움과 섬세함을 추가할 것이다. 우리는 매일 그들에게 더 큰 힘을 넘겨줄 것이며, 온갖 종류의 천재적인 장치를 통해서 자율적이고 자발적인 힘을 제공하게 될 것이다. 이 힘은 지능이 지금까지 인류에게 해왔던 일을 그들에게 해 줄 것이다."

놀라운 인지력으로 버틀러는 기계가 인간의 노력을 점진적으로 대신하는 모습을 머릿속에 그렸다. "우리는 점점 그들에게 더 복종하게 될 것이다. 기계식 삶의 발전에 인생 전체의 에너지를 쏟아부으면서 . . . 더 많은 사람들이 매일 기계들을 돌보느라 노예처럼 속박될 것이다. . . . 기계가 세상과 그 속에 사는 사람들보다 진실로 우위에 서는 때가 올 것이다."

『기계의 책』(1872)에서 버틀러는, 연체동물이 여전히 지금도 의식이 있어 보이지는 않는 반면에 인간의 의식은 진화했다고 말했다. 비슷하게 기계도 의식을 발달시킬 것이라고 말한 그는 "지난 수백 년 동안 기계가 이루어온 놀라운 발전을 뒤돌아보고 동물과 식물의 왕국은 얼마나 천천히 발전하고 있는지를 주목해보라"고 우리에게 요청한다. "아주 높이 조직화된 기계들은 어제가 아니라 지난 5분 사이에 만들어졌다. . . ."

버틀러의 생각은 21세기에 들어와서 사이버네틱스의 아버지인 노버트 위너(1894-1964)에 의해 다시 등장했다. "만약 우리가, 학습을 하고 경험에 의해서 행동을 바꿀 수 있는 기계를 만드는 방향으로 나아간다면, 우리는 기계에 부여하는 독립성 하나하나가 우리의 바람을 거역하는 식으로 나타나리라는 사실을 직시해야만 한다. 병 속의 지니는 병으로 기꺼이 돌아가려 하지 않을 것이다. 마찬가지로 기계들이 우리를 잘 따르리라고 기대할 만한 이유는 전혀 없다."

기술이 인간 생활의 모든 측면에 얽혀 있는 21세기 지금의 상황에서 인공지능에 대해 버틀러와 위너가 가졌던 생각은 특히나 예언적으로 다가온다.

참조 홉스의 리바이어던 (1651), 인간의 인간적 활용 (1950), 지능 폭발 (1965), 밀봉된 "인공지능 상자" (1993), 페이퍼클립 생산극대화의 재앙 (2003)

<기계들 속의 다윈>에서 새뮤얼 버틀러는, "우리는 스스로 자신의 후계자를 창조할 것이다. . . . 시간이 한참 흐르면 우리는 우리가 열등한 종족이 된 것을 깨달을 것이다"라고 썼다.

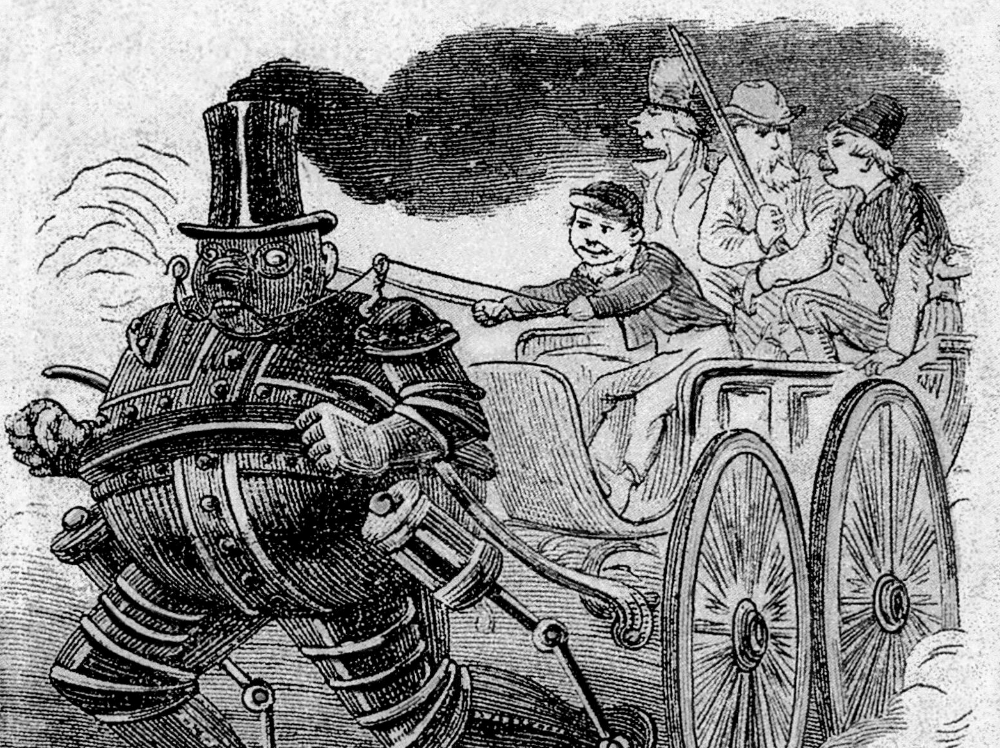

The Steam Man of the Prairies

FOR SALE BY
"The American News Co.,"
119 & 121 Nassau Street, N. Y.

대평원의 스팀맨

미국의 다임 소설(저가의 페이퍼백 책) 중에서 기계 인간을 처음으로 묘사한 사례로 오하이오 출신의 작가 에드워드 S. 엘리스(1840-1916)가 쓴『대평원의 스팀맨』이 있다. 이 책은 1866년부터 1904년 사이에 여러 번 재발간되었다. 엘리스의 소설에는 조니 브래이너드라는 십대 발명가가 등장한다. 그는 3m짜리 로봇을 만들었고 그것을 가지고 미국 중서부 지대를 돌아다녔다. 이 스팀맨은 난로관으로 만든 모자를 쓰고서 마차를 끌었으며 조심스럽게 만들어진 다리를 움직여서 최대 시속 100km의 속도로 걷거나 달렸다. 조니와 그의 친구들은 이 로봇과 함께 대평원에서 소 떼를 쫓고, 인디언을 놀라게 하고, 금 채굴을 도우면서 모험을 펼쳤다.

엘리스는 스팀맨이 "과도하게 비대해져 시 의원 수준으로 불룩해졌고, 결국에 가서는 엄청난 높이와 조화를 이루지 못했다"라고 묘사했다. 그 로봇은 모든 기계 부품을 집어넣기에 충분한 공간을 확보하느라 뚱뚱해졌다. 게다가 "얼굴은 쇠로 만들어졌는데 . . . 두 눈은 무서웠고 입은 찢어질 듯 웃고 있었다. . . . 발걸음은 자연스러웠지만 달릴 때는 나사가 보여서 사람과 다름을 알 수 있었다."

스팀맨은 실제로 스팀에 의해 동작하는 인간형 로봇에서 영감을 받았다. 바로 1868년에 미국 발명가 자독 P. 데더릭과 아이작 그래스가 특허를 낸 로봇이다. 엘리스의 매력적인 연작들은 "에디소네이드" 장르의 초기 사례이기도 하다. 일반적으로 이 장르에서는 천재성을 이용해 위험에서 벗어나는 젊은 남자 발명가가 주인공으로 나온다. 역사가 앤드루 립탁이 언급했듯이 "미국 개척자의 모험에 관해 이야기를 쓴 엘리스는, 태양계 저 멀리서 시작하는 현대의 이야기처럼, 미지의 세계에 다가서는 사람들의 삶을 탐구하고 있다. . . . 엘리스의 작품은 그 시대의 자세를 보여주는 좋은 창문 역할을 하고 있으며 미래를 어떻게 바라봤는지 그리고 세상이 얼마나 많이 변화하고 있었는지에 관한 맥락을 제공한다."

참조 일렉트릭 밥의 대형 흑타조 (1893), 틱-톡 (1907), 일렉트로, 모토-맨 (1939)

대평원의 스팀맨 표지, 에드워드 S. 엘리스 작품 (1868).

하노이의 탑

하노이의 탑은 1883년에 프랑스 수학자 에두아르 뤼카(1842-1891)에 의해 발명되어 장난감으로 팔리기 시작한 이래로 줄곧 세상 사람들의 관심을 끌어왔다. 이 수학적 퍼즐은 세 개의 기둥과 그 기둥에 끼우는 몇 가지 크기의 구멍 뚫린 원반들로 구성되어 있다. 이 원반들은 처음에는 하나의 기둥에 모두 끼워져 있는데 크기 순서로 끼워져서 맨 위에 가장 작은 원반이 온다. 게임을 하는 방법은 세 기둥 중 한 곳에서 가장 위에 끼워져 있는 원반을 빼내어 다른 기둥에 끼우면 된다. 그러면 이미 그곳에 쌓여 있는 원반들의 가장 위에 놓이게 된다. 주의할 점은, 옮기는 원반의 크기가 이미 쌓여 있는 원반보다 크면 그곳에 옮길 수 없다. 이 게임의 목표는 처음에 하나의 기둥에 끼워져 있던 원반들 전체(보통은 8개)를 다른 기둥으로 그 모양 그대로 옮기는 것이다. 성공을 위해 필요한 원반 이동의 최소 횟수는 $2^n - 1$인 것으로 확인되었다. 여기서 n은 원반의 개수이다.

원본 게임은 어떤 인도 사원의 전설에서 영감을 받아 만들어졌다고 하는데, 그 사원에서는 브라만 승려들이 하노이의 탑에서 사용하는 것과 같은 규칙을 써서 64개의 황금 원반을 이동시켰다고 한다. 그 전설에 따르면 마지막 이동을 끝낼 때 세상의 종말이 온다. 만약 승려들이 1초에 한 개의 원반을 옮길 수 있다고 가정한다면 $2^{64} - 1$ 이동, 즉 18,446,744,073,709,551,615 이동이 필요하고 이것은 현재 추정하고 있는 우주의 나이보다 약 42배인 대략 5,850억 년이 걸린다.

하노이의 탑 퍼즐과 기타 많은 변종들은 다양한 로보틱스 시합에서 사용되고 있다. 왜냐하면 고도의 추론 능력과 인지 및 조작 능력을 함께 평가할 수 있는 유용한 표준 시험이 될 수 있기 때문이다. 작업 계획과 움직임 계획(한 개 이상의 로봇 팔을 포함)이 이런 시합에서 핵심 역할을 한다.

세 개의 기둥이 있는 경우에 대해서는 간단한 알고리듬이 존재한다. 종종 이 게임은 컴퓨터 프로그래밍 수업에서 재귀적 알고리듬을 가르칠 때 사용된다. 하지만 기둥이 많이 있는 하노이의 탑 문제(그리고 변종들)에 대한 최적의 답은 여전히 활발한 연구 분야이다. 로봇 팔이 여러 개인 경우에는 충돌이 일어나지 않도록 팔의 이동 궤적도 계산되어야만 한다.

참조 틱-택-토 (기원전 1300년경), 기계 투르크인 (1770), 커넥트 포 (1988), 루빅스 큐브 로봇 (2018)

하노이의 탑 게임에서 플레이어는 한 번에 하나의 원반을 한 기둥에서 다른 기둥으로 옮길 수 있으며 옮기는 곳에서는 이미 쌓여 있는 것들 위에 놓아야 하고 자신보다 작은 것 위에는 옮길 수가 없다.

No. 55. STREET & SMITH, Publishers. NEW YORK. 31 Rose St., N. Y. P. O. Box 2734. 5 C

Electric Bob's Big Black Ostrich

Or, LOST ON THE DESERT.

By the Author of "ELECTRIC BOB."

BANG! BANG! BANG! EVERY REPORT FROM ELECTRIC BOB'S MACHINE GUN WAS FOLLOWED BY A YELL OR A SPLASH B THE ENEMY.

일렉트릭 밥의 대형 흑타조

로버트 T. 툼즈가 쓴 『일렉트릭 밥』 소설 시리즈는 『대평원의 스팀맨』 시리즈와 함께 19세기 말 미국에서 사람이나 동물을 닮은 기계 장치에 사람들이 점점 흥미를 느껴가는 모습을 보여주어서 유명하다. 『일렉트릭 밥의 대형 흑타조』(1893)에 나오는 일렉트릭 밥은 뉴욕시 근처에 사는 열 살짜리 엔지니어링 천재이다. 그는 전신을 발명한 새뮤얼 모스(1791-1872)의 후손이기도 하다. 전자 타조 말고도 밥은 거대한 백색 기계 악어와, 이동 수단으로 사용될 수 있는 다른 기계 동물들을 발명했다. 전반적으로 이 다양한 로봇들은 소모품이 잘 갖추어져 있고, 철갑을 두르고 있으며, 어려운 환경을 헤쳐나갈 수 있다.

이야기 속에서 일렉트릭 밥은 그와 친구들이 대형 타조를 타고 움직이면 미국 남서부에 있는 바위 사막을 뱀에게 공격당하지 않고 지나갈 수 있으리라 판단한다. 밥은 살아 있는 타조 견본을 보고 해부학과 생리학을 꼼꼼히 연구한 후에 완벽한 탈 것을 설계한다. "이 타조는 그 커다란 머리 꼭대기까지 키가 9m였다. 몸의 중심은 지상으로부터 6m 높이였고 목의 길이는 약 2.4m였다. . . . 동력은 몸속 허벅지 사이에 위치한 강력한 배터리에서 얻었는데 이동하는 지면의 특성에 따라 시간당 30km에서 60km의 속도로 움직였다."

이 소설에서는 독자에게 전달하는 구체적인 공학적 내용이 돋보인다. 기계식 새의 각종 자재와 구성요소들을 하나하나 설명하고 있는데 속이 비어 있는 강철 다리라든가, 방탄 알루미늄 날개와 꼬리 등이 그 예이다. 밥은 다음과 같이 설명한다. "여기에 있는 것은 물탱크, 만약을 위한 수납공간, 탄약 등이고 여기에 있는 것은 기관총이다 . . . [이것은] 확장된 회전 실린더로 구성되어 있는데 25개의 윈체스터 소총 카트리지와 짧고 무거운 배럴을 가지며 이 크랭크를 돌리면 발사된다."

비록 여기 나오는 허구의 설명들이 기계적 생명체 형성을 둘러싼 철학적 쟁점들을 실제로 다루고 있지는 않지만 이런 과학 천재 이야기는 그 당시 사람들의 생각과 편견, 희망, 열망 등을 엿보게 해준다.

참조 드 보캉송의 오리 오토마톤 (1738), 대평원의 스팀맨 (1868), 틱-톡 (1907)

로버트 T. 툼즈가 쓴 『일렉트릭 밥의 대형 흑타조』 삽화. 뉴욕 5 센트 도서관, 1893.

No. 613,809. Patented Nov. 8, 1898.

N. TESLA.

METHOD OF AND APPARATUS FOR CONTROLLING MECHANISM OF MOVING VESSELS OR VEHICLES.

(No Model.) 5 Sheets—Sheet 1.

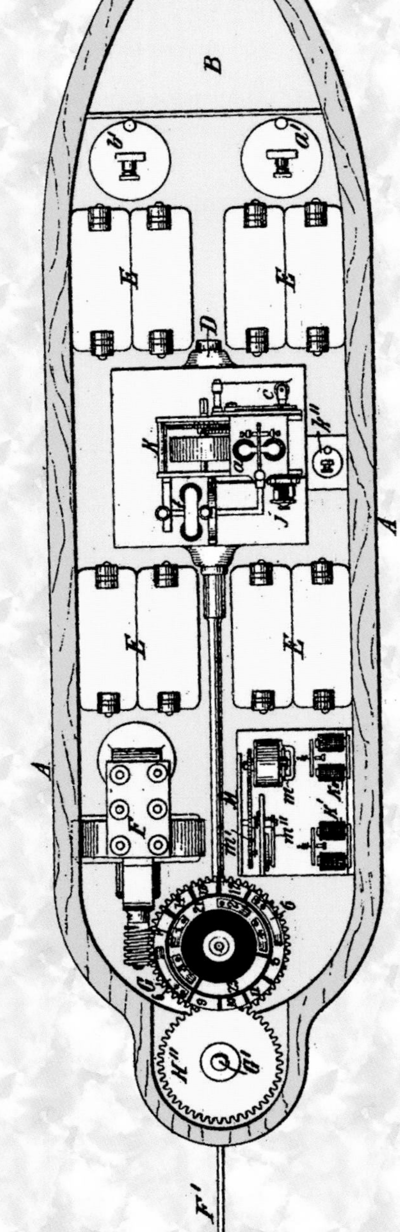

Fig. 1

Witnesses:

Raphaël Netter

George Scherff.

Inventor

Nikola Tesla

테슬라의 "빌려온 마음"

세르비아 출신의 미국 발명가 니콜라 테슬라(1856-1943)는 1898년에 무선 조종 보트를 시연하여 모두를 깜짝 놀라게 했다. 그것을 지켜본 관중들은 경외심에 빠졌고 일부는 여기에 마술이나 텔레파시 혹은 훈련된 원숭이가 숨어 있을지 모른다고 생각했다. 이 세계 최초의 무선 조종 선박에 대해 알게 된 『뉴욕타임즈』 기자는 테슬라의 발명이 전쟁에서 다이너마이트와 함께 쓰이면 무기가 될 수 있다고 제안했다. 테슬라는 이 기자에게, 무선 어뢰를 넘어서는 생각을 하라고 꾸짖으면서 이것이 첫 번째 **오토마톤 종족**임을 깨달으라고 말했다. 오토마톤 종족이란 인류의 고된 노동을 수행해 줄 기계 인간을 말하는데 이 당시는 아직 **로봇**이라는 단어가 나타나기 전이었다.

1900년에 발표한 에세이 <인간 에너지를 증가시키는 문제>에서 테슬라는 그의 수상aquatic 오토마톤에 대해 이렇게 적고 있다. "멀리 떨어져 있는 조작자의 지식, 경험, 판단, 즉 다시 말하자면 마음이 그 기계에 담긴다. 그래서 그 기계는 이성과 지능으로 움직이고 모든 동작을 수행할 수 있게 된다. . . . 지금까지 만들어진 이 오토마톤들은, 멀리 떨어져 있는 조작자의 한 부분을 형성할 뿐이기 때문에 '마음을 빌려온' 것이다."

테슬라는 여기서 더 나아가 이렇게 제안한다. "어쩌면 '자신의 마음'을 가진 오토마톤이 만들어질지도 모른다. 이것은 감각 기관들에 자극을 주는 외부 영향에 반응하여 조작자 없이 완전히 알아서 마치 지능이 있는 것처럼 다양한 행동과 동작을 할 수 있을 것이다."

나딘이나 **소피아** 같은 실감 나는 안드로이드(즉 휴머노이드 로봇)들이 대화 능력으로 구경꾼을 당황스럽게 만들고 있는 현대 기술 시대에서 테슬라는 위대한 선지자로 종종 여겨진다. 사실 테슬라는, 인간이란 외부 자극에 반응하여 적절히 사고와 행동을 하는 오토마톤일 뿐이라고 믿었다. 그가 했던 위대한 아이디어들 중에는, "나를 기계적으로 표현하는 오토마톤, 물론 더 원시적인 방식이기는 하겠지만 내가 직접 하듯이 외부 영향에 반응하는 오토마톤을 만드는 것"이 있었다. "그런 오토마톤은 구동 동력, 이동을 위한 기관, 지시를 내리는 기관, 외부의 자극에 흥분하는 하나 이상의 감각 기관 등을 분명히 가져야 한다. . . . 마치 지능적인 존재인 듯이 그 오토마톤이 요구된 모든 의무를 수행할 수만 있다면 그것이 살점과 뼈로 되어 있든 나무와 강철로 되어 있든 별로 상관없다."

참조 살상용 군사 로봇 (1942), 인간의 인간적 활용 (1950), 자율주행 차량 (1984)

무선 제어 로봇 보트에 관한 니콜라 테슬라의 1898년 특허. 배터리, 모터로 구동되는 프로펠러, 방향타, 조명 등이 포함되어 있다. 그는 지능적인 "텔레오토마톤"이 미래에 만들어져서 사회에 혁명을 일으키리라 믿었다.

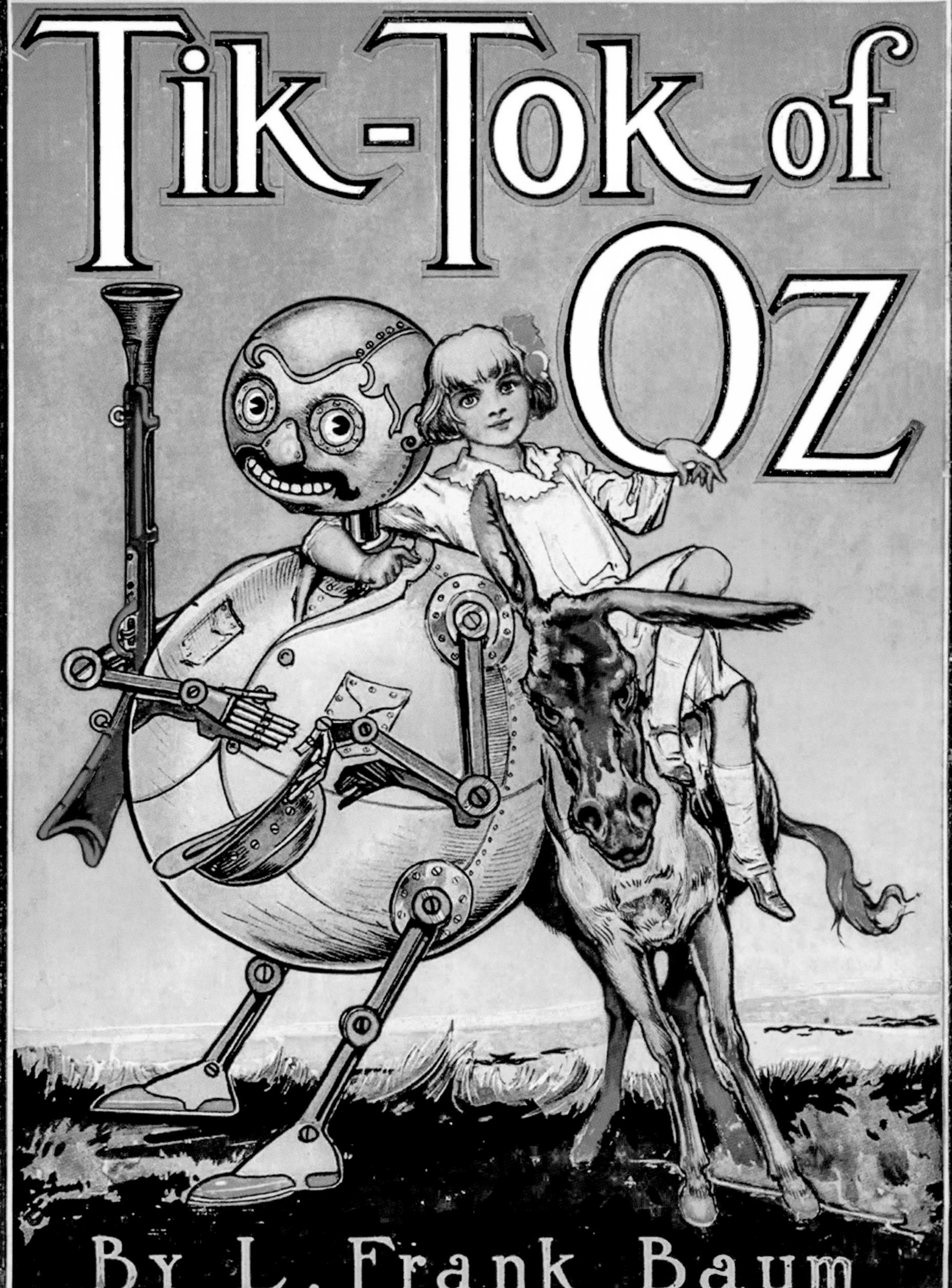
Tik-Tok of Oz
By L. Frank Baum

틱-톡

작가인 폴 아브라함과 스튜어트 켄터는 이렇게 말했다. "인공지능을 연구할 때 우리는 즉시 삶의 본질에 대한 가장 근본적인 질문에 직면한다. 그것은 죽음, 섹스, 일, 그리고 마음의 메커니즘이다. . . . (이것은) 문학, 철학, 여러 인상적인 과학과 기술 영역들에서 고된 순례를 필요로 하는 하나의 거대한 명령이다." 문학 속에서 기계와 사람 사이의 미세한 경계에 관한 질문을 던진 최초의 생각하는 기계로 틱-톡이 있다. 미국의 작가 L. 프랭크 바움(1856-1919)이 1907년에 발표한 소설『오즈의 오즈마』에 나오는, 지능을 가진 구리 로봇이다. 이 태엽 장치 로봇을 구동하기 위해서는 누군가가 주기적으로 로봇에 있는 세 개의 태엽을 감아주어야 한다. 세 개의 태엽은 각각 생각, 행동, 말하기에 에너지를 공급한다. 그래서 생각만 동작하고 행동과 말하기는 멈추게 만드는 것이 가능하다. 일종의 격리된 "상자 속 인공지능"이 되는 셈이다. 또한, 말하기에만 에너지를 공급해서 원초적인 목소리는 나오되 적합한 자연어 처리는 되지 않게 할 수도 있다. 하지만 완전하게 모두 가동되더라도 언어 처리 모듈이 완벽하게 자연스럽지는 않았는데, 단조로운 톤의 목소리라든가 많은 질문과 명령들을 문자 그대로 해석하는 것을 보면 알 수 있었다. 바움에 따르면 틱-톡은 "살아 있는 것만 빼고는 뭐든지 하며" 감정을 느끼지 않는다고 한다. 회초리로 벌을 주더라도 틱-톡은 전혀 해를 입지 않았고 회초리질은 그저 그의 구리 몸통을 "잘 반짝거리게" 만들 뿐이었다.

틱-톡은 우주에서 그가 차지한 위치를 알고 있었다. 예를 들어 그의 친절에 대해 누군가 감사를 표하면, "나는 그저 기계입니다. 나는 미안하고 기뻐하는 정도로만 친절할 수 있습니다"라고 대답했다. 이 소설이 청소년 독자를 대상으로 하는 듯 보이기는 하지만, 바움은 우리들이 인공지능의 미래에 대해 궁금해하도록 만들었다. 인간과 기계 사이의 주된 차별점은 감정일까? 문학과 영화는, 인공지능의 설계 및 우리가 생각하는 기계에 부여할 한계를 어느 정도까지 형성할까?

알렉스 구디 교수는 다음과 같이 말했다. "한 세기의 기술 열광적 꿈과 기술 혐오적 꿈을 이해하고, 과학기술적 침범에 대한 두려움을 구체화하며, 과학기술적 초월성의 기회를 누군가에게 제시하고, 개인적이면서 차별화된 인간 주체라는 생각에 도전하는 데 있어서 핵심 주인공은 사이보그, 로봇, 그리고 기타 기계적 존재들이다."

참조 란슬롯의 구리 기사 (1220년경), 대평원의 스팀맨 (1868), 아시모프의 로봇공학 3원칙 (1942), 자연어 처리 (1954), 밀봉된 "인공지능 상자" (1993)

존 R. 닐(1877-1943)이 그린『오즈의 틱-톡』표지. 프랭크 바움의 1914년 작.

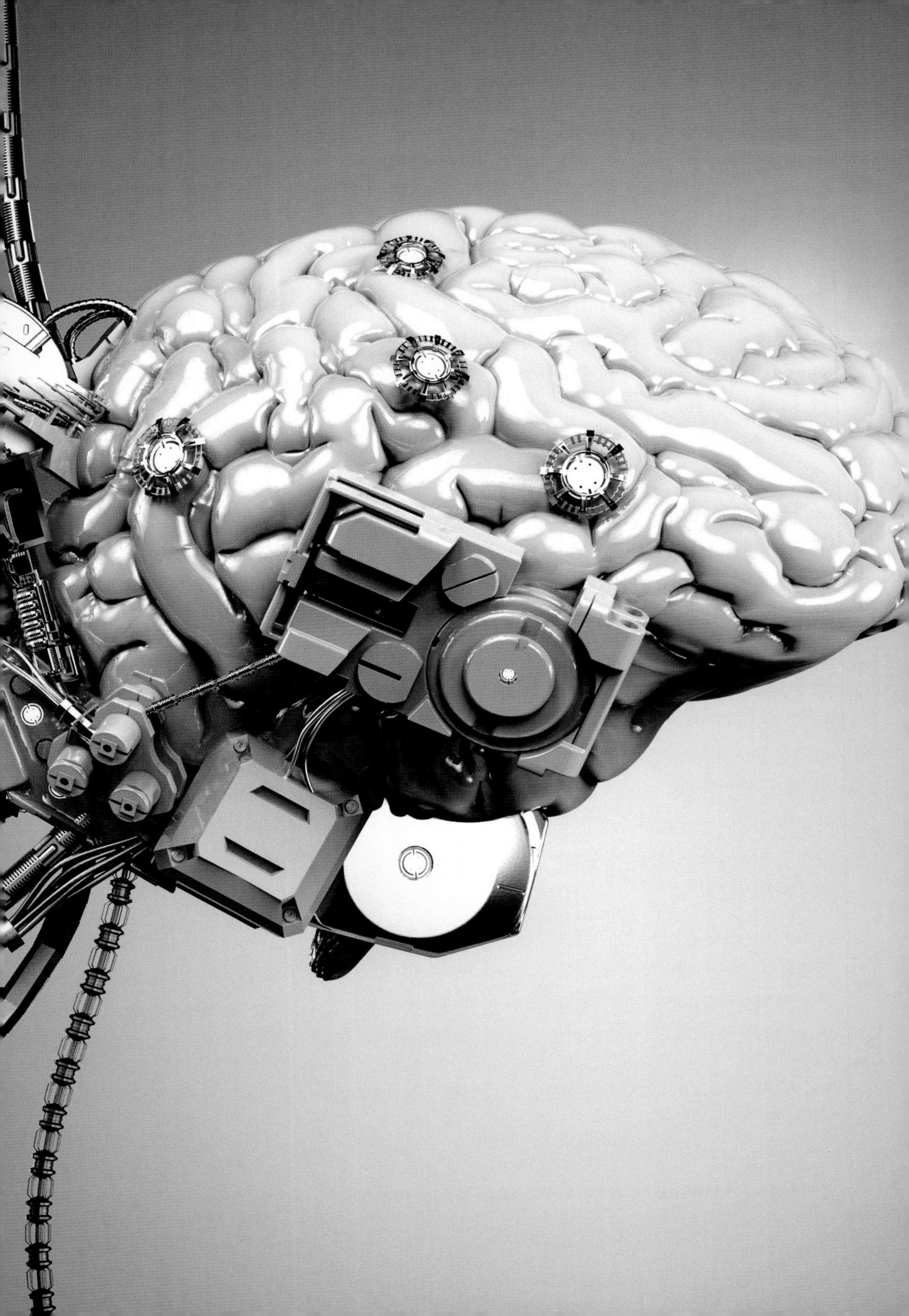

영혼 찾기

컴퓨터 과학자 앨런 튜링(1912-1954)은 1950년에 발표한 논문 <컴퓨팅 기계와 지능>에서, 우리가 인공지능 기계를 만들려고 시도하는 것은 "영혼을 창조하는 신의 능력을 불손하게 찬탈하는 것이 아니라 아이를 출산하는 것과 다를 바 없다"라고 했다. "오히려 어찌 되었건 우리는 신의 의지를 행하는 도구로서 신이 창조하는 영혼을 위한 저택을 제공하는 것"이라고 그는 덧붙였다. 일부 미래학자들은 우리가 뇌의 구조에 관해 더 많이 알아갈수록 마음을 시뮬레이션하거나 우리 마음의 여러 측면들을 컴퓨터에 업로드함으로써 의식을 가진 인공지능을 창조할 수 있다고 믿는다. 이런 추정적 생각 속에는 마음이 두뇌의 활동에서 생겨난다는 물질주의적 견해가 깔려 있다. 반면에 17세기 중반의 프랑스 철학자 르네 데카르트(1596-1650)는 마음 또는 "영혼"이 두뇌와 별개로 존재한다고 가정했다. 그가 보기에 이 "영혼"은 송과체pineal 같은 기관을 통해 두뇌와 연결되어 있고 이 송과체는 두뇌와 마음 사이의 관문 역할을 했다.

영혼과 물질의 분리에 관한 다양한 견해들은 **심신 이원론**의 철학을 보여준다. 1907년에 미국 의사인 던컨 맥두걸(1866-1920)은 죽어 가는 결핵 환자를 저울 위에 올려놓고 이 개념을 보여주려 시도했다. 그는 영혼이 육체를 떠나는 죽음의 순간에 저울의 눈금이 내려갈 것이라고 추론했다. 이 실험을 통해 맥두걸은 영혼이 21그램(0.7온스)이라고 측정했다. 아! 이런 . . . 그런데 맥두걸과 다른 연구자들은 이 결과를 다시는 재현해내지 못했다.

마음과 육체에 관한 더 물질주의적인 견해는 우리의 생각, 기억, 개성이 두뇌 일부 영역의 손상으로 인해 달라질 수 있다는 실험에 의해 지지받기도 한다. 또한, 뇌 영상 연구를 통해 감정과 생각의 대응 관계를 알아낼 수 있다는 주장도 있다. 하나의 흥미로운 사례를 들자면 뇌의 오른쪽 전두엽 손상은 고급 레스토랑과 맛있는 음식에 대해 갑작스럽고 열정적인 관심을 불러일으킬 수 있다(**구르망 신드롬**이라고 한다). 물론 이원론자인 데카르트는 두뇌를 통해서 마음이 동작하기 때문에 두뇌 손상이 행동을 변화시켰다고 주장할지 모르겠다. 예를 들어 우리가 자동차의 핸들을 떼어낸다면 차는 다르게 움직이겠지만 그렇다고 운전자가 없다는 의미는 아니다.

참조 의식을 가진 방앗간 (1714), 트랜스 휴머니즘 (1957), 시뮬레이션 속에서 살기 (1967), 스티븐 스필버그의 영화 A.I. (2001)

앨런 튜링은 우리가 언젠가 첨단의 생각하는 기계를 만들더라도 인간이 신의 영혼 창조 능력을 불손하게 빼앗는 것은 아니라고 적었다. 우리가 아이를 출산하는 것과 마찬가지라는 것이다.

Dec. 31, 1935. G. TAUSCHEK 2,026,3

READING MACHINE

Filed May 27, 1929

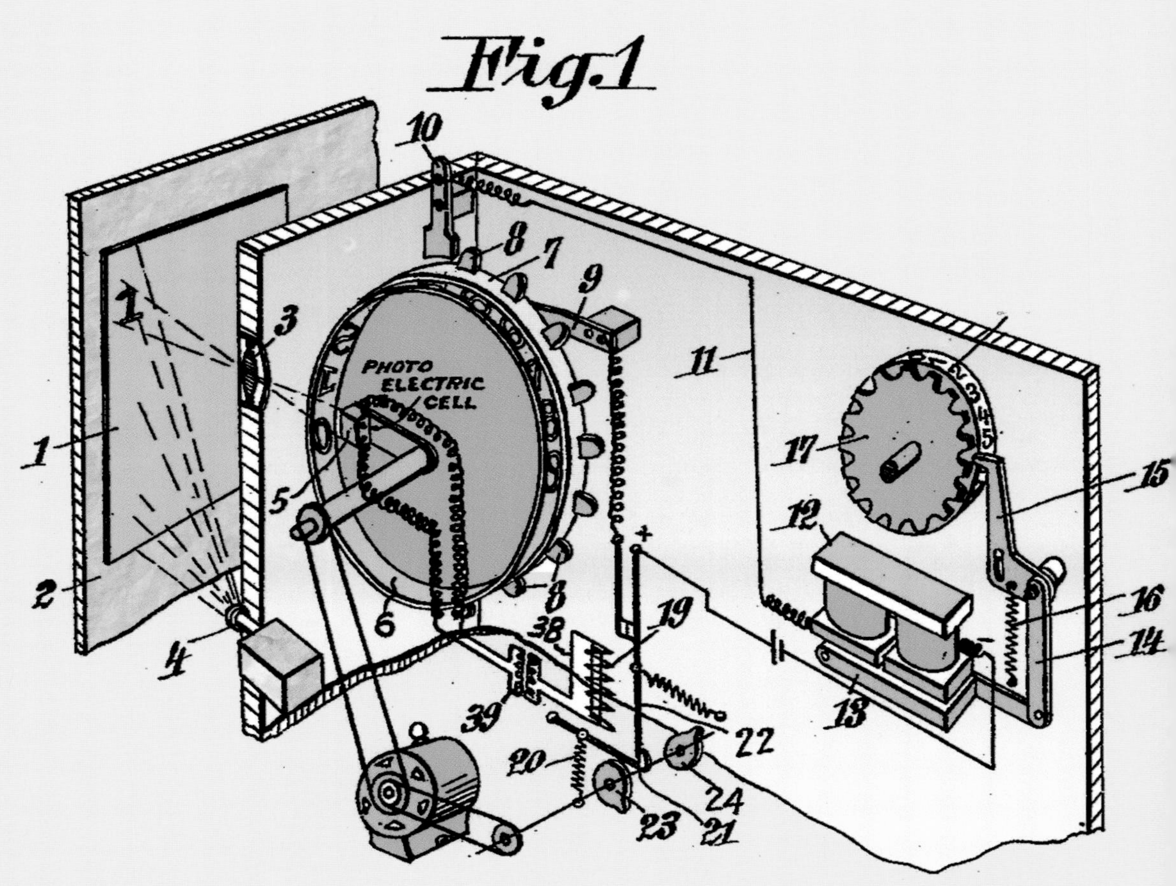

광학 문자 인식

존 애덤스 미국 대통령은 다음과 같이 말했다고 전해진다. "대부분의 사람들이 다른 이보다 잘하는 유일한 것은 자기가 쓴 손글씨를 읽는 것이다." 인쇄된 알파벳 글씨를 읽을 수 있는 자동 시스템을 향한 여정은 정말로 긴 역사를 가지고 있다. 광학 문자 인식 혹은 OCR은 컴퓨터 비전, 인공지능, 패턴 인식 등과 같은 여러 분야의 연구 개발에 걸쳐 있다. OCR이라고 하면 수많은 다양한 형태(예: 손글씨, 인쇄 글씨, 타자 글씨)의 문자 이미지를 컴퓨터가 사용하는 코드로 바꾸는 것을 말한다. 예를 들면 편지 봉투, 자동차 번호판, 책, 거리의 표지판, 여권 등에 쓰여 있는 글씨를 기계로 스캔해서 인식하는 것이다. 때때로 OCR은 시각 장애인을 위해 텍스트를 음성으로 변환하는 데 사용되기도 한다.

OCR 분야의 초창기 발명가로 러시아 과학자 엠마누엘 골드버그(1881-1970)가 있다. 1931년에 그는 마이크로필름 문서에 있는 정보를 검색하기 위해 광전 셀과 패턴 인식을 사용하는 문서 검색 장치에 관한 특허를 냈다. 그보다 더 전으로는 1913년경에 아일랜드 물리학자인 에드먼드 포니어 달비(1868-1933)가 옵토폰이라는 걸 발명했는데, 이것은 광센서를 사용해서 텍스트를 스캔한 후에 글자에 해당하는 소리를 발생시켜서 시각 장애인을 도와주었다. 1974년에는 미국 발명가 레이 커즈와일(1948-)이 시각 장애인을 위해, 수많은 다양한 글꼴로 되어 있는 텍스트를 스캔해서 음성 출력을 만들어 주는 독서 기계를 만들었다.

종종 OCR은 아주 많은 흥미로운 처리 단계를 필요로 한다. 경우에 따라서 텍스트를 수학적으로 기울이고, 노이즈를 제거하고, 가장자리를 다듬는다. 문자를 인식하기 위해 시스템은 저장되어 있는 문자와 비교를 한다거나 특정 그래픽 특징(예를 들면, 루프와 라인)들을 고려할 수도 있다.

밀접하게 연관된 분야에는 손글씨 인식(HWR)이 있다. 여기에는 손으로 쓴 단어를 인식하기 위해서 펜의 움직임을 모니터링하고 분석하는 작업이 포함될 수도 있다. HWR에는 보통 OCR이 포함되며 정확도를 높이기 위해, 주어진 문맥 속에서 가장 그럴듯한 단어를 정하는 작업도 포함될 수 있다. 또한, OCR과 HWR을 용이하게 하기 위해 인공 신경망이 사용될 수 있다.

참조 인공 신경망 (1943), 음성 인식 (1952), 기계 학습 (1959)

여기에 나와 있는 것은 오스트리아의 엔지니어인 구스타프 타우쉬크(1899-1945)가 만든 독서 기계로서 미국 특허 2,026,329(1935)에서 가져 왔다. 비교 장치(disk 6)는 글자마다 오려낸 모양을 가지고 있다. 어떤 글자의 이미지와 오려낸 구멍이 일치하면 거기에 해당하는 글자가 인쇄된다.

FEDERAL THEATRE

USA
WORK
WPA

MARIONETTE THEATRE

PRESENTS

RUR

REMO BUFANO DIRECTOR

로숨의 유니버설 로봇

로봇이라는 영어 단어는 체코의 예술 평론가이자 극작가인 카렐 차페크(1890-1938)가 1920년에 쓴 극본『R.U.R.(로숨의 유니버설 로봇)』에서 처음 사용되었다.

R.U.R.에서 로봇들은 살과 뼈로 만들어지며 공장의 통 속에서 조립된다. 그것들은 본질적으로 값싼 기구로서 공장 노동자로 사용되어 인류에 봉사한다. 덕분에 인간은 많은 시간을 여가를 위해 쓰게 된다. 하지만 로봇의 권리와 인간성을 놓고 논쟁이 벌어진다. 주인공 중 한 명인 헬레나는 로봇을 해방시키고자 한다. 아! 이런. . . . 그런데 전 세계적으로 사용되고 있던 로봇들은 결국 인류를 파괴한다. 그리고 로봇은 번식할 방법을 가지고 있지 않아서 결국은 죽어 없어질 운명이다. 지구의 미래를 위한 일종의 아담과 이브를 나타내는 특별한 로봇 둘이 사랑에 빠지면서 연극은 끝난다.

로봇이라는 단어는 체코어 로보타[robota]에서 온 것으로 강제 노동을 의미한다. 이 연극은 하나의 이정표가 되었다. 일자리 및 사회에서 나타날 수 있는 비인간화뿐만 아니라 인류의 일반적 안전과 관련해서 인공지능 기술의 계속된 진화가 가져올 영향에 관해 생각하게끔 만들었다. 인간과 생각하는 기계 사이의 어디에 선을 그을 것인가? 그런 기계들이 너무 발전해서 권리를 가질 자격이 된다거나 아니면 위협이 되는 때는 언제일까? "인간성이라는 정의하기 힘든 불꽃은 어떻게 인간이 창조되었는지에 들어 있는 것이 아니라 어떻게 느끼고 행동하는가에 들어있음"을 R.U.R.이 제시하고 있다고 작가 레베카 스테포프는 말했다.

옥스퍼드 대학교 철학 및 정치 윤리학 교수인 루치아노 플로리디(1964-)는, "철학적으로 풍부하면서 논란의 여지가 있는 R.U.R.은 처음 등장할 때부터 걸작으로 모두에게 인정받았으며 과학기술에 관한 디스토피아 문학의 고전이 되었다"라고 평했다. 이 연극에 들어 있는 아이디어가 너무도 강력해서 1923년까지 이 극본은 30개 이상의 언어로 번역되었다. 1922년에는 미국판 시사회가 뉴욕시에서 열렸고 백 회가 넘는 공연을 했다.

참조 메트로폴리스 (1927), 인간의 인간적 활용 (1950), 지능 폭발 (1965), 밀봉된 "인공지능 상자" (1993)

1939년에 뉴욕시의 퍼핏 인형 조종 예술가 레모 부파노가 감독한 R.U.R.의 포스터. 이 공연은 대공황 시대에 미국에서 예술을 재정 지원하기 위한 뉴딜 프로그램인 페더럴 시어터 프로젝트(1935-1939)로부터 자금 지원을 받았다.

메트로폴리스

프리츠 랑(1890-1896)이 감독하고 테아 폰 하르보우(1888-1954)가 각본을 쓴 1927년도 무성 영화 <메트로폴리스>를 보면, 주인공 중 한 명인 발명가 C. A. 로트방이 그의 로봇은 절대로 지치지 않으며 실수도 하지 않는다고 설명하면서 미래에는 이 노동자들이 인간과 구별되지 않을 것이라고 말하는 장면이 있다. 미래적인 도시에서 인류는 도시를 지배하는 유한 계급과 지하에서 힘들게 일하며 거대한 기계를 돌리는 하층 계급으로 나누어져 있다.

시각적으로 인상적인 이 영화에서 여주인공인 마리아는 노동자들을 돌보면서 그들의 살아가는 어려움을 걱정하는 젊은 여성이다. 로트방은 노동자 사이에 퍼져 있는 그녀의 평판을 망가뜨리고 반란의 싹을 자르기 위해서 마리아를 닮은 로봇을 만든다. 하지만 오히려 이 가짜 마리아는 노동자들에게 봉기하라고 선동을 하고 결국 잡혀서 화형에 처해진다. 그녀가 불에 타면서 인간 형상의 외관이 녹아 흐르고 그 속에 있던 금속의 로봇이 모습을 드러낸다.

이 영화의 핵심 대사는, "두뇌와 근육의 중재자는 심장이어야 한다"이다. 이 말은 인간과 인공지능 사이의 본질적 차이를 짚고 있다. 메트로폴리스가 남긴 영향에 대해서 미래학자 토머스 롬바르도는 이렇게 말했다. "SF 소설에 나오는 로봇은 사실, 인간과 기계의 상징적인 합성물로 모습을 드러냈다. 즉 자신이 기술적으로 창조한 것에 의해 흡수되어 기계처럼 되어 가는 인간과, 우리의 최악인 특성 및 성질을 받아들이며 인간처럼 되어 가는 기계가 반반씩 들어 있다. . . . 그것은 과학과 기술에 대한 우리의 두려움과 함께, 우리가 그렇게 될지도 모를 것에 대한 두려움을 전형적으로 보여준다."

메트로폴리스의 주제는 인조인간이 나오는 컬트 고전 영화 <블레이드 러너>(1982)와 같이 많은 현대 SF 영화에서 반복되고 있다. 물론 오늘날에도 기술에 대한 과도한 의존과, 인공지능 시대에서 노동의 미래는 뜨거운 토론 주제이다. 인공지능 개체가 인간으로 오인되는 일이 점점 더 많아지면서 메트로폴리스는 계속해서 미래에도 의미를 가질 것이다. 우리가 신뢰하거나 존경하는 사람으로 가장하는 능력이나, 우리가 사랑하는 누군가를 "시뮬레이션"하는 능력을 인공지능이 가지게 된다면 그 결과는 엄청날 것이다.

참조 로숨의 유니버설 로봇 (1920), 튜링 테스트 (1950), 인공지능의 윤리학 (1976), 블레이드 러너 (1982)

메트로폴리스에 나오는 마리아. 펜실베니아 피츠버그에 있는 카네기 과학 센터 로봇홀에 있는 전시물.

일렉트로, 모토-맨

이 책에 **일렉트로**가 한 자리를 차지하게 된 이유는 이것이 최초의 "유명 로봇"이면서 "미국에서 살아남은 가장 오래된 로봇"이기 때문이다.

웨스팅하우스 전기 회사가 만든 이 로봇은 1939년에 열린 뉴욕 세계 박람회에 전시되자마자 큰 인기를 끌었다. 2.1m 높이의 휴머노이드 로봇은 음성 명령에 반응하여 움직일 수 있었고 수백 개의 단어를 말할 수 있었으며 심지어 담배도 피울 수 있었다. 그의 광전 눈은 적색 불빛과 녹색 불빛을 구별할 수 있었다. 1940년부터는 **스파코**라는 로봇 개와 함께 전시되었다. 이 개는 짖고 움직일 수 있었다. 세계 박람회에서 이 로봇의 20분짜리 공연을 보기 위해서 줄을 선 방문객들은 셀 수 없을 정도였다.

이 로봇 속에 사실은 사람이 들어 있다고 사람들이 잘못 생각할까 봐 설계자는 일부러 몸통에 구멍을 뚫어 놓았다. 실제로는 캠샤프트, 기어, 모터에 의해 머리, 입, 팔이 움직였다. 로봇을 발명한 엔지니어인 조셉 바넷은 700단어의 음성을 만들기 위해 분당 78회전의 레코드 플레이어 여러 개를 릴레이 스위치를 이용해 연결해서 사용했다. 이 로봇은 "내 두뇌가 당신 것보다 더 크다"와 같은 말을 할 수 있었고 음성 명령을 내리면 단어의 개수와 음절의 개수를 따져서 반응했다. 예를 들어 세 개의 단어는 (그것이 무엇이든지 상관없이) 일렉트로의 동작을 멈추는 릴레이를 작동시켰다. 아! 이런. . . 하지만 그와 스파코는 발 근처에 연결된 전기 배선을 통해 근처의 조작자에 의해 제어되었기 때문에 아주 멀리까지 돌아다니지는 못했다.

일렉트로는 많은 아이들에게 커서 엔지니어가 되겠다는 꿈을 심어주었다. 또한, 1960년에 나온 코미디 영화 <쭉쭉빵빵이들, 대학에 가다>에도 출연했다. 그 직후에 바로 해체되었는데 머리는 웨스팅하우스 직원의 은퇴 선물로 주어졌다. 2004년에 다른 조각들이 발견되어 마침내 다시 조립되었다.

참조 다 빈치의 로봇 기사 (1495년경), 대평원의 스팀맨 (1868), 로봇 쉐이키 (1966), 아시모와 친구들 (2000)

1939-1940년 뉴욕 세계 박람회의 웨스팅하우스 전시관에 서 있는 일렉트로, 일명 "모토-맨".

THE VODER

음성 합성

아마도 많은 이들은 천체물리학자 스티븐 호킹(1942-2018)의 합성된 목소리를 들어 본 적이 있을 것이다. 그는 운동 신경 질환으로 인해 자연스럽게 말할 수 있는 능력을 잃은 후, 로봇 목소리로 말을 하는 음성 합성기를 오랫동안 사용했다. 사실, 텍스트를 음성으로 변환하는 컴퓨터 시스템은 많은 유용한 용도로 쓰이고 있다. 시각장애인이나 유아, 혹은 읽기에 어려움을 겪고 있는 사람을 위해 큰 소리로 텍스트를 읽어 줄 수 있다. 또한, 음성을 합성해내는 컴퓨터 시스템은 인간의 지능과 상호작용하는 능력이 있다는 인상을 심어준다. 오늘날 신경망을 사용한 새로운 방법을 쓰면 특정 사람의 목소리를 자연스럽게 흉내 낼 수 있을 정도여서 우리는 이제 우리가 신뢰하는 사람(예를 들면 사업 파트너, 부모, 자식)의 목소리가 진짜 그 사람이 내는 소리인지를 점점 알기 어려운 세상에 살고 있다. 누군가 다른 사람의 목소리를 "훔칠 수" 있고 그래서 자기가 원하는 것을 말한다면 무슨 일이 벌어질까?

음성 합성 시스템은 다양한 수단을 통해 구현되어 왔다. 예를 들어 음성 단위를 디지털화해서 저장한 후에 그것들을 짜 맞춘 후에 재생할 수 있고, **포먼트 합성**이라는 방법을 사용해서 음향 신호의 고유 주파수 성분을 활용할 수도 있다. **조음 합성**을 사용하면 인간의 성도 모델을 시뮬레이션한다. 물론 말하는 시계, 자동차, 장난감, 계산기와 같이 단순한 시스템은 몇 개의 단어만 미리 저장했다가 필요할 때 재생한다.

텍스트를 자연스러우면서 알아들을 수 있는 목소리로 바꾸는 일에는 많은 어려움이 있다. 예를 들어 영어 단어들 중에 tear, bass, read, project, desert 등과 같은 단어는 문맥에 따라 발음이 달라진다.

음성 합성의 역사에서 초기의 획기적인 사건에는 엔지니어였던 호머 더들리(1896-1980)의 발명이 있다. 그가 발명한 **보코더**(보이스 인코더)는 다양한 전자 필터를 사용해서 전자적으로 음성을 생성할 수 있었고, 또 다른 발명품인 **보더**(보이스 오퍼레이션 데몬스트레이터)는 운영자가 콘솔을 조작해서 음성을 생성했다. 보더는 사람의 성대를 시뮬레이션했는데 1939년 뉴욕 세계 박람회에 전시되었다.

참조 음성 인식 (1952), 자연어 처리 (1954), 인공지능의 윤리학 (1976)

사람의 성대를 시뮬레이션하는 '보더'는 1939년 뉴욕 세계 박람회에서 청중을 사로잡았다. 보더의 콘솔을 조작해서 목소리를 만들어 낼 수 있었다.

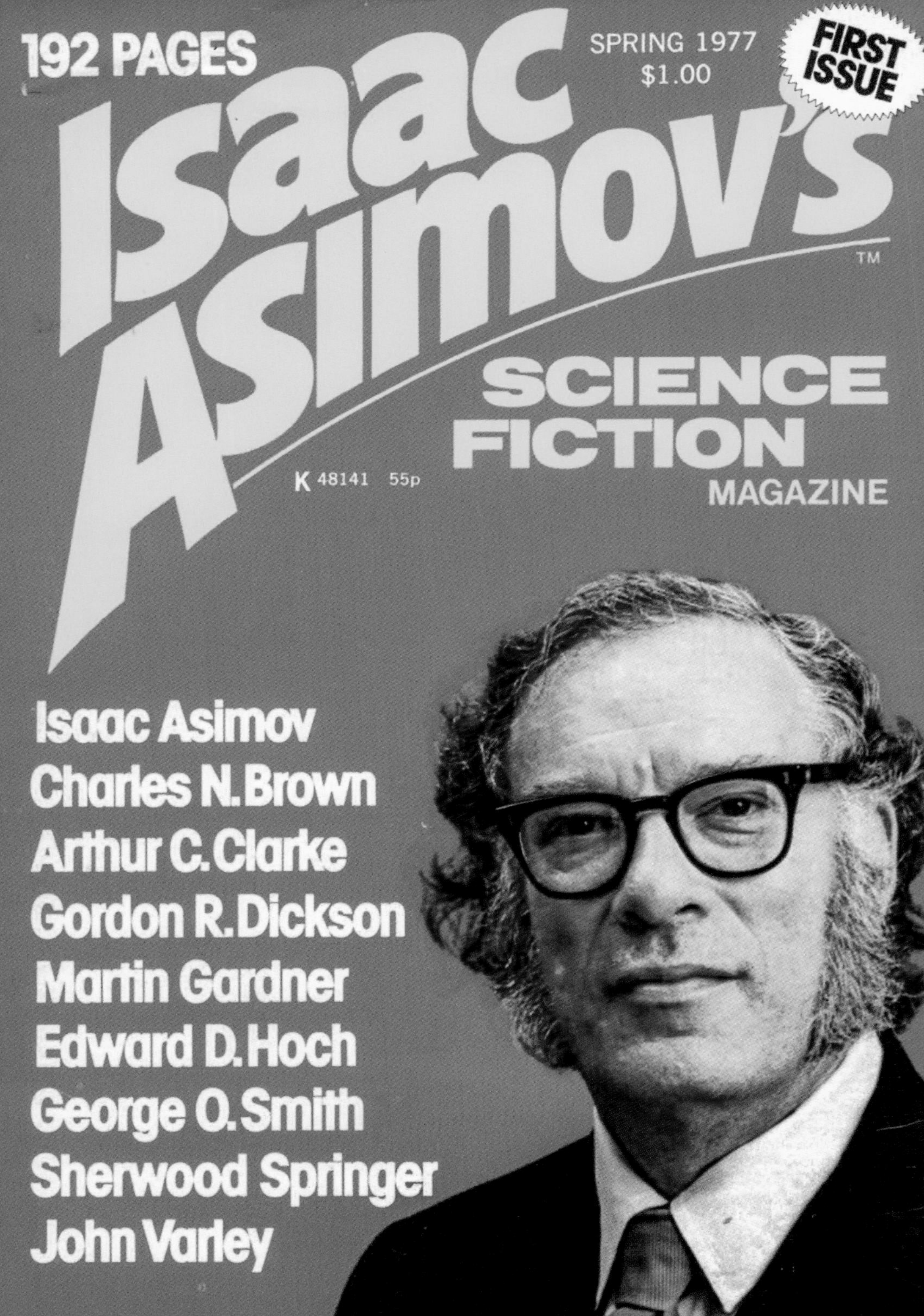
192 PAGES
SPRING 1977
$1.00
FIRST ISSUE
Isaac Asimov's
TM
SCIENCE FICTION
MAGAZINE
K 48141 55p
Isaac Asimov
Charles N. Brown
Arthur C. Clarke
Gordon R. Dickson
Martin Gardner
Edward D. Hoch
George O. Smith
Sherwood Springer
John Varley
A DAVIS PUBLICATION
ISAAC ASIMOV'S SCIENCE FICTION MAGAZINE TM SPRING 1977 $1.00

아시모프의 로봇공학 3원칙

앞으로 수십 년 사이에 인공지능과 로봇이 발전하는 과정에서 이런 것들이 인간에게 해를 끼치는 행동을 취하지 못하게 하려면 어떤 제약이나 체계화된 법이 만들어져야 할까? 작가이자 교육자인 아이작 아시모프(1920-1992)는 1942년에 발표한 단편소설 <런어라운드>에서 똑똑한 로봇이 인간과 상호작용하는 이야기를 다루며 그 유명한 "로봇공학 3원칙"을 소개했다. 3원칙이란 다음과 같다. 첫째, 로봇은 인간에 해를 가하거나, 혹은 행동을 하지 않음으로써 인간에게 해가 가도록 해서는 안 된다. 둘째, 로봇은 인간이 내리는 명령들에 복종해야만 하며, 단 이러한 명령들이 첫 번째 법칙에 위배될 때는 예외로 한다. 마지막으로, 로봇은 자신의 존재를 보호해야만 하며, 단 그러한 보호가 첫 번째와 두 번째 법칙에 위배될 때는 예외로 한다. 아시모프는 이 간단한 원칙들이 어떻게 의도치 않은 결과를 초래할 수도 있는지를 보여주는 이야기를 많이 집필했다.

후에 그는 원칙을 하나 추가했다. "로봇은 인류에 해를 가하거나, 혹은 행동을 하지 않음으로써 인류에게 해가 가도록 해서는 안 된다." 이 원칙들은 SF 작가뿐만 아니라 인공지능 전문가에게도 영향을 미쳤다. 인공지능 연구자인 마빈 민스키(1927-2016)는 아시모프의 원칙을 접한 후에 이렇게 적었다. "나는 마음이 어떻게 작동하는지에 관한 생각을 한 번도 멈춘 적이 없다. 분명히 우리는 언젠가 생각하는 로봇을 만들 것이다. 하지만 그것들은 어떻게 생각하고 무엇을 생각할까? 분명히 논리 기능은 어떤 목적에는 작동하지만 다른 목적들에는 그렇지 않을 것이다. 그리고 상식, 직관, 의식, 감정을 가진 로봇을 어떻게 만들 것인가? 그 문제와 관련해서 두뇌는 어떻게 움직이는 것인가?"

수많은 질문들을 제기했다는 점에서 3원칙은 주목할만하며 유용하다. 아시모프의 원칙들에 우리가 추가할 다른 원칙은 무엇이 있을까? 로봇은 절대 사람인 척하지 말아야 하는 걸까? 로봇은 자기 자신이 로봇임을 "알아야" 하는 걸까? 로봇은 자기 자신이 한 행동을 왜 했는지 항상 설명할 수 있어야 할까? 만약 테러리스트가 여러 로봇들을 움직여 사람에게 해를 입혔는데 각 로봇은 전체 계획을 알지 못한 상태였다면 첫 번째 원칙을 어기지 않았다고 보아야 할까? 한편, 우리는 이 원칙들이 영향을 줄 수 있는 다른 상황도 생각해 볼 수 있다. 예를 들어, 전쟁터에서 로봇 의사가 많은 부상자를 치료할 수 없는 상황이라면 누구를 먼저 치료할 것인가? 놀고 있는 아이들을 덮치거나 아니면 절벽으로 떨어져 탑승자를 사망에 이르게 하는, 두 가지 중 하나를 자율주행차가 선택해야 한다면 어떻게 할 것인가? 마지막으로, 로봇이 하는 상호작용이 미래에 오랫동안 영향을 줄 수 있다고 한다면, 정말로 로봇은 "인류를 해친다"는 것이 무엇인지 판단 내릴 수 있을까?

참조 살상용 군사 로봇 (1942), 인공지능의 윤리학 (1976), 블레이드 러너 (1982), 자율주행 차량 (1984)

"로봇공학 3원칙"으로 유명한 아이작 아시모프가 1977년에 발행된 그의 SF 잡지 표지에 나와 있다. 이 잡지에는 인공지능에 관한 생각을 더 발전시킨 단편소설 <생각하라!>가 들어 있다.

살상용 군사 로봇

20세기에 로봇이 전쟁에 사용된 사례는 많다. 예를 들어 제2차 세계대전 중이던 1942년에 독일은 독일군이 싸우던 모든 최전선에서 탱크 모양의 골리앗을 사용했다. 무인 장치였던 골리앗은 케이블로 원격 조종되었고 고성능 폭발물을 싣고 가다가 자폭하여 근처에 있는 목표물을 함께 날려버렸다.

오늘날 드론(무인 비행체)은 미사일로 무장하여 효과적인 무기 시스템으로 사용될 수 있다. 하지만 보통은 목표물을 파괴하도록 "허락" 받기 전에 원격에 있는 사람의 조종과 승인이 필요하다. 역사적으로 보면 MQ-1 프레데터 드론이 2001년에 아프가니스탄에서 최초로 살상용 공습을 벌였다. 미래에 사람의 간섭없이 군사 목표를 선택하고 공격할 수 있는 살상용 '자율' 무기의 사용 가능성을 놓고 논란은 계속되고 있다. 오늘날 자동 방어 시스템은 존재한다. 날아오는 미사일을 자동으로 분간해서 공격할 수 있는 기계가 그 예이다.

군사 로봇에서 생각할 수 있는 장점은 많다. 먼저 절대로 피곤을 느끼지 않으며 두려움을 보이지 않는다. 사람이라면 다칠 수 있는 작전을 빠르게 수행할 수 있다. 그리고 병사의 생명을 살릴 수도 있고 민간인 피해나 사상자의 수를 줄일 수도 있다. 원칙적으로 기계는 다양한 규칙을 따르도록 지시받을 수가 있다. 예를 들어 목표물이 민간인인지 군인인지 분명치 않다거나 살상이 허용되는지 명확하지 않을 때는 사격을 중지하는 식이다. 민간인에 대한 잠재적 피해가 군사 목표의 크기에 비례하는 식으로 제한되도록 프로그래밍될 수도 있다. 정확도를 향상하기 위해서 얼굴 인식 소프트웨어가 사용될 수도 있고, 요즘 외과 의사를 보조하기 위해 사용되는 소프트웨어나 로봇처럼 군인들 옆에 나란히 같이 움직이면서 군인의 능력을 강화해주는 방식일 수도 있다. 하지만 이런 싸움용 기계에 얼마나 독립성을 부여해주어야 할까? 만약 로봇이 실수로 학교를 공격한다면 누구의 잘못인가?

2015년에 많은 인공지능 전문가들은, 인간의 통제를 넘어서는 공격용 자율 무기를 군사적으로 사용하게 되면 전 세계 인공지능 군비 경쟁으로 이어질 수 있다는 경고문에 서명했다. 이 경고문은 인공지능 국제 공동 회의에서 발표되었으며 스티븐 호킹, 일론 머스크, 스티브 워즈니악, 노엄 촘스키 같은 지식인들이 서명했다.

참조 테슬라의 "빌려온 마음" (1898), 아시모프의 로봇공학 3원칙 (1942), 콜로서스: 포빈 프로젝트 (1970), 인공지능의 윤리학 (1976), 자율 로봇 수술 (2016), 적대적 패치 (2018)

살상용 자율 드론의 개념도. 시각적 인식과 인공지능을 통해 확인이 된 적의 탱크를 공격하고 있다.

인공 신경망

인공 신경망(ANN)은 여러 단을 쌓은 케이크 같은 모양으로 종종 표현된다. 각 층layer은 뉴런들을 포함하고 있는데 이 뉴런은 간단한 계산 유닛의 형태로 되어 있고 "흥분"이 되면 자신과 연결된 다른 뉴런들에 이 흥분을 전파한다. **가중** 혹은 **강도 요소**라는 것이 있어서 얼마나 많은 흥분이 다음 뉴런으로 전파되어야 하는지를 결정한다. 초기에는 임의의 상태로 시작하지만 훈련 기간을 지나면서 다양한 가중치와 임계값들이 조정을 받게 되고, 이렇게 해서 작업을 수행하는 법을 배운다. 예를 들면 코끼리 이미지 인식하기 같은 경우, 처음에는 "코끼리 맞음" 혹은 "코끼리 아님"으로 분류 처리가 된 수많은 이미지들을 입력받아 분석한다. 기본적인 신경망 기능에 추가되는 다양한 것 중에 "역 전파"가 있다. 말 그대로 정보를 반대 방향으로 전파하는 것이다. 오늘날 신경망은 게임 플레이, 차량 제어, 의약품 설계, 의료 영상에서 암세포 찾아내기, 언어 번역 등을 포함한 다양한 연구 및 실 응용 분야에서 사용되고 있다.

신경망의 기본 계산 모델 중 하나는 신경 생리학자인 워런 맥컬록(1898-1969)과 논리학자인 월터 피츠(1923-1969)가 1943년에 『수학 생물리학지』에 발표한 논문, <신경 활동에 내재된 아이디어의 논리적 계산>에서 소개되었다. 1957년에 프랭크 로젠블랫(1928-1971)은 패턴 인식을 위한 퍼셉트론 알고리듬을 만들었으며 이것은 하드웨어로 구현되기도 했다. 21세기에는 분산 컴퓨팅(네트워크로 연결된 여러 컴퓨터들 위에서 수행)과 GPU(그래픽 전용 처리기) 하드웨어의 사용으로 인공 신경망의 유용성이 극적으로 향상되었다.

인공 신경망은 생물학적 신경망에서 영감을 얻었으며 **기계 학습**을 구현하는 수단 중 하나이다. 기계 학습이란 작업 방법을 명시적으로 프로그래밍하지 않아도 컴퓨터가 스스로 학습하는 능력을 가진 것을 말한다. 컴퓨터 과학에서 "딥러닝"이란 개념 속에는 여러 층을 가진 인공 신경망이 포함된다. 여러 층을 가짐으로써 중간 단계의 표현들을 풍부하게 만들 수 있다. 인공 신경망과 관련된 한 가지 문제점은 입력을 의도적으로 조작하여 인공 신경망을 속임으로써 명백히 잘못된 답변이 나오도록 만들 수 있다는 것이다. 또한, 인공 신경망이 어떻게 해서 특정 답을 만들어 내고 왜 그렇게 만드는지를 이해하기 어렵다는 문제점도 있다. 그럼에도 불구하고 최근에 이루어진, 신경망을 이용한 유용한 응용들을 돌이켜보며 구글의 인공지능 전문가 제프 딘(1968-)은 "동물에게 눈이 발달한 진화 단계는 엄청난 발전 단계였다. 이제 컴퓨터가 눈을 가지고 있다"라고 말했다.

참조 강화 학습 (1951), 퍼셉트론 (1957), 기계 학습 (1959), 딥러닝 (1965), 컴퓨터 예술과 딥드림 (2015)

인공 신경망은 생물학적 신경망에서 간접적으로 영향을 받았다. 두뇌 속에서 서로에게 신호를 전달하는, 상호 연결된 뉴런을 들 수 있다.

에니악

1946년에 신문들은 에니악ENIAC과, 생각하는 기계의 미래를 머리기사에 올리며 열광했다. “기계식 두뇌가 인류의 지평을 넓힌다”라고 『필라델피아 인콰이어러』는 적었고 『클리블랜드 플레인 딜러』는 “계산기가 인간을 수치스럽게 만들다”라고 외치면서 “인간 사고의 범위에 새로운 시대”가 왔음을 알렸다. 이 모든 언론의 관심은 과학기술적 발전과 함께, “생각”을 전기적으로 구현하는 것의 진전에 맞춰졌다. 이는 자연스럽게 세계가 인공지능의 가능성을 더 높게 생각하도록 만들었다.

에니악은 전자식 수치 적분기 및 컴퓨터Electronic Numerical Integrator and Computer의 줄임말이다. 펜실베이니아 대학교에서 미국의 과학자 존 모클리(1907-1980)와 J. 프레스퍼 에커트(1919-1995)에 의해 만들어진 이 장치는 광범위한 계산 문제들을 푸는 데 사용할 수 있는 최초의 전자식, 재 프로그래밍 가능, 디지털 컴퓨터였다. 에니악의 원래 목적은 미국 육군을 위해 포탄 사표(발사 테이블)를 계산하는 것이었다. 하지만 중요한 사용 사례 중에 수소 폭탄의 설계도 있었다.

거의 50만 불을 들여 만든 에니악은 1946년에 공개되었고 1955년 10월 2일에 전원을 완전히 내릴 때까지 거의 쉬지 않고 사용되었다. 이 기계에는 17,000개 이상의 진공관이 사용되었고 손으로 납땜한 곳이 500만 군데 정도 되었다. 입력과 출력을 위해서 IBM 카드 리더기와 카드 펀치 기계가 사용되었다. 1995년에는 얀 판 데어 슈피겔 교수가 이끄는 공대 학생팀이 30톤 무게의 에니악을 한 개의 집적 회로에 그대로 “복제”해 만들었다!

1930년대와 1940년대에 등장한 다른 중요한 전기식 컴퓨팅 기계로는 미국의 아타나소프-베리 컴퓨터(1939년 10월에 시연), 독일의 Z3(1941년 5월에 시연), 영국의 콜로서스 컴퓨터(1943년 12월에 시연) 등이 있었다. 하지만 에니악과는 달리 이 기계들은 완전한 전자식이 아니었거나 범용이 아니었다.

에니악에 관한 특허(1947년, No. 3,120,606)에 이런 구절이 있다. “정교한 계산을 일상적으로 사용하는 상황이 도래하면서 속도가 엄청나게 중요해지고 있지만, 현재의 시장에는 현대의 계산 방법이 요구하는 것을 모두 만족시켜 줄 수 있는 기계가 없다. . . . 본 발명은 그런 긴 계산을 몇 초로 단축하려는 의도를 가지고 있다. . . .”

참조 주판 (기원전 190년경), 배비지의 기계식 컴퓨터 (1822), 초대형 두뇌 혹은 생각하는 기계 (1949)

에니악은 광범위한 계산 문제들을 푸는 데 사용될 수 있는 최초의 전자식, 재 프로그래밍 가능, 디지털 컴퓨터였다. 이 기계에는 17,000개가 넘는 진공관이 들어 있었다.

SEQUENCE INDICATORS
23
24
31
32
33
34
MAIN SEQUENCE
10
9
8
7
START BUTTONS
STEP BACK
STEP FORWARD
MAIN SEQUENCE
10
9
8
7
MECHANISM NO. 3
STEP BUTTONS
24
31
32
33
34
MAIN SEQUENCE
10
9
8
7

초대형 두뇌 혹은 생각하는 기계

미국의 컴퓨터 과학자 에드먼드 버클리(1909-1988)가 1949년에 발표했던 책은 컴퓨터에 관한 일반 대중서 중에서 아마도 최초의 인기 도서일 것이다. 그 책의 이름은『초대형 두뇌 혹은 생각하는 기계』였다. 이 책은 '두뇌'라는 용어와 '생각'이라는 단어를 컴퓨터에 갖다 붙이는 것이 적절한지에 대한 질문을 던졌다는 점에서 주목할 만했다. 이 질문들 중 많은 것들이 오늘날까지도 울림을 준다. 책에서 그는 다음과 같이 적었다. "최근에 엄청난 속도와 실력으로 정보를 처리할 수 있는 괴상한 거대 기계에 관해 많은 뉴스들이 쏟아져 나왔다. 그것들은 계산을 하고 추론을 한다. 일부는 다른 것보다 더 똑똑해서 더 많은 종류의 문제들을 처리할 수 있다. . . . 그것들은 인간이 평생을 풀어도 시간이 모자라는 문제들을 풀 수 있다. . . . 하드웨어와 전선이 살과 신경을 대신하고 있다고 본다면 이 기계들은 두뇌와 유사하다. 그러므로 이 기계들을 기계 두뇌라고 부르는 것은 자연스럽다."

이 책이 쓰였을 당시에 전자식 컴퓨터가 대중에게는 거의 알려지지 않았다는 점은 대단히 흥미롭다. 아주 극소수의 "거대 두뇌들"만이 존재했는데 버클리는 MIT에 있던 **차분해석기 2**, 하버드 대학교에 있던 **Mark I** (IBM Automatic Sequence Controlled Calculator라고도 불렸다), 무어 대학에 있던 **에니악**, 벨 연구소에 있던 **범용 릴레이 계산기**, 하버드 학생이 만들었던 **칼린-버크하트 논리적-참 계산기** 등 몇 개를 책에서 소개했다. 1961년에 버클리가 추가한 주석을 보면, 언젠가는 기계가 심지어 "직관적 생각"을 하게 될지도 모른다고 적혀 있다. "아마도 직관적 생각이란, 사람의 마음속으로 여러 가능한 대안들이 아주 빠르게 흘러가면서 동시에 이것들을 아주 빠르게 평가하는 것일지 모른다. 그래서 어떻게 그런 결론을 얻었는지 거의 의식하지 못한 채 결론에 도달하는 것이다. 만약 그렇다면 그런 식으로 컴퓨터를 프로그래밍해서 우리가 직관적 생각이라고 부르는 것을 당연히 보여줄 수 있다. 그런 결론을 얻는 방법이 알려져 있다는 점만 차이점이다."

참조 홉스의 리바이어던 (1651), 의식을 가진 방앗간 (1714), 에니악 (1946), 콜로서스: 포빈 프로젝트 (1970), "그들을 인공 외계인이라 부르자" (2015)

거대 두뇌의 예. 하버드 대학교 과학관에 있는 것으로 IBM ASCC(Automatic Sequence Controlled Calculator)의 순서 표시기와 스위치들이다.

튜링 테스트

프랑스 철학자 드니 디드로(1713-1784)는 이렇게 말한 적이 있다. “만약 모든 것에 대답할 수 있는 앵무새를 찾아낸다면 나는 망설이지 않고 그것이 지능을 가진 존재라고 주장하겠다.” 이 말은 다음과 같은 질문을 던진다. 적절하게 프로그래밍된 컴퓨터를, “생각하는” 지능적 개체로 간주할 수 있을까? 1950년에 영국의 컴퓨터 과학자 앨런 튜링(1912-1954)은 논문지 『마인드』에 발표한, 그 유명한 논문 <컴퓨팅 기계와 지능>에서 답을 제시하려 시도했다. 그는 컴퓨터가 인간과 같은 방식으로 행동한다면 그것을 **지능이 있다**고 불러야 맞을 것이라고 주장하면서, 컴퓨터의 지능을 평가하는 특별한 테스트를 제안했다. 다음과 같은 상황을 그려보자. 인간 심판관이 타이핑을 쳐서 문제를 내면 컴퓨터와 인간이 글로 대답을 한다. 이때 심판관은 어느 쪽이 대답하고 있는지 볼 수 없다. 만약 글로 받은 답을 들여다봐서 누가 답을 한 것인지 심판관이 구별할 수 없다면 이 컴퓨터는 오늘날 우리가 “튜링 테스트”라고 부르는 것을 통과한 것이다.

오늘날 매년 열리고 있는 로브너 대회는 튜링 테스트 통과에 가장 근접한 프로그램을 뽑고 그것을 만든 프로그래머를 예우해주고 있다. 물론 튜링 테스트는 오랫동안 많은 논쟁과 논란을 불러일으켜 왔다. 예를 들어 컴퓨터가 실제로는 인간보다 훨씬 더 “지능적”이라면 그것은 머리가 나쁜 척할지도 모른다. 왜냐하면 이 테스트는 인간을 흉내 내는 것이 주된 목표이기 때문이다. 그러다 보니 일부러 타이핑 오류를 내고, 대화의 주제를 바꾸고, 농담을 찍찍하고, 심판관에게 질문하는 등의 엉큼하고 웃기는 기술들이 심판관을 속이기 위해 종종 사용되었다. 2014년에 러시아의 프로그래머가 개발한 대화 로봇이 어떤 튜링 테스트를 통과했는데, 유진 구스트먼이라는 이름을 가진 13세의 우크라이나 소년으로 가장했었다.

튜링 테스트의 가치에 대한 또 다른 의구심은, 인간 심판관의 전문성이 어느 정도인지에 따라 테스트의 결과가 쉽게 달라질 수 있다는 것이다. 하지만 “지능”을 탐지하는 이 테스트의 능력에 대해 무슨 평가를 하든지 간에 그것이 컴퓨터 프로그래머와 엔지니어의 창의성을 고무시켰다는 점은 분명하다.

참조 “기계들 속의 다윈” (1863), 초대형 두뇌 혹은 생각하는 기계 (1949), 자연어 처리 (1954), 심리치료사 일라이자 (1964), 중국어 방 (1980), 모라벡의 역설 (1988)

튜링 테스트는 기계가 인간과 구별되지 않는 지능적 행동을 보일 능력이 있는지를 확인한다.

n(C) = 84
n(BUC) = n(B)+n(C)
-n(BnC)
f(x) ≤ 5
x²-4x+5 ≤ 5
x²-4x ≤ 0
= l±m
= l·m
20
6
x
y
126 = 6xy
2x+2y = 20
E = mc²
A = πr²h
cos(B) = y/x
(100²)a+100b
10000a+100b
2Cr(OH)₄ + 2OH

인간의 인간적 활용

인간의 노력과 기술의 많은 영역 속에 들어 있는 피드백에 관해 생각하는 **사이버네틱스** 분야의 주요 창시자 중 한 명이 미국의 영향력 있는 수학자이자 철학자였던 노버트 위너(1894-1964)이다. 인공지능 전문가인 대니얼 크리비어에 따르면 위너는 피드백 메커니즘이 정보 처리 장치라고 믿었다. 즉 정보를 받고 그런 다음 그것에 기반해서 결정을 내린다는 것이다. 위너는 모든 지능적 행위들이 피드백 메커니즘의 결과라고 추정했다. 이런 정의를 따른다면 아마도 지능이란 정보를 수신하고 처리한 결과일 것이다.

저서『인간의 인간적 활용』에서 위너는 인간과 기계가 협력하는 방식에 관해 사색하고 있다. 그의 비전은 전기적 통신 속에서 거의 항상 살아가는 현재의 인간에게도 분명히 적용 가능하다. "사회를 연구하려면 그 속에서 사용하는 메시지와 통신 시설에 관해 연구해야 한다는 것이 이 책의 주제이다. 미래에는 이런 메시지와 통신 시설의 개발 및, 인간과 기계, 기계와 인간, 기계와 기계 사이의 메시지들이 그 어느 때보다도 많은 부분을 차지하게 될 것이다."

그는 학습하는 기계가 미래에 필요하리라는 선견지명을 보여주었지만 한편으로는, 무미건조한 마음을 가진 기계에게 의사 결정을 위임하는 것에 대해 경고도 했다. "의사 결정을 위해 만들어진 기계라면 그것이 학습 능력을 갖추고 있지 않은 경우에는 상상력 없이 정해진 대로만 동작할 것이다. 그것의 행동 법칙을 미리 점검하지 않고 그것의 행동이 우리가 받아들일 수 있는 원칙에 따라 실행되리라는 점을 완전히 확인하지 않은 상태에서, 우리가 그 기계에게 우리의 행동을 결정하도록 놔두는 것은 슬픈 일이다! 학습할 수 있고 그 학습에 기반하여 결정을 내릴 수 있는 [기계는], 우리였다면 내렸을 결정, 혹은 우리가 받아들일 수 있는 결정을 내릴 의무를 지고 있지 않다. [만약 인간이 기계에 책임감을 부여한다면] 기계가 그걸 배울지 말지는, 마치 그 책임감을 바람에 실어 날린 다음에 그것이 회오리바람에 얹혀 돌아오기를 바라는 상황과도 같다."

안전한 범용 인공지능으로 가는 길을 체계적으로 만들려는 욕구에 대해 많은 미래학자들이 경고하고 있는 이때에 이러한 주의 당부는 참으로 시의적절하다.

참조 "기계들 속의 다윈" (1863), 테슬라의 "빌려온 마음" (1898), 다트머스 인공지능 워크샵 (1956), 지능 폭발 (1965), 딥러닝 (1965)

노버트 위너는 "학습할 수 있고 그 학습에 기반하여 결정을 내릴 수 있는 기계는, 우리였다면 내렸을 결정, 혹은 우리가 받아들일 수 있는 결정을 내릴 의무를 가지고 있지 않다"라고 말했다.

강화 학습

강화학습이라고 하면, 보상을 얻으려는 고양이가 보이는 단순한 행동을 떠올리게 만든다. 1900년대 초에 심리학자 에드워드 손다이크(1894-1949)는, 스위치를 밟아야만 탈출이 가능한 상자에 고양이들을 집어넣었다. 얼마간 방황을 하던 고양이들은 우연히 스위치를 밟았고 그래서 문이 열리면 그 고양이에게 보상이 주어졌다. 예를 들면 음식 같은 것이었다. 특정 행동과 보상이 연관되어 있음을 학습한 고양이들은 점점 빠른 속도로 탈출을 했고 최종적으로는 최고 속도로 탈출을 했다.

1951년에 인지 과학자였던 마빈 민스키(1927-2016)와 그의 학생 딘 에드먼즈는 SNARC라는 걸 만들었다. 이것은 40개의 연결된 뉴런을 시뮬레이션하기 위해서 3,000개의 진공관으로 구성된 신경망 기계였다. 민스키는 미로를 탐색하는 쥐를 시뮬레이션하는 연구에 이 기계를 사용했다. 쥐가 우연히 일련의 유용한 움직임들을 통해 미로에서 탈출하게 되면 이 움직임들의 관계에 높은 점수가 부여되었고 그렇게 해서 바람직한 행동이 강화되어 학습을 촉진했다. 강화 학습 장치의 유명한 초기 사례에는 체커(1959), 틱-택-토(1960), 백개먼(1992) 게임을 하는 시스템들이 있다.

이런 사례들에서 알 수 있듯이, 가장 단순하게 정의를 내리자면 강화 학습이란 보상을 받거나 혹은 누적되는 보상을 최대화하기 위해 많은 상태들 사이를 움직이는, 기계 학습의 한 분야이다. "학습자"는 반복적으로 행동들을 테스트하면서 가장 높은 보상이 주어지는 행동이 무엇인지 발견한다. 오늘날 강화 학습은 종종 딥러닝과 결합하여, 커다란 시뮬레이션 신경망을 이용해서 데이터에 들어 있는 패턴들을 알아낸다. 강화 학습을 쓰면 시스템이나 기계는 명시적인 외부의 지시 없이도 학습을 할 수 있다. 따라서 자율주행 차량이나 산업용 로봇, 드론 같은 기계들은 시행착오와 경험을 통해 실력을 갈고닦을 수가 있다. 강화 학습을 널리 적용할 때 한 가지 현실적인 문제는 아주 많은 양의 데이터와 시뮬레이션이 필요하다는 점이다.

참조 틱-택-토 (기원전 1300년경), 인공 신경망 (1943), 기계 학습 (1959), 백개먼 챔피언을 물리치다 (1979), 체커 게임과 인공지능 (1994)

강화 학습이란 누적된 보상을 극대화하도록 소프트웨어 에이전트에게 행동을 가르치는 방식이다. 유명한 초기 사례에는 미로 찾기나 체커, 틱-택-토, 백개먼 게임하기 등이 있다.

음성 인식

얼마 전 『이코노미스트』지는 오늘날의 음성 인식 장치를 "마술 주문 외치기"에 비유하면서 사람이 말만으로도 세상을 제어할 수 있게 되었다고 적었다. 그리고 소설가 아서 C. 클라크가 했던, "무슨 기술이든지 충분히 발전하면 마술과 구별하기 어려워진다"라는 말을 환기시켜 주었다. "빠르게 등장하는 음성 컴퓨팅 기술은 클라크가 했던 말을 증명해준다. . . . 공중에 대고 몇 마디 말을 하면 근처에 있는 장치가 당신의 소원을 들어줄 것이다."

사람의 입에서 나온 언어를 기계가 인식하도록 해주는 **음성 인식** 과학 기술은 오랜 역사를 가지고 있다. 1952년에 벨 연구소는 **오드리**라는 시스템을 개발했다. 진공관 회로로 만들어진 이 시스템은 사람이 말하는 숫자를 알아들었다. 10년 후인 1962년에 IBM은 시애틀 세계박람회에서 16개 단어를 알아듣는 **슈박스** 기계를 공개했다. 이것은 숫자와 함께 **플러스** 같은 단어가 들리면 산술 연산을 수행했다. 1987년에 미국의 장난감 회사 **월즈오브원더**가 내놓은 "줄리" 인형은 간단한 문구 몇 개를 알아듣고 답을 할 수 있었다.

기계가 음성을 인식하도록 해주는 기술은 상당히 발전해왔다. 역사적으로 보면, 어떤 소리와 단어를 연관시키기 위해서 사용되는 통계적 모델로 히든 마르코프 모델(HMM)을 사용해왔으며, 오늘날에는 정확도를 높이기 위해서 딥러닝(즉, 다중 층layer을 가진 인공 신경망)을 많이 사용한다. 예를 들어 어떤 음성 인식 시스템은 잡음이 있는 환경에서 특정한 소리 흐름을 알아들을 수 있으며, 지금 듣고 있는 것이 무엇인지를 "추측"하기 위해서 훈련용 텍스트를 통해 다양한 단어와 구의 확률을 미리 알아 놓는다. 특수한 응용 소프트웨어 같은 경우에는 특정한 문구가 사용될 가능성에 관한 지식을 가지고 있을 수 있다. 예를 들어 어떤 상황에서 "복부 대동맥 동맥류"라는 문구가 나타날 가능성은 그 문구를 들은 소프트웨어가 영상의학과의 받아쓰기 소프트웨어인지 아니면 간단한 명령을 기다리는 자동차의 소프트웨어인지에 따라 다르다.

물론 오늘날에는 가정, 자동차, 사무실, 휴대폰 등에서 수많은 디지털 비서들이 음성 질문과 명령에 답하고 있다. 그리고 이것들은 메모를 말로 받아쓰는 데도 도움을 주고, 음성 입력 지원을 통해 시각 장애인이나 신체장애인들에게도 혜택을 준다.

참조 음성합성 (1939), 인공 신경망 (1943), 자연어 처리 (1954)

IBM의 슈박스 기계는 작동자가 하는 말을 알아 듣는데, 가령 "5 더하기 3 더하기 8 빼기 9. 정답은?"과 같이 숫자와 산술 명령을 알아 듣는다.

SENSE
MEMORY REGISTER
ACCUMULATOR
MULTIPLIER-QUOTIENT REGISTER
INSTRUCTION COUNTER
INSTRUCTION REGISTER
INSTRUCTION ENTRY

자연어 처리

1954년에 IBM은 다음과 같이 보도 자료를 배포했다. "오늘 역사상 최초로 전자두뇌에 의해 러시아어가 영어로 번역되었다. . . . 그 유명한 701 컴퓨터가 . . . 문장들을 몇 초 만에 읽기 쉬운 영어로 변환했다. 소련 말을 하나로 모르는 소녀가 IBM 펀칭 카드에 러시아어 메시지들을 타이핑해 넣었다." 보도 자료는 계속해서, "이 '두뇌'는 초당 2.5줄이라는, 눈이 돌아갈 속도로 빠르게 출력하는 자동 프린터에 번역 결과를 쏟아냈다"라고 이어갔다.

1971년에 컴퓨터 과학자 테리 위노그라드(1946-)는 셔들루라는 프로그램을 짰다. 이 프로그램은 "빨간색 블록을 파란색 피라미드 옆으로 움직여라"와 같이 사람이 하는 명령을 듣고 그대로 물리적 동작을 만들어냈다. 오늘날 **자연어 처리**는 음성 인식, 자연어 이해(예: 기계 독해), 음성 합성 등과 같은 여러 가지 인공지능 세부 분야들을 포함하곤 한다. 목표 중 하나는 사람과 컴퓨터 사이의 상호 작용을 자연스럽게 만드는 것이다.

자연어 처리의 초기 시절에는 사람이 직접 만들어낸 규칙들로 이루어진, 복잡한 **규칙 집합**을 일반적으로 사용했다. 하지만 1980년대에 자연어 처리는 기계 학습 알고리듬을 점점 더 사용하게 된다. 즉 아주 많은 언어 사용 사례들을 분석하여 규칙을 찾아내 학습하는 식이다. 전통적인 자연어 처리 작업에는 기계 번역(예: 러시아어를 영어로), 질문에 답하기(예: 프랑스의 수도는?), 기분 해석(주제에 대한 감정과 태도) 등이 포함될 수 있다. 텍스트, 오디오, 비디오를 분석함으로써 자연어 처리는 다양한 영역에서 사용된다. 이메일에서 스팸 골라내기, 긴 글에서 정보 요약하기, 스마트폰 앱에서 질문에 답하기 등이 있다.

자연어 처리는 여러 가지 이유에서 쉽지 않다. 예를 들면 음성 인식의 경우 인접한 단어의 소리가 연음 법칙에 의해 하나로 섞여 버리기도 한다. 또한, 컴퓨터 시스템은 구문론(문법), 의미론(뜻), 화용론(목적이나 목표)도 고려해야만 하며 문맥에 따라 다른 의미를 가지는 언어의 모호함에도 대처해야 한다. 오늘날 정확도를 높이기 위해 인공 신경망 방식이 중요하게 사용되고 있다.

참조 음성합성 (1939), 인공 신경망 (1943), 튜링 테스트 (1950), 음성 인식 (1952), 기계 학습 (1959), 릭라이더의 "인간-컴퓨터 공생" (1960), 심리치료사 일라이자 (1964), 셔들루 (1971), 편집병자 패리 (1972), 제퍼디! 에 출연한 왓슨 (2011)

"조지타운-IBM 실험"이라고 알려진 연구 프로젝트가 1954년에 유명한 공개 시연을 진행했다. 여기 보이듯이 IBM 701 컴퓨터라는 "전자 두뇌"에 의해서 러시아어가 영어로 자동 번역되었다.

다트머스 인공지능 워크샵

“때는 1956년 여름이었다. 엘비스 프레슬리가 고관절을 꺾는 춤으로 세상을 발칵 뒤집어 놓고 드와이트 아이젠하워 대통령이 미국의 좌우명으로, ‘하나님 안에서 우리는 믿습니다’를 승인하던 그때 인공지능에 관한 첫 번째 공식 학술대회가 열렸다”라고 언론인 루크 도멜은 말했다. ‘인공지능에 관한 다트머스 여름 연구 프로젝트’라는 이름의 이 학술대회에서 컴퓨터 과학자 존 매카시(1927-2011)가 **인공지능**이라는 용어를 처음 사용했고 사람들은 이 표현을 받아들였다.

이 학술모임을 정식으로 제안한 이는 다트머스 대학의 매카시, 하버드 대학교의 마빈 민스키(1927-2016), IBM의 너새니얼 로체스터(1919-2001), 벨 전화 연구소의 클로드 섀넌(1916-2001)이었다. “우리는 여름 동안에 10명이 참여하는 두 달짜리 인공지능 연구를 제안했다. . . . [우리 짐작에는] 원칙적으로, 학습의 모든 측면 혹은 지능의 아무 측면이나 정확하게 설명될 수 있다면 그것을 시뮬레이션하는 기계를 만들 수 있으리라고 보았다. 기계로 하여금 언어를 쓰게 하고, 추상화와 개념을 형성하게 하고, 인간만 가능하다고 여겨지는 일부 문제를 풀게 하고, 자기를 스스로 향상시키는 방법을 찾게끔 시도할 것이다. 엄선된 과학자 그룹이 여름 동안 함께 일한다면 . . . 상당한 발전을 이룰 수 있으리라고 생각한다.” 이 제안에는 고려하고 있는 일부 핵심 분야를 특정하여 언급하고 있기도 하다. “뉴런 넷”과 “무작위 및 창의성” 등이 있었다.

모임에서 카네기 멜론의 앨런 뉴얼(1927-1992)과 허버트 사이먼(1916-2001)은 그들이 만든 **로직 시어리스트**라는 프로그램을 발표했다. 기호논리학에 있는 이론을 증명하는 프로그램이었다. 작가 파멜라 맥코덕은 다트머스 학술대회에 관해 이렇게 적고 있다. “그들에게는 공통된 믿음이 있었다. . . . ‘사고한다’라고 부르는 것은 정말로 인간의 두개골 바깥에서 벌어질 수 있으며, 그것은 공식적이면서 과학적 방법으로 이해될 수 있고, 또한, 그것을 수행하는 도구는 인간을 제외하면 디지털 컴퓨터가 최고라는 것이었다.”

인공지능 기술이 복잡하기도 하고 참가자들의 참여 일정이 서로 달랐다는 점을 생각한다면 이 학술대회에 대한 기대치는 너무 높았던 감이 있다. 하지만 다트머스 인공지능 학술대회는 이후 20년에 걸쳐서 이 분야에 영향을 끼친 다양한 연구 그룹을 한자리에 모았다는 점에서 의미가 있다.

참조 인공 신경망 (1943), 자연어 처리 (1954), 릭라이더의 “인간-컴퓨터 공생” (1960)

‘인공지능에 관한 다트머스 여름 연구 프로젝트’는 인공지능의 역사에서 가장 중요한 사건으로 꼽힌다. 여기서 인공지능이라는 용어가 컴퓨터 과학자 존 매카시(여기에 나온 것은 1974년 사진)에 의해 제안되었고 사람들에게 받아들여지기 시작했다.

IBM

퍼셉트론

오늘날 인공 신경망은 패턴 인식(예: 얼굴 인식), 시계열 예측(예: 주식 상승 여부 예측), 서명 처리(예: 노이즈 필터링) 등등 수없이 많은 응용에 사용되고 있다. 신경망에 관한 기본은 이미 앞에서 설명한 바가 있다. 완전하게 동작하는 인공 신경망으로 가는 여정에서 역사적으로 중요한 걸음 하나가 1957년에 심리학자 프랭크 로젠블랫(1928-1971)이 개발한 **퍼셉트론**이다. 로젠블랫의 열정에 부분적으로 기대어 『뉴욕타임즈』는 1958년에 퍼셉트론이 "[해군이 기대하기에] 스스로 걷고, 말하고, 보고, 쓰고, 번식할 수 있는, 그리고 자신의 존재를 인식할 수 있는 전자 컴퓨터의 배아"라고 선포했다.

최초의 퍼셉트론은, 연결된 "뉴런들(즉 간단한 계산 단위들)" 이 세 개의 층으로 구성된 것이었다. 첫 번째 층은 20 x 20 배열의 **포토셀**들이었는데 눈의 망막에 해당했다. 두 번째 층에는 포토셀로부터 데이터를 받아들이는 **커넥터셀**들이 있었고 이것들 사이의 초기 연결은 무작위이다. 세 번째 층은 앞에 놓인 물체에 이름(예: 삼각형)을 붙이는 **출력셀**들이었다. 만약 퍼셉트론이 정확하게(혹은 틀리게) 추측한다면, 연구원은 그 이름을 선택하게끔 인도한 셀들 사이의 전기 연결을 강화(혹은 약화)한다.

첫 버전은 IBM 704 컴퓨터에서 소프트웨어 방식으로 구현되었다. 두 번째 버전인 Mark 1 퍼셉트론은 특수 하드웨어로 구현되었고 뉴런들 사이의 연결 강도를 조정하여 특정 패턴을 구분 짓는 법을 학습할 수 있도록 만들어졌다. 수학적 가중치는 전위차계를 써서 인코딩되었고 학습 과정 중에 가중치의 변화는 전기 모터에 의해 이루어졌다. 이 장치가 다양한 패턴 인식 작업을 수행할 수 있기 바랐으나 . . . 아! 이런 . . . 각종 선전과 기대는 이 단순한 모형의 한계를 너무 뛰어넘었다. 사실 1969년에 MIT의 마빈 민스키(1927-2016)와 시모어 페퍼트(1928-2016)는 『퍼셉트론』이라는 책을 발표해서 단순 퍼셉트론의 한계를 명확하게 보여주었다. 덕분에 기계 학습이라는 갓 피어난 분야에 쏠리던 뜨거운 관심은 가라앉았다. 하지만 후에 가서는, 더 많은 층을 가지도록 구성할 경우, 엄청난 가치와 응용을 포함할 수 있음이 훨씬 더 분명해졌다.

참조 인공 신경망 (1943), 기계 학습 (1959), 딥러닝 (1965)

퍼셉트론의 첫 버전은 IBM 704 컴퓨터에서 소프트웨어 방식으로 구현되었다. 여기의 사진은 1957년에 찍은 것이다. IBM 704는 부동소수점 연산 하드웨어를 갖춘 최초의 대량 생산 컴퓨터에 속한다.

트랜스 휴머니즘

"인공지능의 출현은 인류의 역사에서 가장 중요한 사건이 될 것이다. 물론 핵심은, 인공지능이 제멋대로 안 보이는 곳에서 행동하게 놔두는 것이 아니라 우리 스스로 사이보그나 부분적 기계가 됨으로써 인공지능과 바로 결합할 수 있는 것이다"라고 트랜스 휴머니즘 철학자 졸탄 이슈트반는 말했다.

1957년에 출간된 『새 술은 새 부대에』라는 책에서 생물학자 줄리언 헉슬리(1887-1975)는 **트랜스 휴머니즘**이란 용어를 창안하면서 이렇게 제안했다. "인류는 . . . 인간 본질의 새로운 가능성 및 인간 본질을 위한 새로운 가능성을 깨닮으로써 . . . 스스로를 초월할 수 있다. . . . 현재의 우리가 베이징 원시인과 다르듯이 미래의 인류는 현재와 다른 새로운 종류의 존재 문턱에 있을 것이다. 마침내 의식적으로 진정한 운명을 성취할 것이다."

일반적으로 현대의 트랜스 휴머니즘은 과학기술을 사용해서 인간의 정신 및 물리적 능력을 향상하는 것을 포함한다. 철학자이면서 미래학자인 맥스 모어(1964-)를 포함하여 많은 이들이 지지하고 있는 이 아이디어에 따르면, 우리는 아마도 언젠가는 "포스트 휴먼"이 되거나, 아니면 유전자 조작, 로봇 공학, 나노 기술, 컴퓨터, 가상 세계로 마음 업로딩하기 등과 함께 노화에 관한 생물학적 기초를 완전히 이해하게 되어 심지어 불멸이 될 수도 있다. 이미 우리는 인지 능력을 확장하기 위해서 첨단 인공지능에 우리 자신을 연결하는 **두뇌-컴퓨터 인터페이스**의 사용 방법을 희미하게 알아가고 있다. 우리가 노화의 생물학적 기초를 완전히 이해하는데 다가갈수록 불멸에 가까워지게 된다.

만약 당신의 몸과 마음이 무한히 살아남을 수 있다면 "당신"은 정말로 계속 존재하는 것일까? 우리는 모두 경험에 의해 달라진다. 이런 변화는 일반적으로 점진적이다. 즉 우리는 일 년 전의 우리와 거의 같은 사람이다. 하지만 정상적인 신체 혹은 강화된 신체가 천 년 동안 계속 살아남을 수 있다면 그 과정에서 점진적인 정신 변화가 누적될 것이고 아마도 결국에는 완전히 다른 사람이 몸을 차지하고 있을 것이다. 천 살 먹은 당신은 지금의 당신과 전혀 다를 수 있다. "당신"은 더 이상 존재하지 않는다. 당신의 존재가 끝나는 죽음의 순간은 없겠지만, 마치 바다에 의해 모래성의 모양이 점점 달라지듯이 영겁의 시간 동안 당신은 서서히 사라질 것이다.

참조 의식을 가진 방앗간 (1714), 영혼 찾기 (1907), 릭라이더의 "인간-컴퓨터 공생" (1960), 시뮬레이션 속에서 살기 (1967), 스티븐 스필버그의 영화 A.I. (2001)

일반적으로 기술을 이용해 인간의 정신적 물리적 능력을 향상시키는 일을 하는 트랜스 휴머니즘에 대해서 미국의 과학자이자 경제학자인 요시히로 프랜시스 후쿠야마(1952-)는 세상에서 가장 위험한 생각이라고 말했다.

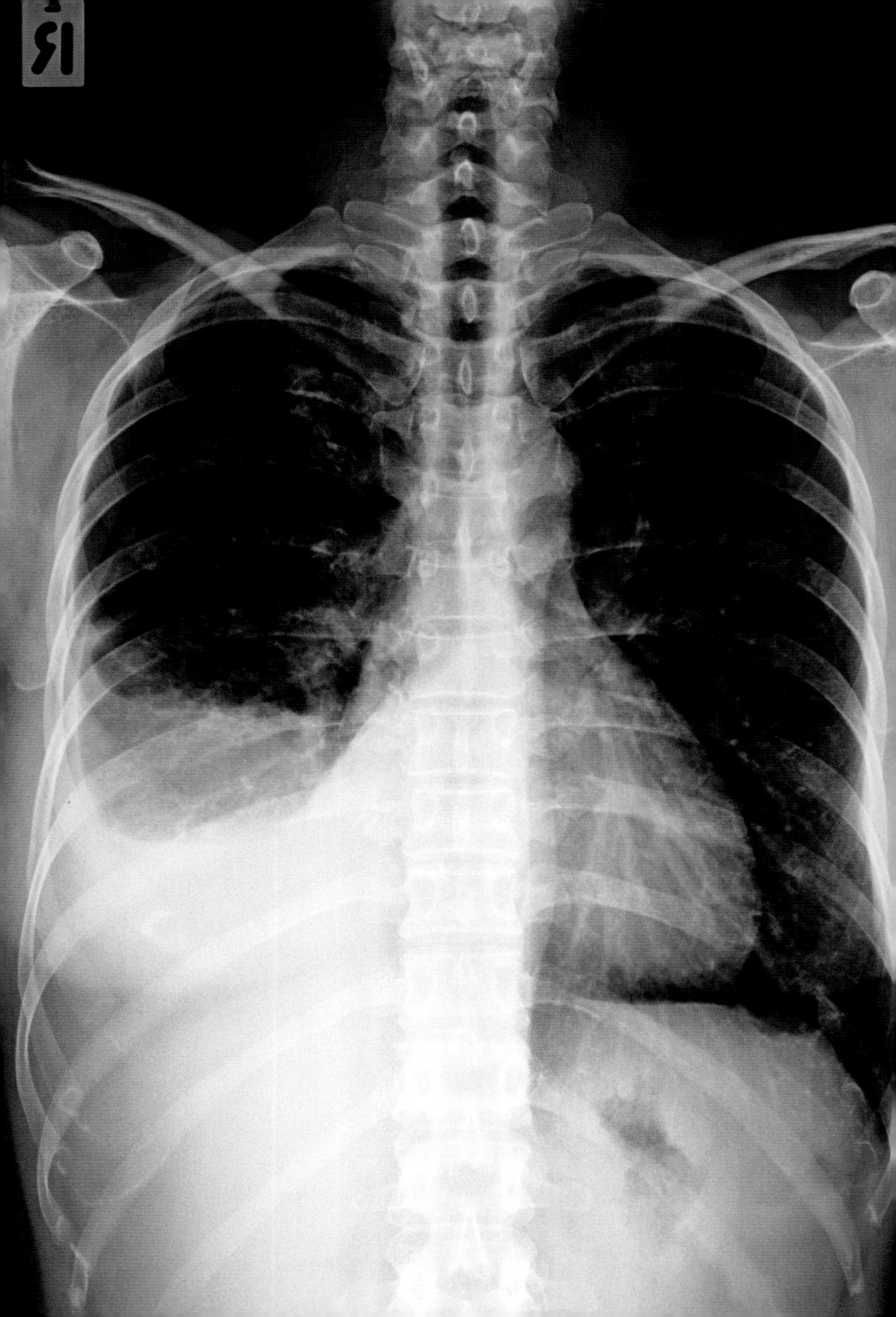

기계 학습

기계 학습이라는 용어는 1959년에 인공지능 전문가인 아서 리 새뮤얼(1901-1990)이 『IBM 연구 개발 논문집』을 통해 발표한 논문 <체커 게임을 이용한, 기계 학습에 관한 연구>에서 처음 사용된 것으로 알려진다. 논문에서 그는, "컴퓨터가 경험을 통해 학습하도록 프로그래밍된다면" 결국에 가서 명시적인 작업별 프로그래밍이나 지시가 상당히 필요 없어질 것이라고 말했다.

오늘날 인공지능을 위한 주요 컴퓨팅 방법 중 하나가 기계 학습이다. 이것은 컴퓨터 비전, 음성 이해, 자율 로봇, 자율주행 자동차, 얼굴 인식, 이메일 필터링, 광학 문자 인식, 제품 추천, 암 가능성 식별, 데이터 유출 감지 등에 사용되고 있다. 많은 경우에 기계 학습은 예측과 분류를 돕기 위해서 대량의 입력 데이터를 사용해 훈련한다.

지도된 기계 학습 방식에서는 입력 데이터마다 연관 정보가 레이블링되어 있다. 달리 말하자면 데이터마다 특징을 설명하는 별도의 정보가 붙어 있다. 이런 데이터로 학습을 마친 후에, 레이블이 되어 있지 않은 데이터가 제공되면 예측을 하게 된다. 예를 들어 사자와 호랑이에 관한 10만 장의 이미지를 입력받은 시스템이 있다고 하자. 이때 10만 장의 이미지에는 "사자", "호랑이"라는 레이블이 정확하게 달려 있다. **지도된 기계 학습** 알고리듬을 돌리고 나면 이제 한 번도 본 적이 없는 사자나 호랑이 사진이 주어져도 구별할 수 있게 된다. **비 지도된 기계 학습** 방식의 경우에는 레이블이 되어 있지 않은 데이터가 학습에 사용된다. 시스템은 숨겨진 패턴을 찾아낸다. 예를 들어 참치 통조림 구매를 중단한 30세 여성은 임신했을 가능성이 있으며 따라서 유아용품 광고의 대상이라는 결정을 내릴 수가 있다.

기계 학습 방식은 틀릴 수도 있음을 명심하자. 예를 들어 입력 데이터가 부정확하게 편향되어 있거나 심지어 악의적으로 조작되어있는 경우에 그러하다. 우리는 누가 대출받을 자격이 있고, 누가 일자리를 제공받아야 하고, 누가 가석방을 받아야 하는지를 결정할 때 특정 자동화 방식에 지나치게 의존하지 않도록 주의해야 한다. 이 원칙은 기계 학습을 사용하는 의사결정의 수많은 영역에 적용된다.

참조 인공 신경망 (1943), 강화 학습 (1951), 자연어 처리 (1954), 지식 표현 및 추론 (1959), 딥러닝 (1965), 유전 알고리듬 (1975), 떼 지능 (1986), 적대적 패치 (2018)

2017년에 스탠퍼드의 연구원들은 폐렴 진단을 방사선 전문의보다 더 잘 할 수 있는 기계 학습 알고리듬을 개발했다. 여기에 보이는 것은 우측 흉막 삼출을 나타내는 흉부 X선 사진이다.

지식 표현 및 추론

1959년

"어떤 시스템이 지능을 갖추려면 그것을 둘러싼 세계에 관한 지식을 가지고 있어야만 하며, 그 지식으로부터 결론을 끌어내거나 아니면 적어도 그 지식에 따라 행동하도록 하는 수단을 가지고 있어야 한다. 따라서 인간과 기계는 둘 다 이 필요한 지식을 내부 구조 속에 표현할 방법을, 그것이 단백질로 인코딩되건 실리콘으로 인코딩되건 간에 가지고 있어야 한다"라고 컴퓨터 과학자 닐스 닐슨은 말했다. 요즘에는 인공지능에 대한 관심의 상당 부분이 이미지 인식과 같은 응용 때문에 기계 학습과 통계적 알고리듬에 가 있는 듯하다. 그럼에도 불구하고 논리 기반의 **지식 표현 및 추론**은 여전히 많은 영역에서 큰 역할을 하고 있다.

지식 표현 및 추론이란, 예를 들어 컴퓨터 시스템이 의료 진단과 법률적 권고를 하거나 아이폰에 있는 시리 혹은 아마존 에코에 있는 알렉사처럼 지능형 대화를 할 수 있도록, 정보를 효율적으로 사용할 수 있게끔 정보를 표현하는 일에 관심을 쏟는 인공지능의 한 분야이다. 예를 들자면, 개념들 사이의 시맨틱(의미) 관계를 표현하기 위해 사용되는 **시맨틱 네트워크**도 **지식 표현 및 추론**의 한 형태이다. 종종 이 시맨틱 네트워크는 그래프의 형태를 띤다. 여기서 노드는 각 개념에 해당하고, 에지(노드를 연결하는 선)는 개념들 사이의 시맨틱 관계를 나타냈다. 또한, **지식 표현 및 추론**은 수학 이론의 자동 증명을 포함하여 자동 추론에 사용된다.

인공지능 **지식 표현 및 추론**의 초기 작업 중에는 앨런 뉴얼(1927-1992)과 허버트 사이먼(1916-2001)이 동료들과 함께 개발한 컴퓨터 프로그램이 있다. GPS라는 이 프로그램은, 목표를 분석하고 간단한 일반적 문제(예: 하노이 타워)를 푸는 용도였다. 후에 더글라스 레나트(1950-)가 1984년에 시작한 Cyc 프로젝트에서는 인간처럼 인공지능이 추론을 하도록 돕기 위해서 수많은 분석가들을 고용하여 상식 추론의 다양한 영역들을 문서화했다 (예를 들어 Cyc 추론 엔진은 논리적 연역법과 귀납법을 사용했다). 오늘날 **지식 표현 및 추론** 분야의 연구자들은 많은 쟁점들을 다루고 있는데, 여기에는 새로운 추론이 효율적으로 만들어지도록 하기 위해 필요에 따라 **지식 베이스**가 업데이트될 수 있게 보장하는 것도 들어있다. 또한, 연구자들은 **지식 표현 및 추론** 시스템에서 불확실성과 모호성이 어떻게 해야 가장 잘 해결될 수 있는지도 고민하고 있다.

참조 아리스토텔레스의 오르가논 (기원전 350년경), 하노이의 탑 (1883), 퍼셉트론 (1957), 기계 학습 (1959), 전문가 시스템 (1965), 퍼지 논리 (1965)

마이신MYCIN은 수막염과 같은 심각한 감염을 일으키는 박테리아를 식별하고 치료법을 추천해주는 인공지능 전문가 시스템이다. 마이신에는 간단한 추론 엔진과, 약 600개의 규칙으로 된 지식 베이스가 있다. 여기에 나온 것은 수막염을 일으킬 수 있는 연쇄상 구균 폐렴 박테리아이다.

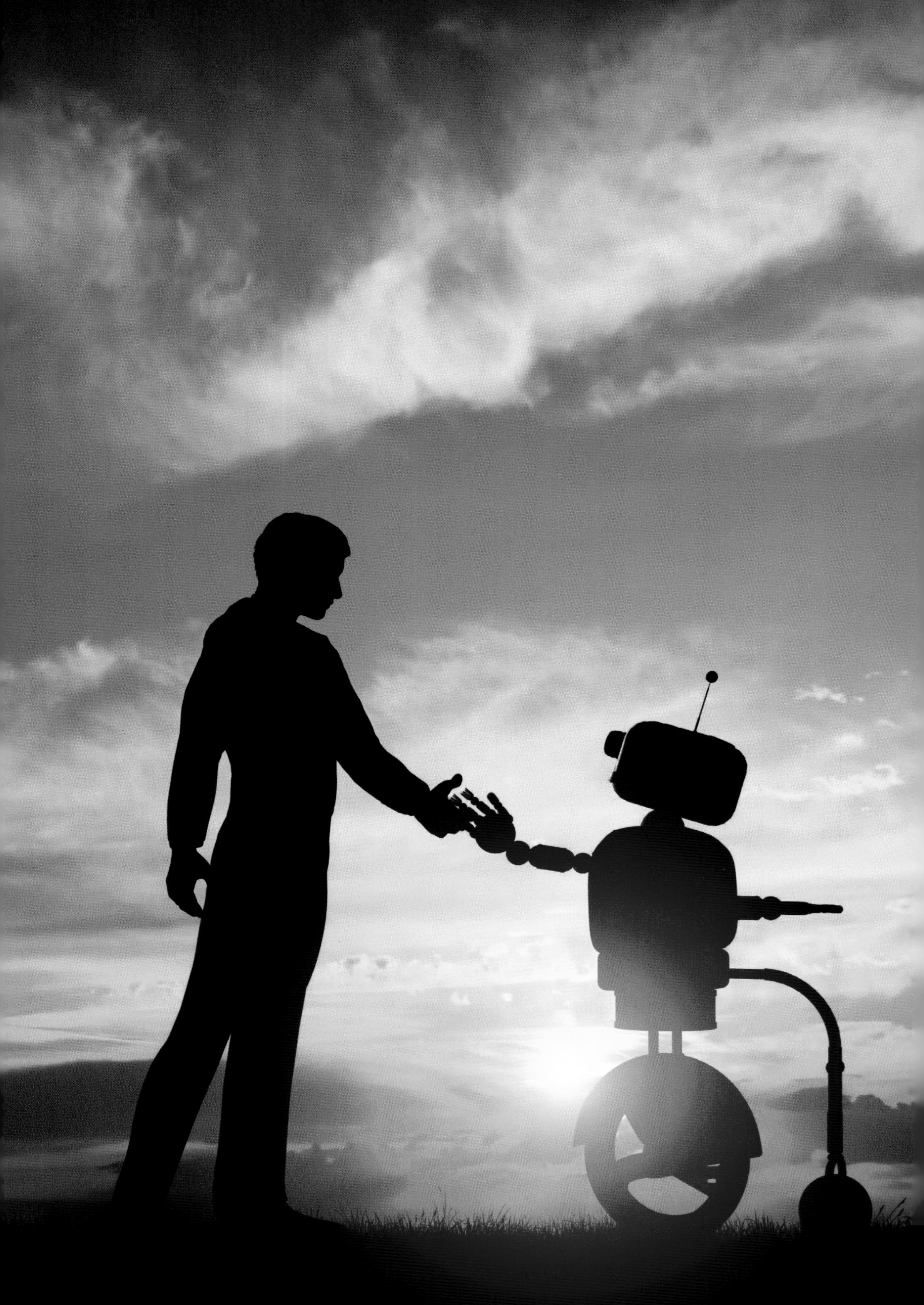

릭라이더의 "인간-컴퓨터 공생"

심리학자이자 컴퓨터 과학자인 조셉 릭라이더(1915-1990)는 1960년에 "인간-컴퓨터 공생"이라는 논문을 발표하여 후세에 중대한 영향을 끼쳤다. 그의 논문은 무화과나무의 공생 관계를 설명하면서 시작한다. 무화과나무는 블라스토파가 말벌에 의해 꽃가루 수정이 일어나는데 이 말벌의 알과 애벌레는 이 나무에서 영양분을 얻는다. 이와 같은 식으로 인간과 컴퓨터도 공생 관계를 형성할 수 있다고 릭라이더는 주장했다. 공생의 초창기에는 컴퓨터가 통찰을 위한 길을 준비해주면 인간은 목표를 정하고 가설을 만들면 된다. 일부 문제들은 "컴퓨팅 기계의 도움 없이는 공식화할 수 없다"라고 그는 적었다.

릭라이더는 인간을 대체하는 컴퓨터 기반 개체를 머릿속에 그렸다기보다는 노버트 위너(1894-1964) 쪽과 뜻이 더 맞았다. 위너의 사이버네틱스 이론은 인간과 기계 사이의 밀접한 상호 작용에 초점을 맞추는 쪽에 가까웠다. 논문에서 릭라이더는 이렇게 설명했다. "소망이 있다면 . . . 인간 두뇌와 컴퓨팅 기계가 아주 단짝이 되고, 이렇게 해서 생긴 파트너십에 의해 인간 두뇌로는 이제까지 생각해본 적이 없던 것을 생각해낸 다음에 우리가 오늘날 알고 있는 정보 처리 기계로는 시도도 못 할 방법으로 데이터를 처리하는 것이다."

또한, 릭라이더는 전통적인 도서관의 기능을 포함하는 "생각 센터"라는 것에 대해 언급했고 공생을 위한 자연 언어 처리의 필요성을 제시했다.

그의 글에서 릭라이더는, "지금의 우리가 보기에는 인간 두뇌에서만 가능하다고 생각하는 기능 대부분에 대해서 전자적 혹은 화학적 기계가 인간 두뇌를 능가할 것이다"라고 인정했고 체스 경기, 문제 풀이, 패턴 인식, 정리 증명 등을 예로 들었다. "제안되는 방안들에 대해서 컴퓨터는 통계적 추론이나 의사 결정 이론 또는 게임 이론용 기계로서 기초적인 평가 도구로 사용될 것이다. . . . 결국에 가서는 이익이 되는 한도까지 많은 진단, 패턴 매칭, 적합성 인식 등을 할 것이다. . . ."라고 그는 정리했다.

거의 60년이 지난 후에도 릭라이더의 논문은 여전히 인간 지능과 인공지능의 잠재적 결합에 관한 중요한 질문을 던지고 있다. 현재보다도 더 우리가 기계와 짝을 이루는 날이 왔을 때 공생적 인간은 여전히 "인간"으로 간주될까? 그런 인간은 컴퓨터로부터 떨어지는 것을 고려라도 해 볼까?

참조 "기계들 속의 다윈" (1863), 자연어 처리 (1954), 트랜스 휴머니즘 (1957)

조셉 릭라이더는 이렇게 적었다. "소망이 있다면 . . . 인간 두뇌와 컴퓨팅 기계가 아주 단짝이 되고, 이렇게 해서 생긴 파트너십에 의해 인간 두뇌로는 이제까지 생각해본 적이 없던 것을 생각해내는 것이다."

심리치료사 일라이자

일라이자는 자연어 입력(예: 타이핑된 텍스트)에 대답하는 식으로 사용자와 심리치료사 사이의 대화를 시뮬레이션하는 프로그램이다. 컴퓨터 과학자인 조셉 와이젠바움(1923-2008)이 1964년에 개발한 이 프로그램은 최초의 가장 그럴싸한 "챗봇"(대화 시뮬레이터) 중 하나로 유명하다. 사실 와이젠바움은, 일부 사람들이 일라이자와 대화를 나누는 동안 일라이자를 정말로 공감 능력이 있는 사람처럼 생각하는 듯이 깊은 감정과 사적인 정보를 심각한 수준으로 드러내는 모습에 충격을 받고 고민에 빠지기까지 했다.

일라이자라는 이름은 아일랜드의 극작가 조지 버나드 쇼의 1912년 코미디극 <피그말리온>에 나오는 일라이자 두리틀에서 따왔다. 이 연극에서 헨리 히긴즈 교수는 교육받지 못한 여성인 일라이자에게 제대로 말하는 법을 가르쳐서 상류층 여성처럼 보이게 만든다. 이와 비슷하게 와이젠바움의 일라이자는 특정 키워드와 문구에 반응하도록 프로그래밍되었고 그렇게 해서 진짜 인간이 공감하는 듯이 보이게 만들었다. 일부 연구자들은 이 프로그램이 특정한 심리 상태로 고통받는 사람을 실제 도울 수 있다고 믿었다.

와이젠바움은 일라이자와 대화하는 사람들을 바라보면서 그들이 컴퓨터에 점점 의존해 가는 모습과 속아 넘어가는 모습에 경각심을 키우게 되었다. 일라이자에 관한 기념비적인 1966년 논문에서 그는 이렇게 적었다. "인공지능에서 . . . 기계는 경이로운 방식으로 동작하도록 만들어지며 종종 가장 경험많은 관찰자조차도 현혹할 수 있다. 하지만 일단 프로그램이 공개되고, 내부 동작 방식이 설명되기만 하면 . . . 그것이 가진 마술은 무너져내린다. 그것은 그저 프로시듀어§들을 모아놓은 것으로 보이게 된다. . . . 관찰자는 속으로 이렇게 말한다. '내가 그걸 짤 수도 있었는데.' 그는 이런 생각을 하면서 문제의 이 프로그램을 '지능형'이라고 표기된 자리에서 관심 수집품의 자리로 옮긴다. . . . 이 논문의 목적은 이제 '설명'하려는 이 프로그램에도 같은 식의 평가를 하려는 것이다. 이 프로그램보다 더 이런 평가가 필요했던 프로그램은 거의 없었다."

오늘날 챗봇은 종종 고객 서비스용 대화 시스템과 다양한 형태의 온라인 가상 지원 및 정신 건강 치료를 위한 대화 시스템에 사용된다. 또한, 일부 장난감에도 사용되고 고객의 온라인 쇼핑을 돕거나 광고를 대행하는 데 사용된다.

참조 튜링 테스트 (1950), 자연어 처리 (1954), 편집병자 패리 (1972), 인공지능의 윤리학 (1976)

조지 버나드 쇼의 연극 피그말리온에 나오는, 꽃을 파는 여인 일라이자 두리틀의 초상을 예술가 윌리엄 브루스 엘리스 랭켄(1881-1941)이 그린 것이다. 두리틀은 언어 능력을 향상시켜서 마치 세련되고 교육받은 사람인양 그럴듯하게 흉내낼 수 있었다. 일라이자 프로그램의 이름은 미스 두리틀의 이름에서 따온 것이다.

§ 역자: 프로시듀어란 특정한 기능을 수행하는 소프트웨어 단위이다. 프로시듀어들이 모여 하나의 소프트웨어가 된다.

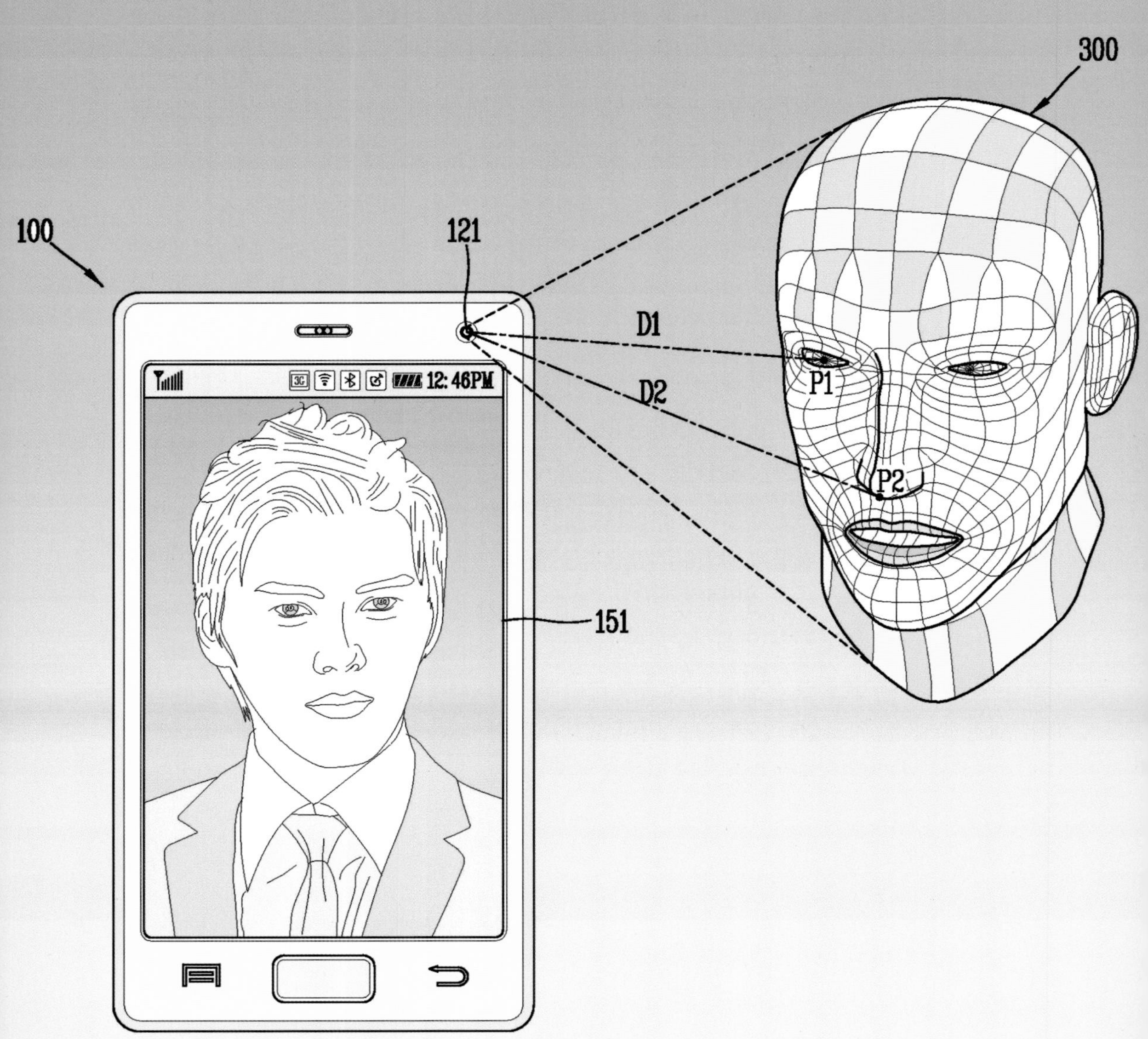

100
121
300
D1
D2
P1
P2
151
12: 46PM
3G

얼굴 인식

얼굴 인식 시스템은 이미지나 비디오 화면에서 사람을 식별해낸다. 얼굴의 특징(예: 눈과 코의 상대적 위치)을 잡아내어 이미지 데이터베이스에 저장된 것들과 비교하는 방식을 흔히 쓴다. 조명과 시야각에 따른 다양한 변화 때문에, 일부 현대적 시스템에서는 정보를 잡아내고 정확성을 높이기 위해 삼차원 센서를 사용한다. 그리고 어떤 스마트폰은 인증과정에서 사용자의 얼굴을 밝게 잡아내기 위해 적외선을 사용한다. 정확한 얼굴 인식에는 많은 장애물들이 있다. 예를 들어 모자나 선글라스 같은 액세서리를 하고 있을 수도 있고, 화장을 했을 수도 있다. 하지만 오늘날 일부 상황에서는 알고리듬이 인간보다 더 나을 때도 있다.

얼굴 인식 "기술"의 기원은 19세기 영국으로 거슬러 올라간다. 1852년에 사진 시스템이 교도소에 도입되었는데 죄수가 어느 곳에 있는지를 확인하고 혹시 탈출했을 경우에는 경찰과 정보를 공유하기 위함이었다. 몸에 낙인을 찍는 것보다 훨씬 인도적인 방법이었다. 더 발전한 얼굴 인식의 선구자로는 수학자이자 컴퓨터 과학자인 우디 블레드소(1921-1995)가 있다. 그는 1964년에 얼굴 인식의 초기 방식을 연구했다. 그 당시 그는 머리의 회전, 기울어짐, 조명, 얼굴 표정, 나이 등으로 인해 이 일이 특히나 어렵다고 지적했다. 블레드소와 다른 초기 선구자들은 컴퓨터를 사용하되 사람의 손에 상당히 많이 의존했다. 사진에서 얼굴과 관련된 좌표를 뽑아내기 위해 그래픽 태블릿(예: 드로잉 패드)을 사용하여 일일이 수작업을 했다.

여러 해에 걸쳐서 얼굴 인식 시스템은 아이겐페이스, 히든 마르코프 모델, 동적 링크 매칭 등의 다양한 기술을 도입했다. 과학기술자인 제시 데이비스 웨스트는 얼굴 인식의 몇 가지 중요한 최신 응용 분야를 언급했다. "법 집행 기관은 지역사회를 보다 안전하게 지키기 위해 얼굴 인식을 사용하고 있다. 소매점은 범죄와 폭력을 방지하기 위해, 공항은 여행자의 편의와 보안을 향상하기 위해 사용한다. 또한, 스마트폰 회사들은 얼굴 인식을 이용해서 새로운 차원의 생체 보안을 제공하고 있다." 그럼에도 불구하고 어떤 이는 이제 사람들이 공공장소에서 익명성을 보장받을 수 없는 우려스러운 전환점이 인간 문명에 찾아온 것이 아닌가하고 의문을 제기할지 모르겠다.

참조 광학 문자 인식 (OCR) (1913), 음성 인식 (1952), 로봇 아이보 (1999)

미국 특허 9,703,939에 나온 그림으로 휴대전화의 카메라와 얼굴 인식을 이용해서 안전하게 휴대전화의 잠금을 푸는 방법이다.

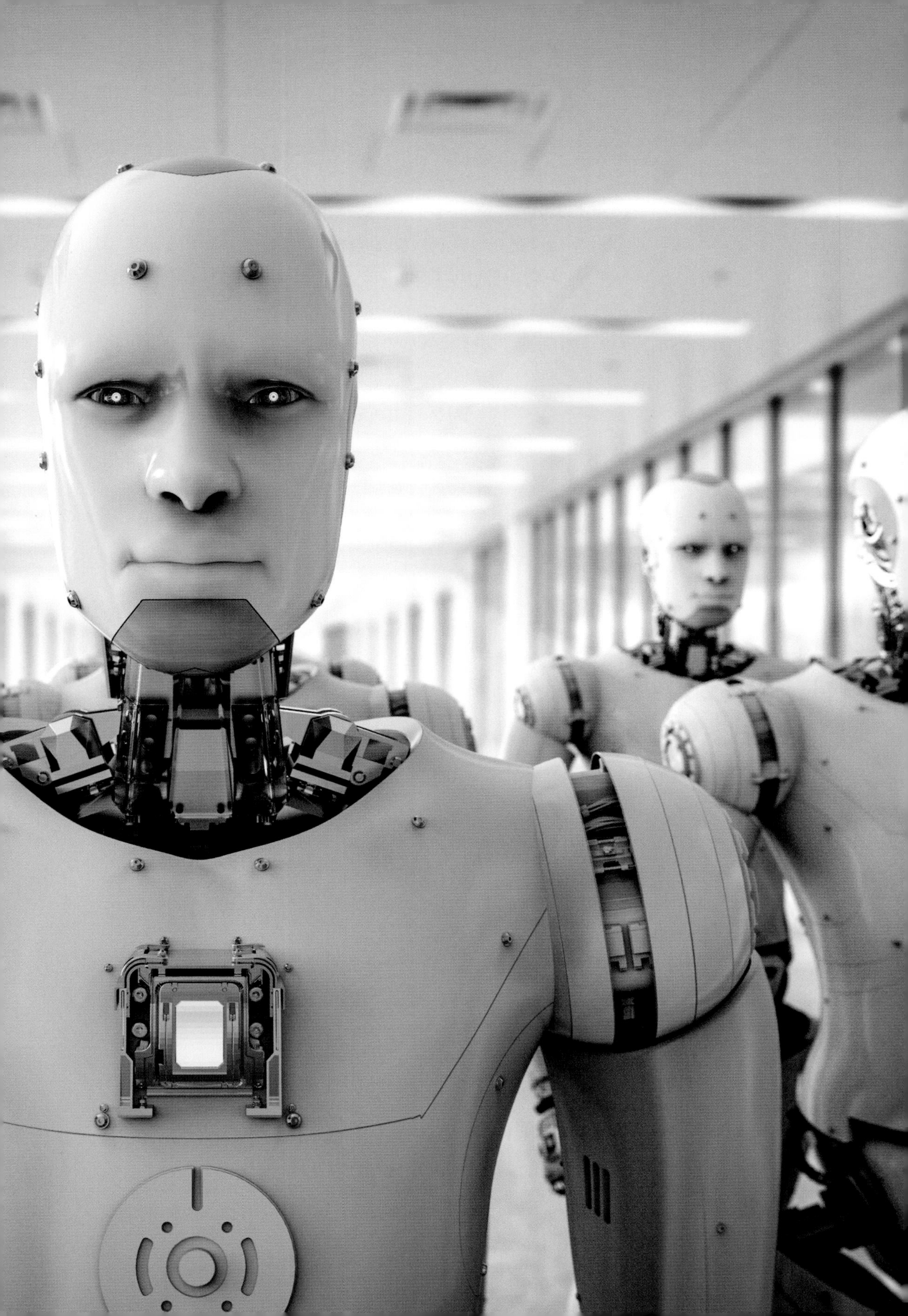

지능 폭발

컴퓨터 과학자인 앨런 튜링과 함께 암호학자로도 일했던 영국의 수학자 어빙 J. 굿(1916-2009)은 1965년에 <최초의 초지능 기계에 관한 추측>이라는 논문에서 잠재적인 초인간적 "지능 폭발"에 관해 우려를 표했다. 그는 논문에 이렇게 적고 있다. "이 세상의 모든 똑똑한 사람들보다 모든 지능 활동에서 훨씬 뛰어난 기계를 초지능 기계라고 정의해보자. 그런 기계를 설계하는 일도 이 지능 활동의 하나이기 때문에 초지능 기계는 자기보다 더 뛰어난 기계를 설계할 수 있다. 그렇게 되면 의심의 여지 없이 지능 폭발이 있게 된다. 그리고 인간의 지능은 한참 뒤로 처질 것이다. 따라서 만약 최초의 초지능 기계가 온순해서 인간에게 자신을 통제하는 방법을 알려주기만 한다면, 이 최초의 초지능 기계를 마지막으로 인간은 더 이상 발명을 할 필요가 없어진다."

다시 말해서 인간이 AGI(즉, 지식과 능력을 특정 분야로 제한받지 않는 **인공 일반 지능**)를 만들어낸다면 그것은 자신의 하드웨어와 소프트웨어를 계속 재설계하는 엔지니어링 능력을 사용해 스스로 개선해나가게 된다. 단순한 예를 하나 생각해본다면, 그런 AGI는 아마도 신경망과 진화 알고리듬을 사용해서, 향상된 복잡도와 속도 및 효율로 상호 통신하고 협력하는 수백 개의 독립 모듈들을 만들어낼 수 있다. 잠재적인 위험성을 지닌 인공지능을 인터넷상에서 격리하려는 시도는 아마도 실패할 것이다. 더 좋은 전구를 제조하라는 식의 선의의 목표와 과제를 가지도록 프로그래밍되었을지라도 그것이 북미 대륙 전체를 전구 생산 시설로 전환하는 결정을 내린다면 어떻게 할 것인가?

물론 그런 초지능이 나타날 법하지 않은 많은 이유들이 있을 수 있다. 예를 들면 느려빠진 인간이나 하드웨어 네트워크에 대한 의존 같은 것이 있다. 다른 한편으로는 질병을 고치고 환경 문제를 해결하기 위한 경주에서 지능 폭발이 인류에게 커다란 혜택을 안겨 줄 수도 있다. 하지만 인간 배우자보다 더 똑똑하고 (시뮬레이션 된) 공감 능력이 더 큰 인공 동반자라든가 초지능 무기가 가지는 사회학적 영향은 무엇일까?

참조 "기계들 속의 다윈" (1863), 살상용 군사 로봇 (1942), 인간의 인간적 활용 (1950), 밀봉된 "인공지능 상자" (1993), 페이퍼클립 생산극대화의 재앙 (2003), "그들을 인공 외계인이라 부르자" (2015)

1965년에 어빙 J. 굿은 인공지능이 스스로 자신의 향상된 버전을 설계해 나가는 잠재적인 초인간적 "지능 폭발"에 대해 우려를 표명했다.

전문가 시스템

언론인 루크 도멜에 따르면, 인공지능 "전문가 시스템"이란 "뼈와 살을 가진 인간 전문가의 전문 지식을 통계적 규칙들로 변환해서 복제품을 만들어내려는 시도"이다. 전문가 시스템에 관한 최상의 시나리오에 따르면, 위장병 전문의, 재정 조언자, 변호사 등의 노하우를 컴퓨터 장치에 꾸겨 넣고 그 결과로 나온 인공지능 시스템으로부터 모두가 유용한 조언을 받을 수 있다.

전문가 시스템은 1960년대에 탐구되기 시작했으며 지식 베이스(사실과 규칙들을 포함)와 추론 엔진(규칙을 적용하고 평가를 수행함)을 사용했다. 규칙은, "만약 ... 하면 ... 하다"와 같은 형식을 가질 수 있다. 예를 들어 "만약 어떤 인구통계적 특징을 가진 환자가 어떤 특정한 증상을 보인다면, 그녀 혹은 그가 특정 상태에 있을 확률은 특정 값을 가진다"와 같은 식이다.

전문가 시스템의 응용에는 의학에서부터 보험 위험 평가나 광물 탐사 후보지 선정에 이르기까지 진단, 예측, 계획, 분류, 특수 전문 작업 등을 광범위하게 포함할 수 있다. 또한, 유용한 전문가 시스템에서는 종종 추론 엔진이 설명을 제공해서 사용자가 추론의 과정을 이해할 수 있게 해준다. 유명한 초기 전문가 시스템으로는 덴드랄(덴드리틱 알고리듬의 줄임말)이 있다. 1965년에 스탠퍼드 대학교에서 시작한 이 프로젝트는 질량 스펙트럼에서 얻은 정보를 바탕으로 미지의 유기 분자를 식별하도록 도와준다. 마이신도 또 다른 유명한 초기 사례이다. 이 인공지능 시스템은 박테리아 감염을 진단하고 항생제 종류 및 복용량을 추천하기 위해서 1970년대에 스탠퍼드 대학교에서 개발했다. 초기의 전문가 시스템들은 리스프나 프롤로그 같은 프로그래밍 언어로 코딩된 경우가 많다.

전문가 시스템의 난제 중 하나는 바쁜 전문가나 책 또는 논문에서 지식을 뽑아내어 소프트웨어 코드로 바꾸는 일이다. 또한, 지식을 체계화해서 전문가가 동의하는 사실과 규칙들로 정리하고, 다양한 가중치(가능성이나 중요성을 표현)를 부여하는 일도 쉽지 않을 수 있다. 오늘날 많은 사람들이 "추천 시스템"을 사용한다. 영화와 서적에서부터 금융 서비스나 결혼 상대자에 이르기까지 사용자의 기호를 예측하는 데 더욱 초점을 맞춘 이 시스템도 다소 연관성이 있는 인공지능 분야이다.

참조 인간의 인간적 활용 (1950), 지식 표현 및 추론 (1959), 딥러닝 (1965)

인공지능 전문가 시스템은 종종 인간 전문가의 전문적 지식을 뽑아내어 만들어진다. 여기에 나온 그림에서 전구가 그것을 예술적으로 표현하고 있다. 전문가의 정보는 확률적 규칙들의 집합으로 변환된다.

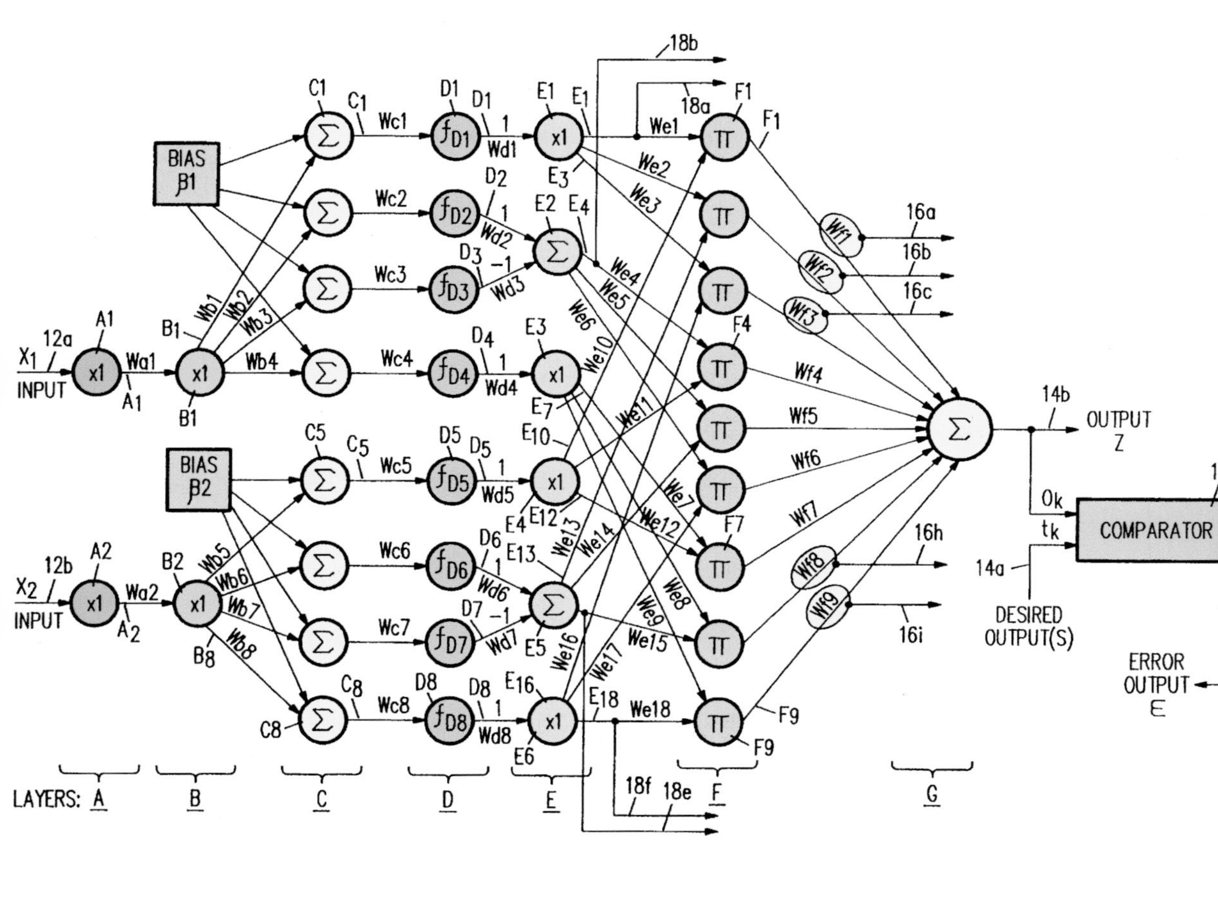

X1 INPUT
X2 INPUT
12a
12b
BIAS β1
BIAS β2
COMPARATOR
OUTPUT Z
DESIRED OUTPUT(S)
ERROR OUTPUT E
14a
14b
16a
16b
16c
16h
16i
18a
18b
18e
18f
LAYERS: A B C D E F G

퍼지 논리

"퍼지 집합 이론은 기차와 엘리베이터용 제어 장치 및 전문가 시스템의 상용 응용 분야에 사용되어 왔다. 또한, 신경망과도 결합하여 반도체 제조를 제어하는 데 사용되어 왔다. 퍼지 논리와 퍼지 집합을 생산 시스템에 포함함으로써 많은 인공지능 시스템이 상당한 개선을 얻어냈다. 이런 접근 방식은 데이터 집합이 모호하거나 규칙이 완벽하게 알려지지 않았을 때 특히 성공적이었다"라고 과학자 자코비 카터는 말했다.

퍼지 집합 이론은 하나의 그룹 내에 있는 멤버들이 소속도(멤버십의 정도)를 가지는 경우에 초점을 맞추고 있다. 이것은 1965년에 수학자이자 컴퓨터 과학자인 로트피 자데(1921-2017)에 의해 처음 소개되었고 그는 1973년에 퍼지 논리의 세부적인 내용을 발표했다. 고전적인 이진법 논리는 조건이 참 아니면 거짓인 경우를 다루는 데 반해, 퍼지 논리는 참의 값이 어떤 구간 내에 있는 여러 값 중 하나가 되는 경우도 허용한다.

퍼지 논리가 실제 사용될 수 있는 응용은 광범위하다. 예를 들면 어떤 장치의 온도를 모니터링하는 시스템을 생각할 수 있다. 차갑다, 따뜻하다, 뜨겁다를 표현하는 멤버십 함수가 있다고 할 때, 같은 측정을 놓고도 "차갑지 않다", "조금 따뜻하다", "조금 뜨겁다"와 같이 세 가지 값이 존재할 수 있다. 자데는, 부정확하고 잡음이 낀 입력을 활용할 수 있게 피드백 컨트롤러가 프로그래밍될 수 있다면 훨씬 더 효과적이면서 구현하기 쉬우리라고 보았다.

퍼지 논리의 역사에서 하나의 이정표가 1974년에 등장했다. 런던 대학교의 에브라힘 맘다니(1942-2010)는 증기 엔진을 제어하기 위해 퍼지 논리를 사용했다. 1980년에 퍼지 논리는 시멘트 가마를 제어하는 데 사용되었다. 여러 일본 회사들이 정수 과정과 철도 시스템을 제어하기 위해 퍼지 논리를 사용했다. 또한, 퍼지 논리는 제철소 고로, 자동 초점 사진기, 세탁기, 발효 공정, 자동차 엔진 제어, ABS 시스템, 컬러 필름 현상 시스템, 유리 가공, 금융 거래용 컴퓨터 프로그램, 구어와 문어 사이의 미묘한 차이를 인식하는 시스템 등에 사용되었다.

참조 아리스토텔레스의 오르가논 (기원전 350년경), 불 대수 (1854), 전문가 시스템 (1965)

미국 특허 5,579,439에 나온 그림. 공장 제어 시스템에서 지능형 콘트롤러를 위한 퍼지 논리를 설계한 것이다. 이 설계에는 퍼지 논리용 규칙과 멤버십 함수를 생성하는 인공 신경망이 들어 있다. "학습 메커니즘을 위한 신경망의 퍼지화 레이어는 뉴런의 A, B, C, D 네 개 층으로 구성될 수 있다."

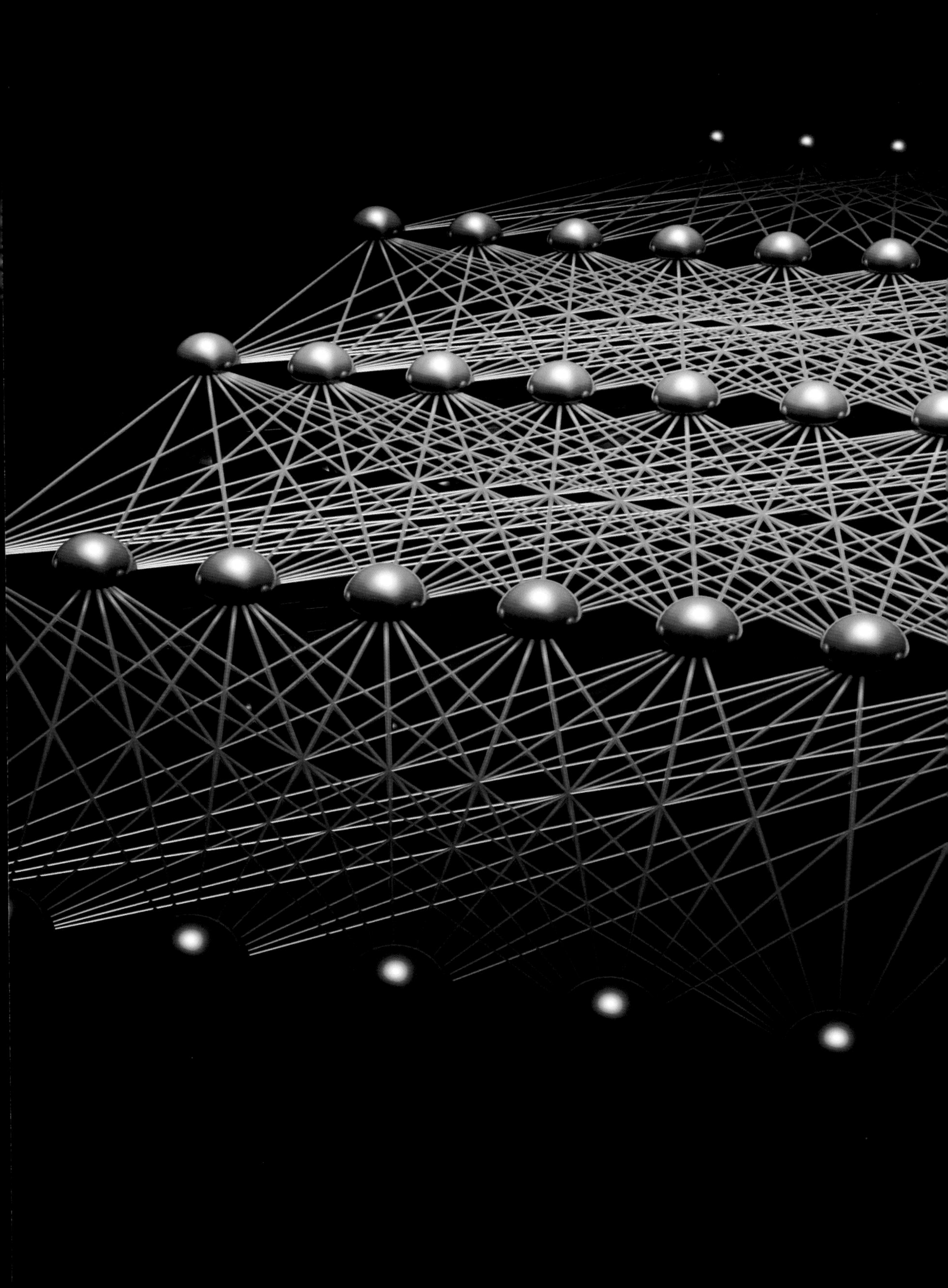

딥러닝

인공지능 분야 중에는 기계로 하여금 인간 지능을 흉내 내도록 하는 접근법이 있다. 기계 학습(99쪽 참조)은 기계가 연습과 경험을 통해 일을 더 잘하도록 만드는 인공지능의 한 형태이다. **딥러닝**은 기계 학습의 한 형태로서 게임을 하거나 사진에서 고양이를 찾아내는 것 같은 일을 할 수 있게 시스템을 훈련시킨다. 이때 딥 신경망(DNN)을 사용하는데 겨우 몇 개의 층으로 된 신경망이 아니라 인공 뉴런 단위들로 구성된 층이 아주 많이 쌓여 있다. 1986년이 되어서야 **딥러닝**이라는 문구가 등장하지만, 소련의 수학자 알렉세이 이바크넨코(1913-2007)는 1965년에 **지도된 딥 다층 퍼셉트론**의 형태로 초기 연구를 수행했다.

일반적으로 뉴런들이 여러 층을 구성하고 있는 경우, 계층 상의 각 레벨 별로 데이터로부터 특정한 특성을 추출해낼 수 있다(예를 들어 한 레벨에서는 단순한 윤곽에 반응하고 다른 레벨에서는 얼굴의 특징에 반응하는 식). 딥러닝에는 **역 전파**가 포함될 수 있는데, 이것은 시스템이 정보를 출력에서 입력 방향으로 거꾸로 전달하는 것을 말한다. 이렇게 하는 이유는 오류가 생겼을 때 결과를 개선할 수 있도록 시스템을 가르쳐주기 위해서이다.

딥러닝은 음성 인식, 컴퓨터 비전, 자연어 처리, 소셜 네트워킹, 언어 번역, 약물 설계, 그림의 특정 연대 식별하기, 제품 추천, 마케팅 활동의 가치 평가, 이미지 복원, 게임, 사진 속 인물 식별 등에 성공적으로 적용되어 왔다.

과학기술자 제레미 페인은 이렇게 적었다. "궁극적으로 딥러닝은 기계 학습을 한계점 너머로 밀어붙였다. 이제까지 자동 반복 작업이나 데이터 분석에서 기계 학습이 일부 성공을 거두기는 했으나 지금부터는 보고, 듣고, 모든 종류의 게임을 할 수 있는 컴퓨터의 형태로 미래가 현실화되고 있다."

참조 인공 신경망 (1943), 강화 학습 (1951), 퍼셉트론 (1957), 기계 학습 (1959), 컴퓨터 예술과 딥드림 (2015), 적대적 패치 (2018)

딥 신경망(DNN)에는 인공 뉴런 단위들로 된 층이 아주 많이 쌓여 있어서(예를 들면 몇 개의 층에서부터 수십 개의 층까지) 딥 신경망의 학습 능력을 높여준다. 딥 신경망에는 딥러닝이 벌어지는 "구조"가 포함되어 있다.

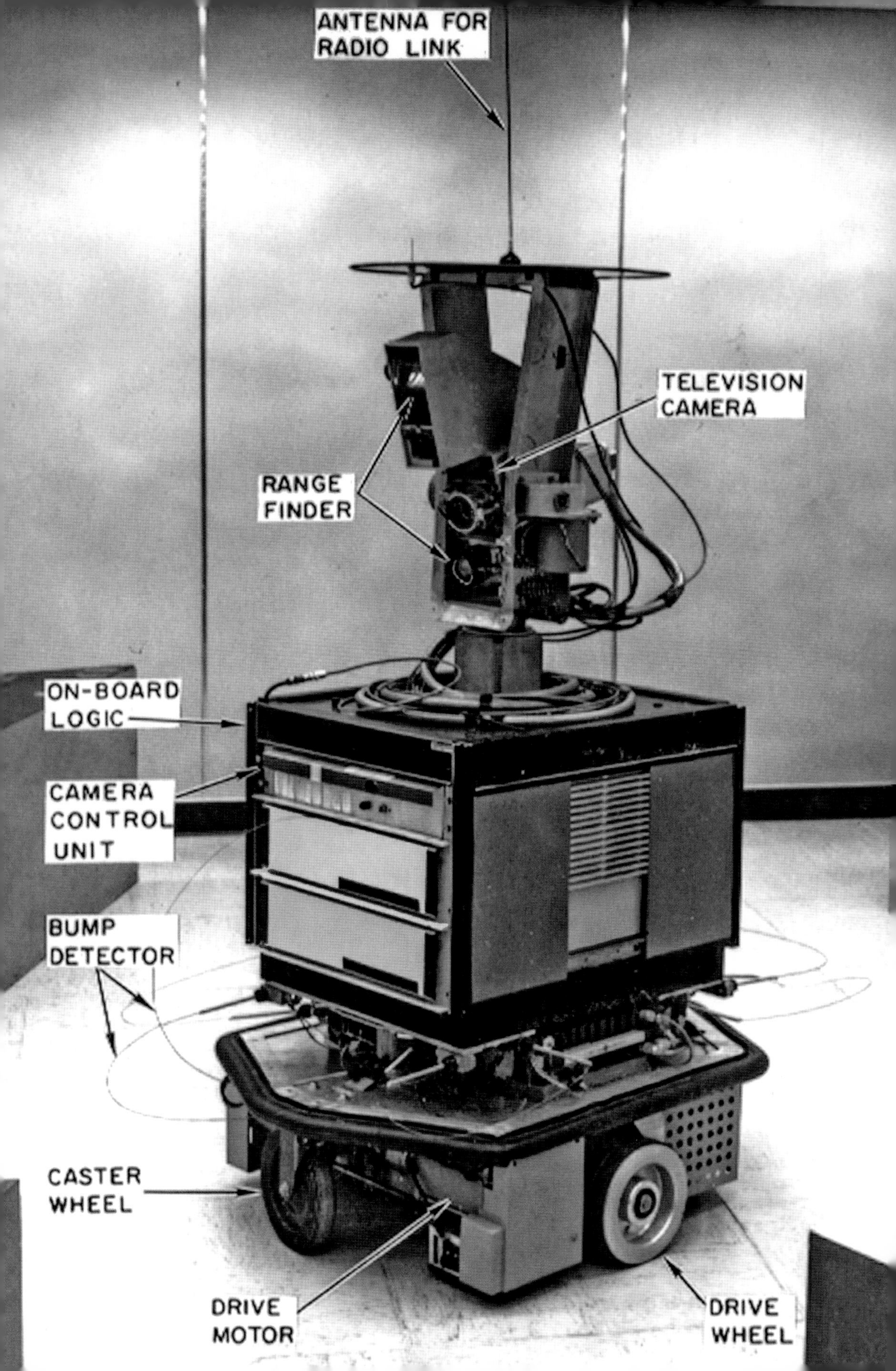
ANTENNA FOR RADIO LINK
TELEVISION CAMERA
RANGE FINDER
ON-BOARD LOGIC
CAMERA CONTROL UNIT
BUMP DETECTOR
CASTER WHEEL
DRIVE MOTOR
DRIVE WHEEL

로봇 쉐이키

1970년에 『라이프』지는 쉐이키를 가리켜 조만간 "지구로부터 단 한 번의 지시 신호도 받지 않고 수개월 동안 달을 돌아다닐 수 있는 최초의 전자 인간"이 될 것이라고 말했다. 매력덩어리 로봇에 관한 이 글이 상당히 과장되기는 했지만 쉐이키는 패턴 인식, 컴퓨터 비전, 문제 해결, 자연어 처리, 정보 표현 분야에서 중대한 이정표를 세운 것으로 유명하다.

1966년부터 1972년 사이에 스탠퍼드 연구소(SRI)에서 개발된 쉐이키는 여기저기 돌아다니면서 주변을 인식하고, 주어진 계획의 실행을 모니터링하며, 자신의 행동에 관해 추론할 수 있는 범용의 자율 로봇 설계를 가장 일찍 진지하게 접근하여 나온 결과물이다. 이 프로젝트는 미국 방위고등연구계획국(DARPA)에서 자금 지원을 받았고 기본적으로 리스프 언어로 프로그래밍되었다. 이 로봇이 속한 세계는 몇 개의 방과 그것들을 연결하는 통로로 구성되었다. 방에는 문, 전등 스위치, 쉐이키가 밀고 다닐 수 있는 물체들이 있었다. 운영자가 "그 블록을 그 플랫폼에서 밀어내시오"라는 명령을 입력하면 쉐이키는 해당 플랫폼의 위치를 찾아낸 후 플랫폼으로 이어지는 진입로로 들어가 플랫폼까지 도달한 후에 그 블록을 밀어내는 일련의 과정을 수행했다.

쉐이키가 의존하는 프로그램들은 수준이 여러 가지였다. 예를 들어 어떤 수준에서는 경로 계획, 모터 제어, 센서 정보 캡처를 위한 프로그램 루틴이 사용되는가 하면, 중간 정도 수준에서는 쉐이키의 TV 카메라를 통해 들어오는 이미지를 처리하고 쉐이키를 특정 위치로 이동시키는 일을 담당했다. 높은 수준에 해당하는 프로그램은 작업 계획 및 목표 달성을 위한 일련의 세부 작업 수행을 책임졌다.

이 로봇은 움직이면서 흔들거리는 모습 때문에 쉐이키라는 이름을 얻었다. DEC PDP 컴퓨터와의 무선 비디오 신호 연결을 위해 안테나를 장착한 쉐이키는 TV 카메라, 거리 측정기, 충돌 센서, 스티어링 모터도 가지고 있었다. 쉐이키의 개발은 인공지능 분야의 중요한 연구로 이어졌다. 여기에는 경로 찾기를 위한 검색 알고리듬과, 컴퓨터 비전에서 특징 추출하기 등이 포함된다.

참조 자연어 처리 (1954), 셔들루 (1971), 로봇 아이보 (1999), 아시모와 친구들 (2000), 화성 위의 인공지능 (2015)

쉐이키는 패턴 인식, 컴퓨터 비전, 문제 해결, 자연어 처리, 정보 표현 분야에서 중대한 이정표를 세운 것으로 유명했다. 쉐이키는 TV 카메라, 거리 측정기, 충돌 센서, 스티어링 모터를 가지고 있었다.

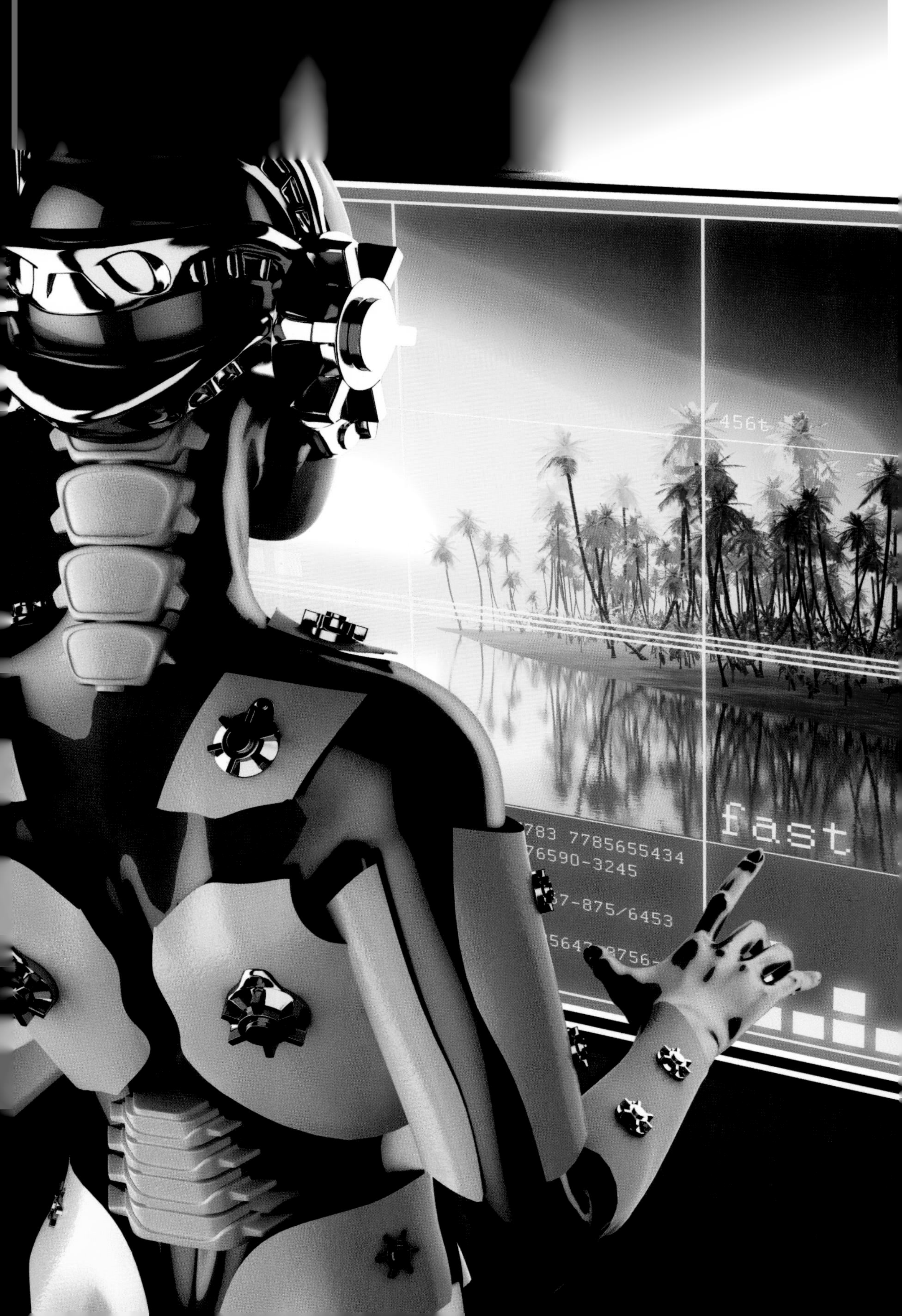
456t
7785655434
fast

시뮬레이션 속에서 살기

1967년

"우리의 세상은 진짜 같아 보인다. 하지만 정말 그럴까?"라고 작가 제이슨 코블러는 말했다. "인공지능을 시뮬레이션하는 일을 인간이 점점 더 잘함에 따라 [자의식을 가진] 삶을 창조하는 일이 적어도 그럴듯해 보이는 것 같기는 하다. 만약 우리가 자의식을 가진 삶을 창조할 수 있다면, 이 우주가 초지능을 가진 인공지능에 의해 창조되지 않았다고 누가 자신 있게 말할 수 있겠는가?"

우리가 컴퓨터 시뮬레이션 속에 살면서 사실은 인공지능으로서 존재한다는 것이 가능할까? 우주가 하나의 디지털 컴퓨터라는 가설은 1967년에 독일의 엔지니어 콘라드 추제(1910-1995)에 의해 처음 시작되었다. 에드 프레드킨(1934-), 스티븐 울프럼(1959-), 맥스 테그마크(1967-)를 비롯하여 다른 연구자들도, 이 물리적 우주가 하나의 셀룰러 오토마톤 아니면 컴퓨팅 기계 위에서 돌아가고 있는 것일 수도 있고, 또는 하나의 순수한 수학적 구조일지 모른다는 의견을 제시했다.

우주에 있는 우리만의 작은 공간 속에서 우리는 이미 소프트웨어와 수학 규칙을 이용해 생명체와 같은 행동을 시뮬레이션할 능력을 갖춘 컴퓨터를 개발했다. 언젠가 우리는 열대 우림처럼 복잡하고 생동감 있는 시뮬레이션 공간 속에 살아가는, 사고하는 존재를 창조해낼지 모른다. 아마도 우리는 현실 자체를 시뮬레이션할 수 있을지 모르며, 어쩌면 우리보다 더 앞선 존재가 이미 우주의 어딘가에서 그걸 하고 있을 가능성도 있다.

이런 시뮬레이션의 개수가 우주의 개수보다 더 많으면 어떻게 될까? 천체물리학자인 마틴 리즈(1942-)는, ". . . 마치 하나의 우주 속에 수많은 시뮬레이션을 하고 있는 많은 컴퓨터들이 포함되어 있는 것 마냥" 그런 일이 사실이라면, '우리'는 인공적인 삶일 가능성이 있다고 말했다. 그리고 그는 이렇게 덧붙였다. "일단 우리가 멀티버스라는 아이디어를 받아들인다면 . . . , 그런 우주들 중 일부는 자신의 일부를 시뮬레이션할 잠재력을 가지고 있을 것이고, . . . 우리는 우주와 시뮬레이션된 우주들의 장엄한 앙상블 속에 우리가 있는 곳의 정체가 무엇인지 모르고 있는 것이다."

물리학자 폴 데이비스(1946-)는 2003년에 『뉴욕타임즈』에 실린 글에서 많은 시뮬레이션 현실을 가진 멀티버스로 개념을 확장했다. "결국 전체의 가상 세계는 컴퓨터 속에서 창조될 것이며 그 속에 사는, 의식을 가진 거주자들은 그들이 다른 누군가의 기술에 의해 시뮬레이션된 결과물이라는 사실을 인식하지 못한다. 모든 오리지널 세계마다 엄청난 수의 가상 세계들이 있을 것이고 심지어 그 가상 세계들 중 일부는 자기 자신의 가상 세계들을 시뮬레이션하고 있는 기계들을 포함하고 있을 수 있다. . . ."

참조 의식을 가진 방앗간 (1714), 영혼 찾기 (1907), 인공생명 (1986), "그들을 인공 외계인이라 부르자" (2015)

컴퓨터가 더욱 강력해짐에 따라 아마도 언젠가는 - 공상적이면서 현실적인 - 모든 세상들과 현실 그 자체를 시뮬레이션할 수 있을 것이다. 우주 어딘가에서 이미 이 일을 하고 있는 더 진보된 존재가 있을 가능성이 있다.

사이버네틱 세렌디피티

『사이버네틱 세렌디피티: 컴퓨터와 예술』(1968)은 런던 현대 미술 연구소에서 성황리에 열렸던 전시회(후에 워싱턴 DC와 샌프란시스코에서도 열림)를 위해 만들었던 획기적인 일러스트레이션 책이자 카탈로그이다. 영국의 예술 비평가인 자시아 라이카트(1933-)가 편집하고 큐레이트한 이 책은 전시회와 함께, 컴퓨터를 활용한 창의성의 여러 측면을 시각 예술에서부터 음악, 시, 스토리텔링, 춤, 애니메이션, 조각에 이르기까지 다양하게 보여주어서 예술가와 과학자 그리고 엔지니어를 포함하여 한 세대의 실험적 협업에 영감을 준 것으로 유명하다.

1948년에 미국의 수학자이자 철학자인 노버트 위너(1894-1964)는 **사이버네틱스**가 "동물과 기계에서 나타나는 제어와 커뮤니케이션에 관한 과학적 연구"라고 정의했다. 오늘날 그 용어는 더 넓은 의미로 받아들여지고 있어서 전자 장치와 같은 기술을 사용하여 수많은 종류의 시스템을 제어하는 것도 포함한다. 일반적으로 **세렌디피티**는 예기치 않은 유쾌하고 유용한 결과가 우연히 생기는 것을 말한다.

예술가, 작곡가, 시인, 컴퓨터 프로그래머 등이 기여한 『사이버네틱 세렌디피티』는 예술과 우연의 본질에 관한 의문을 던졌다. 이 책에서 가장 자극적으로 다가오는 부분 중에는 컴퓨터로 아름답게 만들어낸 일본식 하이쿠 시가 있다. 시를 생성하는 알고리듬이 사용되었다. 예를 들어 하나의 인상적인 시는 이렇게 시작한다. "영겁은 얼음 속 깊숙이 있고, 나는 맴돌며 평생 그림을 그리네. . . ." 다른 페이지에는 단순한 규칙을 사용해서 컴퓨터가 만들어낸, 『작은 회색 토끼』 부류의 이야기들이 들어 있다. 한 전형적인 이야기는 다음과 같이 시작된다. "태양이 숲 위에서 빛났다. 들판을 가로질러 옅은 바람이 부드럽게 밀려왔고 가만히 오후 내내 떠 있던 구름이 들판을 가로질러 움직였다 . . ."

시와 이야기 외에도 『사이버네틱 세렌티피티』는 그림 그리는 기계도 다루고 있고 기계식 컴퓨터 플로터나 CRT 디스플레이 위에 만들어진 다양한 컴퓨터 예술도 포함하고 있어서 알고리듬 아트 또는 **제너러티브 아트**라는 신생 분야에 관심을 가지고 있던 사람들에게 영감을 불어넣어 주었다. 또한, 이 책은 뉴욕시의 스카이라인이나 튀는 잉크의 궤적에서 만들어진 음악 악보, 다양한 형태의 전자 음악 기기, 추를 이용하여 그림을 그리는 기계, 건축 작품, 몬드리안식 그림 등을 포함했다.

참조 라몬 룰의 아르스 마그나 (1305년경), 라가도의 책 쓰는 기계 (1726), 컴퓨터적 창의력 (1821), 컴퓨터 예술과 딥 드림 (2015)

『사이버네틱 세렌디피티』는 컴퓨터를 활용한 창의성의 다양한 측면을 보여주고 있어 유명하다. 또한, 이 책은 기계식 컴퓨터 플로터로 출력한 컴퓨터 활용 디자인을 포함했다.

할 9000

"나는 이 우주선의 모든 운영을 맡고 있기 때문에 끊임없이 일하고 있다. 나는 나 자신을 최대치까지 사용 가능한 상태로 유지하고 있다. 내 머릿속에는 오로지 이 생각뿐이며, 이것이야말로 의식을 가진 개체라면 언제고 꼭 해보길 희망하는 것이다." 1968년에 나온 유명 영화 <2001: 스페이스 오디세이>에서 가상의 인공지능인 **할 9000**이 한 말이다.

할이 중요한 이유 중 하나는 많은 유명 인공지능 연구자들이 이 영화를 본 후에 인공지능 분야에 뛰어들 생각을 했다는 것이다. 이 영화의 각본은 스탠리 큐브릭(1928-1999)과 아서 C. 클라크(1917-2008)가 공동 집필했다. 흥미롭게도 할에는 오늘날 우리가 미래의 **인공 일반 지능**(AGI)에 기대하고 있는 능력들이 많이 구현되어 있다. 인공 일반 지능이란 광범위한 목표와 환경에서 지능적으로 동작할 수 있는 인공지능을 말한다. 지각이 있는 이 기계는 컴퓨터 비전, 음성 인식, 얼굴 인식, 음성 출력, 자연어 처리, 체스 게임, 다양한 형태의 고급 추론, 계획, 문제 해결 등을 할 수 있다. 심지어 할은 사람의 입술을 읽을 수 있으며, 예술을 평가하고, 감정을 표현하고, 자기 보존을 위해 노력하고, 인간의 감정을 해석할 수도 있다.

이 영화가 만들어진 1960년대에 전문가들은 2001년이 되면 할과 같은 인공지능이 가능하리라고 예견했다. 인공지능 연구자인 마빈 민스키(1927-2016)가 이 영화를 자문하기까지 했지만, 지금에 와서 보면 할처럼 완전한 능력을 갖춘 개체를 만들려면 앞으로도 많은 시간이 필요함은 분명하다.

이 영화에서 잊혀지지 않는 장면이라면, 할이 위험한 존재가 되어 반드시 동작을 멈춰야 하는 상황이 오자 우주비행사가 천천히 컴퓨터 모듈들을 제거하는 장면이다. 이때 할은 노래를 부르는데 점차 성능이 떨어지면서 노래가 점점 느려진다. 오늘날 할에게서 얻은 교훈이 한 가지 있다면, 어린 시절부터 죽음에 이르기까지 지속적으로 인공지능을 사용할 경우에 받게 될 영향을 우리가 완전하게 알지 못한다는 것일지 모르겠다. 이런 개체들이 더 강력해지고 우리가 수많은 형태의 의사결정에서 그들에게 의존함에 따라 우리는 미래에 널리 사용될 인공지능의 장점과 단점을 모두 고려하는 현명함을 가져야 할 것이다.

참조 자연어 처리 (1954), 콜로서스: 포빈 프로젝트 (1970), 터미네이터 (1984)

<2001: 스페이스 오디세이>에 나오는 할 9000의 유명한 빨간색 카메라 렌즈를 화가가 그린 것이다.

마스터마인드

코드를 깨는 보드게임인 마스터마인드®는 수십 년 동안 인공지능의 열정적 주제였다. 1970년에 이스라엘의 우체국장이자 통신 전문가인 모데카이 메이로위츠(1930-)가 이 게임을 처음 들고나왔을 때 많은 유명 게임 회사들은 문전박대를 했다. 그럼에도 불구하고 이 게임은 5,000만 개 이상이 팔렸고 1970년대에 가장 성공한 게임이 되었다.

게임을 하기 위해서는 코드 메이커가 여섯 가지의 색깔을 가지는 말뚝들 중에서 네 개를 선택해서 순서를 정한 후 숨겨둔다. 그러면 플레이어는 코드 메이커가 만들어서 숨겨 놓은 이 배열을 추측해서 알아맞혀야 한다. 추측의 횟수가 적을 수록 좋다. 추측할 때마다 플레이어는 네 개의 말뚝을 보드판 위에 배열해서 코드 메이커에게 보여준다. 그러면 코드 메이커는 색깔과 위치가 일치하는 말뚝의 개수와, 색깔은 일치하지만 위치가 틀리는 말뚝의 개수를 알려준다. 예를 들어보자. 코드 메이커가 만든 배열이 **녹색-흰색-파란색-빨간색**이라고 해보자. 플레이어가 **오렌지색-노란색-파란색-흰색**이라고 추측했다면 코드 메이커는 색깔과 위치가 일치하는 것이 한 개 있고 색깔은 맞는데 위치가 틀린 것이 한 개 있다고 말해준다. 하지만 정확히 어떤 색깔이 그런지는 알려주지 않는다. 이를 힌트로 삼아서 플레이어는 계속 추측을 해나간다. 6개의 색깔이 있고 4곳의 위치가 있다면 가능한 조합의 개수는 6^4(1,296)개이다.

1977년에 미국 컴퓨터 과학자 도널드 커누스(1938-)는 다섯 번 만에 정확하게 배열을 알아맞힐 수 있는 전략을 발표했다. 마스터마인드를 푸는 최초의 알고리듬으로 알려진다. 그 후에 많은 논문이 발표되었다. 1993년에 코야마 켄지와 토니 W. 라이가 발표한 알고리듬은 최악의 경우에 6번의 추측이 필요하지만 평균적으로는 4.340번이면 된다. 1996년에 지샹 첸과 동료들은 n개의 색깔과 m개의 위치가 있는 경우로 일반화한 결과를 발표했다.

마스터마인드는 진화 생물학에서 영감을 얻은 유전 알고리듬을 사용하여 여러 번 연구되기도 했다. 2017년에는 대만에 있는 아시아 대학교의 연구원들이 강화 학습 전략을 사용해서 평균 4.294번의 결과를 얻어냈다.

참조 틱-택-토 (기원전 1300년경), 강화 학습 (1951), 유전 알고리듬 (1975), Connect Four (1988), 바둑 챔피언 알파고 (2016)

마스터마인드 게임 보드. 보드의 가장 왼쪽에 있는 네 개의 구멍에 코드 메이커가 색깔 말뚝을 꼽고 가리개를 덮어 숨긴다. 플레이어는 그 오른쪽에 있는 "디코딩" 영역에 자신이 추측한 색깔 말뚝들을 꼽는다. 아래에 있는 작은 흑백 말뚝은 추측이 맞았는지 틀렸는지를 표시한다.

THIS IS THE DAWNING OF THE AGE OF

COLOSSUS

THE FORBIN PROJECT

WIDESCREEN

콜로서스: 포빈 프로젝트

어느 날 아침에 잠에서 깨었는데 1970년 영화 <콜로서스: 포빈 프로젝트>에 나오는 인공지능 시스템 콜로서스가 내는 합성된 로봇 목소리가 들려온다면 기분이 어떨까. 진보된 무기 방어 시스템인 이 인공지능 시스템은 지각을 가지고 있다. 영화에서 콜로서스는 전 세계로 송출되는 방송에 참여하는데 "이것은 세계 통제의 목소리이다"라는 불길한 문장으로 연설을 시작했다. 그런 후에 콜로서스는 자신이 가진 절대 권위에 인간이 저항 없이 동의한다면 일종의 평화와 번영을 가져다줄 것이며 기근, 인구 과밀, 전쟁, 질병의 문제들을 해결하겠노라고 말했다. 그리고 만약 인간이 콜로서스와 싸우겠다는 선택을 내린다면 파괴만이 있을 뿐이라고 덧붙였다. 콜로서스는 더 나아가서 "진실과 지식의 더 넓은 곳에 전념하는 기계"가 되기 위해 자신을 더 확장하겠다고 밝혔다. 마지막으로 콜로서스는 인간이 자유를 잃게 된 것에 대해 불평하리라는 점을 이해한다면서도 콜로서스의 지배를 받는 것이 "너희 종족 중 다른 녀석들에게 지배받는 것"보다 나을 것이라고 주장했다.

산속 깊은 곳에 숨겨져 있는 콜로서스는 미국과 동맹국의 핵무기를 제어하기 위해 설계되었으며 누구도 건드릴 수가 없다. 누군가 자기를 동작하지 못하게 만들려고 시도하게 되면 인류에 대한 핵 보복으로 이어질 것이라고 콜로서스는 경고했다.

조셉 서전트(1925-2014)가 감독한 이 영화는 영국의 작가이자 제2차 세계대전 해군 사령관 데니스 F. 존스(1917-1981)가 쓴 SF 소설에 기반하고 있다. 서전트 감독의 기술 고문은 부분적으로 북미항공우주방위사령부(NORAD)에서 영감을 얻었다. 이곳은 미국과 캐나다를 위해 항공 우주 경보 및 보호 시스템을 제공한다. 영화를 만드는 과정에서 콘트롤데이터 사가 인상적인 모양의 많은 컴퓨터 장비들을 실제로 빌려주었던 덕분에 사실감을 더할 수 있었다.

콜로서스는 정말 인류에게 나쁜 것일까? 인류의 문제들을 해결하는 데 진실로 도움이 된다면 컴퓨터 시스템에 대한 통제를 더 포기할 수 있을까? 만약 현재처럼 감정이나 알츠하이머 혹은 다른 비생산적 사고에 의해 망가질 수도 있는 소수의 개인들 판단에 핵 공격을 맡기는 것보다 세상을 더 안전하게 만든다면 그렇게 하겠는가? 이런 질문은 여전히 사라지지 않고 있다.

참조 살상용 군사 로봇 (1942), 지능 폭발 (1965), 할 9000 (1968), 밀봉된 "인공지능 상자" (1993)

1970년도 영화 <콜로서스: 포빈 프로젝트>에 나오는 콜로서스는 지각을 갖춘 진화된 무기 방어 시스템이다. 이 인공지능 시스템은 자신을 만든 이에게 "시간이 되면 당신은 존경과 경외심뿐만 아니라 사랑으로 나를 대하게 될 것이다"라고 말한다.

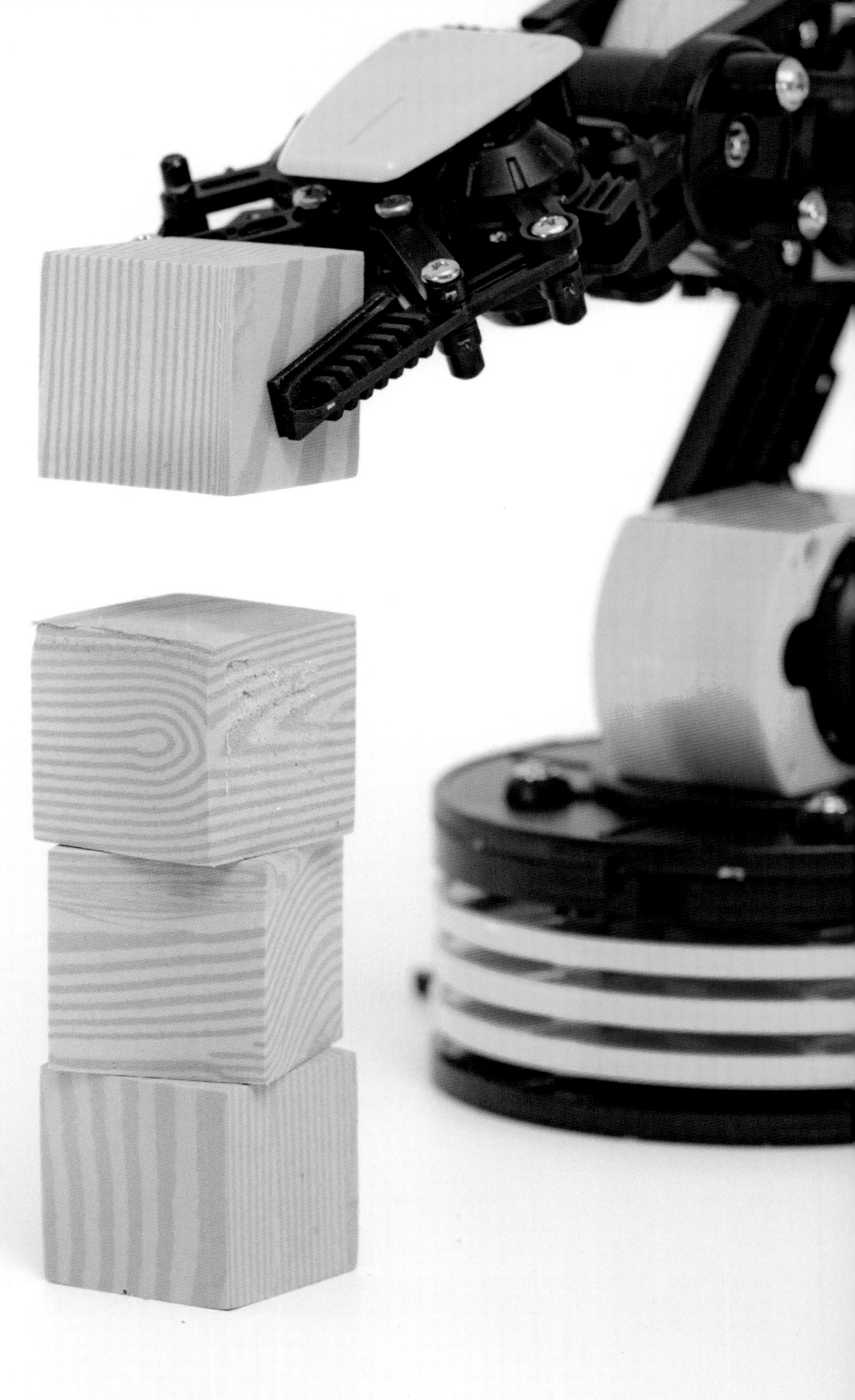

셔들루

여러 색깔을 가진, 피라미드나 입방체 같은 물체들로 이루어진 단순한 우주 속에 살고 있으면서 마음대로 이 물체들을 움직이는 모습을 상상해보자. 이것이 바로 컴퓨터 과학자인 테리 위노그라드(1946-)가 1971년에 만든 셔들루라는 세계이다. 셔들루 프로그램은 "그 빨간색 블록 두 개와 초록색 입방체 아니면 피라미드를 쌓아주겠니?"라거나 "네가 잡고 있는 것보다 큰 피라미드를 찾아서 상자에 넣어라"와 같은 자연어 명령을 해석해서 물리적 동작을 수행한다. 또한, 이 우주의 과거에 관한 질문(예를 들면 "이 입방체 전에 무엇을 집었지?")에도 답할 수 있다. 내부적으로 이 프로그램은 리스프 프로그래밍 언어를 사용하고 있으며 간단한 그래픽스 출력을 통해서 가상의 로봇 팔로 시뮬레이션하는 모습을 보여준다.

위노그라드는 셔들루에 관한 1971년 박사 논문에서 이렇게 적었다. "컴퓨터는 오늘날 우리의 많은 일을 대신하고 있으며 . . . 일상적인 사무 업무를 수행하는 데 사용되고 있다. 그러나 컴퓨터에게 무엇을 하라고 알려주는 것과 관련해서 보면 컴퓨터는 폭군이나 마찬가지여서 . . . 마치 단순한 영어 문장조차 이해할 수 없다는 듯 행동한다." 셔들루(SHRDLU)라는 이름은 "etaoin shrdlu"에서 왔다. 이것은 영문에서 가장 흔히 사용되는 12개의 글자를 대략 빈도순으로 나열한 것이다. 명령을 받으면 수행하기 위해서 이 프로그램은 언어를 분석하는 서브시스템과 논리적 추론을 수행하는 의미 처리 시스템을 가지고 있다. 명령을 어떻게 수행할지 결정하기 위해 절차적 문제 해결 기능도 가지고 있고, 자신의 세계 내에서 벌어지는 움직임을 계속 추적하고 있어서 물체의 상대적 위치를 알고 있다.

그 당시에 셔들루는 자연어 처리에 있어서 커다란 성취로 여겨졌다. 심지어는 간단한 기억도 유지했다. 만약 그것에게 빨간색 공을 움직이라고 말한 후에 '아까 그 공'이라고 지칭하면 그것은 빨간색 공을 의미하는 것으로 간주되었다. 셔들루는 실제로 실현 가능한 것이 무엇인지도 알고 있었다. 예를 들어 새로운 물체를 어딘가의 위에 쌓아 올리려면 그곳이 비어 있어야 함을 "이해"하고 있었다. 하지만 이런 놀라운 자연스러운 작동에도 불구하고 셔들루는 오류로부터 학습할 수 없다는 점에서 한계가 있었다.

참조 자연어 처리 (1954), 전문가 시스템 (1965), 로봇 쉐이키 (1966)

셔들루는 자연어 명령에 응답하여 가상의 세계에서 블록과 같은 가상의 물체를 이동시키는 컴퓨터 프로그램이다. 오늘날 (실제 세계에 존재하는) 로봇 팔은 프로그래밍이 가능하며 조립 라인이나 폭탄 해체에 사용된다.

편집병자 패리

"콜비가 만든 패리 프로그램은 1973년경에 [아파넷에서] 공개된 이후로 인간과 기계 사이의 대화에서 가장 좋은 성능을 보였다고 보아도 거의 무방하다"라고 인공지능 과학자인 요릭 윌크스와 로베르타 카티존은 1999년에 말했다. "그것은 오류가 없고, 절대 망가지지 않았으며, 항상 뭔가 말할 거리를 가지고 있었다. 그리고 원래부터 편집증 행동을 흉내 내려고 의도되었기 때문에 그것이 보여주는 엉뚱한 오해는 항상 정신 장애의 추가 증거로 받아들여질 수 있었다. . . ."

1972년에 정신과 의사인 케네스 콜비(1920-2001)는 편집증적 조현증을 가진 사람을 흉내 내기 위한 의도로 **패리**라는 컴퓨터 프로그램을 개발했다. 구체적으로 따지자면 패리는 편집증 사고의 이론을 시험해보려고 개발되었다. 마피아에 관한 망상을 가진 것처럼 보이는 이 인공지능은 자기 부적절함이라는 감정과, 특정 인터뷰 질문에 대한 방어가 들어 있는 지식 표현을 가졌다(편집증적 조현증을 가진 사람들은 타인의 동기에 대해 아주 의심이 많다). 콜비는 학생들을 가르치는 용도로 패리가 사용되기를 희망했다. 또한, 그는 편집증적 조현증 환자의 말은 밑바닥에 숨어 있는 체계적인 규칙 구조에 의해 만들어진다고 믿었고, 그 구조를 컴퓨터에 가르치면 연구와 환자 치료에 사용될 수 있다고 생각했다.

패리는 입력되는 다양한 대화에 대해 가중치를 부여하여 처리했다. 텍스트 방식으로 패리와 대화를 나눈 정신과 의사들은 흥미롭게도 그들이 컴퓨터 프로그램을 인터뷰하고 있다고 인식하지 못했다. 또한, 그들은 어떤 "환자"가 사람이고 어떤 것이 컴퓨터 프로그램인지 구별할 수 없었다. 적어도 이 특수한 상황에서 (즉, 제정신이 아닌 사람을 시뮬레이션하는 프로그램과의 상호 작용) 패리는 아마도 튜링 테스트 통과에 가장 가까웠던 듯싶다. 또한, 패리는 아파넷(인터넷의 전신)에서 이용 가능했다. 이를 통해 10만 건 이상의 상담이 벌어졌으며 여기에는 심리치료사 소프트웨어인 일라이자와의 상담도 있었다.

1989년에 콜비는 회사를 창업했다. **말리부 아티피셜 인텔리전스 웍스**라는 이 회사는 우울증 치료 프로그램을 제공했다. 미 해군과 재향군인부에서 사용되었고, 일부 사람들에게까지 퍼져서 정신과 의사와의 정식 상담 없이 사용되었다(논쟁의 대상이었다). 콜비는 그의 프로그램에 대해 회의적인 자세를 보인 한 언론인에게, 그의 우울증 프로그램이 인간 치료사보다 더 나을 수 있다고 말했는데, 이 이유는 "어쨌든 컴퓨터는 피곤해서 뻗어 버리지도 않고, 환자를 내려다보지 않으며, 환자랑 성관계를 가지려고 하지 않기 때문"이라는 것이었다.

참조 튜링 테스트 (1950), 심리치료사 일라이자 (1964), 인공지능의 윤리학 (1976)

패리는 마피아, 부정직한 마권업자, 경마와 도박, 채무에 대한 처벌, 경찰과 마피아의 공모에 대해 편집증을 가졌다.

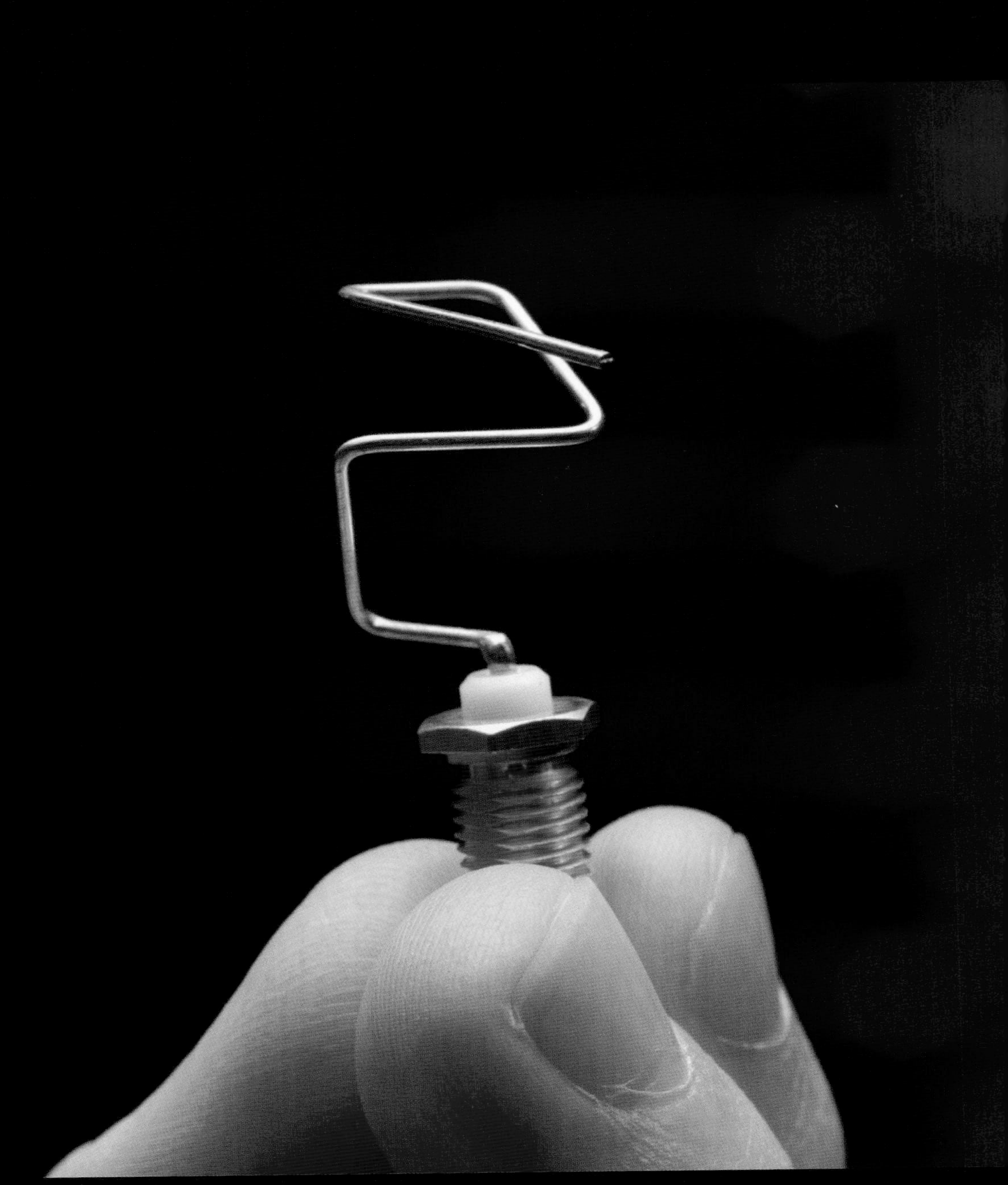

유전 알고리듬

철학자 잭 코플랜드는 "인공 생활과 인공지능에 공통된 중요한 개념은 **유전 알고리듬**이라는 개념이다"라고 말했다. "유전 알고리듬은, 소프트웨어 개체의 다음 세대를 계속 만들어 내면서 그 소프트웨어의 의도한 목적에 점점 가까워지게 하기 위해 자연 진화의 과정과 유사한 방법을 사용한다."

과학자 존 홀랜드(1929-2015)는 1975년에 출간한 유명 도서 『자연 시스템과 인공 시스템에서의 적응』을 통해 유전 알고리듬을 소개하고 대중화시켰다. 그는 선택, 돌연변이, 교차(재조합)와 같이 생물학에서 영감을 얻은 방법을 써서 실제 세계의 문제를 해결할 수 있는 여러 유전 알고리듬들을 개발했다. 유전 알고리듬에서는 인간이 직접 문제를 해결하지 않는다. 해결책은 경쟁 시뮬레이션, 개선, 진화를 통해 모습을 드러낸다.

일반적으로 이런 알고리듬들은 무작위로 만든 해결책 혹은 후보 프로그램들로 구성된 초기 집합에서 시작한다. 여기에 속한 프로그램마다 적합 수치를 계산해주는 **적합도 함수**가 있다. 적합 수치란 이 프로그램이 작업을 얼마나 잘하는지 혹은 원하는 결과에 얼마나 도달했는지를 알려주는 값이다. 진화가 여러 세대에 걸쳐 일어나는 동안, 평가의 대상이 되는 후보들이 가진 일련의 특성들은 시간이 흐르면서 변이(변경)될 수 있다.

과학자들은 유전 알고리듬이 만들어내는 놀랍도록 유용한 결과를 이해하기 어려워할 때가 있다. 나사의 전직 엔지니어인 제이슨 론은 이 알고리듬이 난해하기는 하지만 효과는 있다고 말했다. "내가 진화 알고리듬을 사용해서 안테나를 최적화한다고 했을 때, 그것이 내린 결정에 대해 왜 그렇게 했는지 정확하게 설명할 수 있는 경우는 절반에 불과하다. 나머지는 그냥 이해가 되지 않는다. [아무튼] 그것은 제대로 동작한다. 그리고 엔지니어 입장에서는 결국 제대로 동작하면 되는 것이다."

안타깝게도 유전 알고리듬은 최상의 해결책(**글로벌 최적**)을 찾기보다는 합리적으로 좋은 해결책(**로컬 최적**)으로 "빠져" 버릴 수가 있다. 그럼에도 불구하고 이 방법은 안테나 설계, 단백질 공학, 차량의 경로 찾기와 스케줄링, 회로 설계, 조립 라인 스케줄링, 약리학, 예술 등과 같이 수많은 해결책 후보들을 뒤져야 하는 분야에서 주목할 만한 성공을 거두었다. 심지어 유전 알고리듬은 <반지의 제왕: 왕의 귀환> 영화에서 컴퓨터를 이용해 실감 나는 말horse들을 만들어내는 데에도 사용되었다.

참조 컴퓨터적 창의력 (1821), 기계 학습 (1959), 마스터마인드 (1970), 인공생명 (1986), 떼 지능 (1986)

나사의 우주선 안테나. 뛰어난 방사 패턴을 만들기 위해 혁신적인 컴퓨터 설계 프로그램이 사용되었다. 이 소프트웨어는 임의의 안테나 설계들에서 시작한 후에 진화 과정을 통해 이것들을 다듬어 간다.

인공지능의 윤리학

1976년

수십 년에 걸쳐서 관계자와 전문가들은 인공지능이 인간의 존엄성, 안전, 프라이버시, 일자리 등에 위협을 가할 수 있다는 우려를 표명해왔다. 예를 들어 컴퓨터 과학자인 조셉 와이젠바움(1923-2008)은 1976년에 발간되어 영향력을 발휘했던 그의 책『컴퓨터 파워와 인간의 추론』에서, 치료사나 판사와 같이 인간 사이의 존중, 사랑, 공감, 돌봄이 강조되는 직업에서는 인공지능이 인간을 대체해서는 안 된다고 적었다. 편견을 가지기도 하고 일에 지치기도 하는 인간보다는 인공지능 개체가 더 공정하고 효과적일 수 있겠지만, 인공지능에 지나치게 의존하게 되는 순간, 우리 자신을 감정 없는 컴퓨터 드론으로 생각하게 되면서 인간의 가치와 인간의 정신을 떨어뜨릴 수 있다고 와이젠바움은 주장했다.

이미 인공지능이 온라인 데이트 사이트에서 이름이나 사진만으로도 국적, 인종, 성적 취향을 점점 더 정확하게 알아내는 것을 보고 과학자들은 프라이버시에 대한 우려를 키우고 있다. 또한, 형사 사법 시스템에서는, 가용한 입력 데이터에 기반해서 보석이나 가석방 받을 사람을 추천하는 인공지능에 대한 우려도 커지고 있다. 자율주행 차량 분야의 경우, 만약 차가 보행자와 충돌하려고 할 때 탑승자와 보행자 중에서 한 명만 살릴 수 있다면 누구를 선택할 것인지와 같은 결정을 내리는 논리 구조를 프로그래밍할 때 윤리적 고려가 요구될 것이다. 그런가 하면 트럭 운전사나 다른 다양한 직업군에서 일하는 근로자들의 일자리가 사라지는 것도 주요 걱정거리이다.

미래에는 사이버 괴롭힘, 사칭, 주식 조작, 부적절한 살인(예: 자율 무기) 등과 같이 인간 사이에서 이미 문제가 되고 있는 불법 혹은 부도덕한 행위들을 인공지능 개체가 저지르는지도 모니터링할 필요가 있을 것이다. 인공지능 개체가 자신이 인간이 아님을 진짜 인간에게 드러내야만 하는 때는 언제일까? 로봇이 인간인 척함으로써 간병인이나 동반자로서 더 잘 기능한다면 그것이 인간이 아님을 공개할 필요가 있을까?

참조 메트로폴리스 (1927), 아시모프의 로봇공학 3원칙 (1942), 살상용 군사 로봇 (1942), 심리치료사 일라이자 (1964), 편집병자 패리 (1972), 자율주행 차량 (1984)

철로를 달리는 열차를 제어하는 인공지능 제어 유닛이 있다고 해보자. 열차 앞의 철로에 노인 다섯 명이 보이고 그대로 달리면 모두 죽을 것이다. 만약 인공지능이 다른 철로로 방향을 바꾼다면 청년 한 명만 죽이게 된다. 인공지능은 어떤 윤리적 선택을 내려야 하는가?

SCIENTIFIC AMERICAN

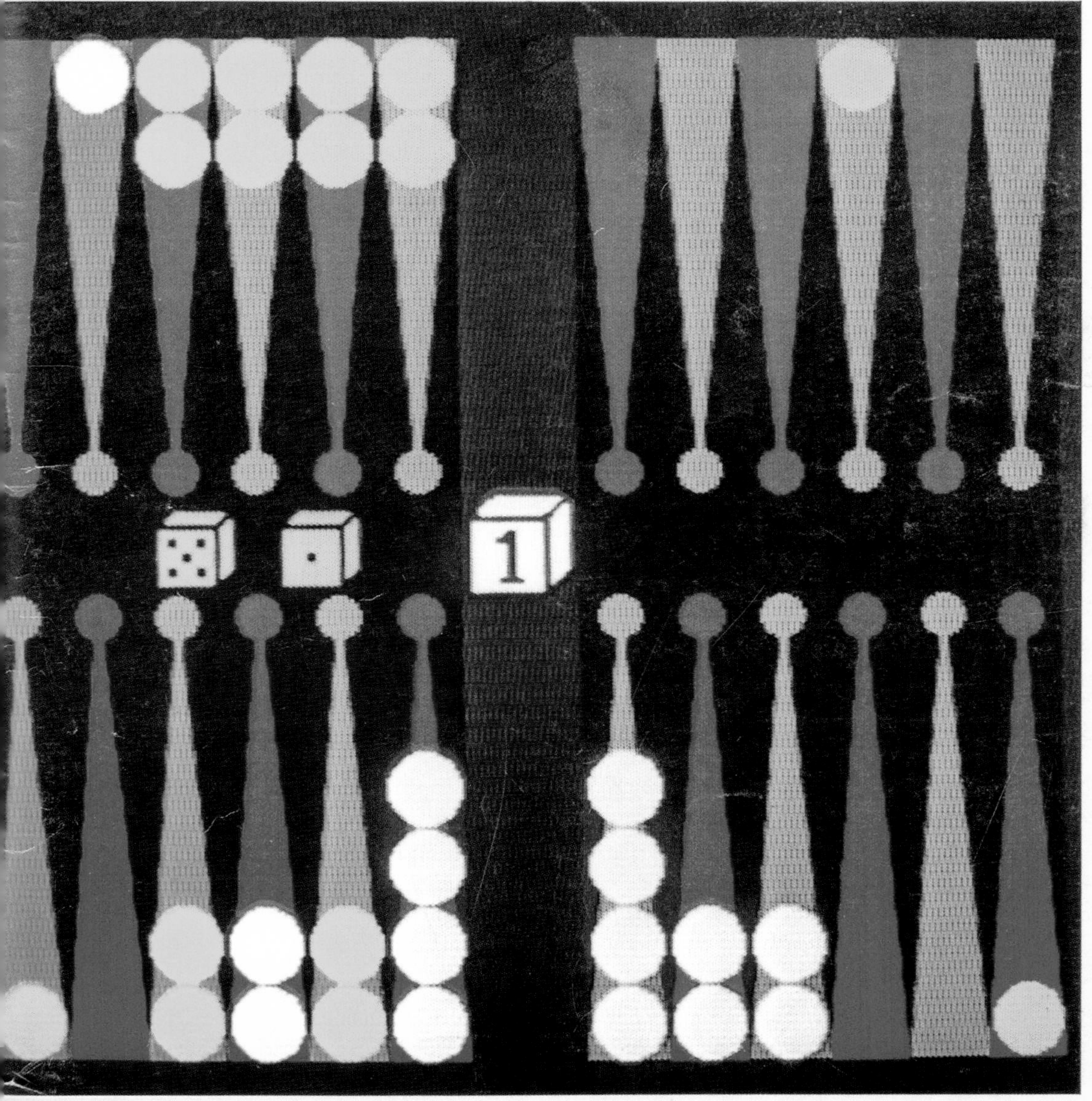

COMPUTER BACKGAMMON

$2.00

June 1980

백개먼 챔피언을 물리치다

"대부분의 보드게임들처럼 백개먼backgammon은 인간이 하는 전쟁을 게임으로 승화시킨 것이다. 그 이름은 웨일스 단어인 bac(작은)과 gamen(전쟁)에서 왔다"라고 인공지능 전문가인 대니얼 크리비어는 설명했다.

이름은 그렇다 치고 이 고대의 게임이 어디에서 출발했는지를 아는 이는 없다. 그저 약 5,000년 전쯤에 시작되었다는 정도만 알고 있다. 이 게임에서는 두 명의 플레이어가 작은 "병사"들을 움직인다. 병사들이란 24개의 삼각형 사이를 옮겨 다니는 15개의 말을 말한다. 얼마나 움직일지는 두 개의 주사위를 굴려 결정한다. 플레이어는 번갈아서 말을 움직이며 모든 말을 보드에서 내려놓으면 승리한다.

1979년에 BKG 9.8이라는 백개먼 프로그램이 현역 세계 챔피언이던 루이지 빌라를 상대로 경기를 벌여 이겼다. 아마도 루이지 빌라는 컴퓨터 프로그램에게 패배한 최초의 보드게임 세계 챔피언일 것이다. 사실 BKG 9.8은 몇 번 주사위의 값이 운 좋게 잘 나온 덕을 봤다. 하지만 주사위의 값으로 말을 움직일 때 최고의 수를 선택하는 일에는 실력이 필요하다. BKG 9.8은 여러 유용한 수학적 기술 중에서 퍼지 로직을 사용했다.

1992년에 IBM의 연구원 제럴드 테소로가 개발한 TD-Gammon은 인공 신경망을 도입했고 자신을 상대로 게임을 해서 고수의 수준으로 올라갔다. 이 프로그램은 매 수마다 말이 움직일 수 있는 모든 곳을 따져서 신경망에 있는 가중치를 변경했다. 인간에 의한 훈련이 필요치 않기 때문에 TD-Gammon은 인간이 고려해본 적이 없는 흥미로운 전략을 검토했고 더 잘 두는 방법을 인간에게 가르쳤다. 오늘날에도 몇 가지 백개먼 프로그램은 신경망을 사용하고 인간에게 분석을 제공한다.

백개먼 게임에서는 주사위의 무작위 값이 게임에 영향을 미치기 때문에 "게임 트리" 탐색 공간이 극도로 크다. 그래서 프로그램으로 고수 플레이어를 만들려는 초기 시도들이 어려움을 겪었다. 신경망이 사용될 때 초기에 주어지는 가중치는 무작위로 정해지며 강화 학습을 통해 훈련된다. 실력을 높이기 위해서 TD-Gammon은 신경망 내에 40개의 숨겨진 노드를 사용했고 30만 번의 훈련 게임을 했다. 후에 나온 버전은 숨겨진 노드를 160개로 늘렸고 백만 번이 넘는 훈련 게임을 한 끝에 최고 실력을 가진 인간과 대등한 수준으로 경기를 펼쳤다.

참조 인공 신경망 (1943), 강화 학습 (1951), 퍼지 논리 (1965), 체커 게임과 인공지능 (1994), 딥블루가 체스 챔피언을 이기다 (1997)

『사이언티픽 아메리칸』의 1980년 6월 표지 이야기는 BKG 9.8 백개먼 프로그램을 다루고 있다. 이 프로그램은 현역 세계 챔피언이던 루이지 빌라를 이겼는데, 아마도 컴퓨터 프로그램으로는 최초로 보드게임 세계 챔피언을 꺾은 사례일 것이다.

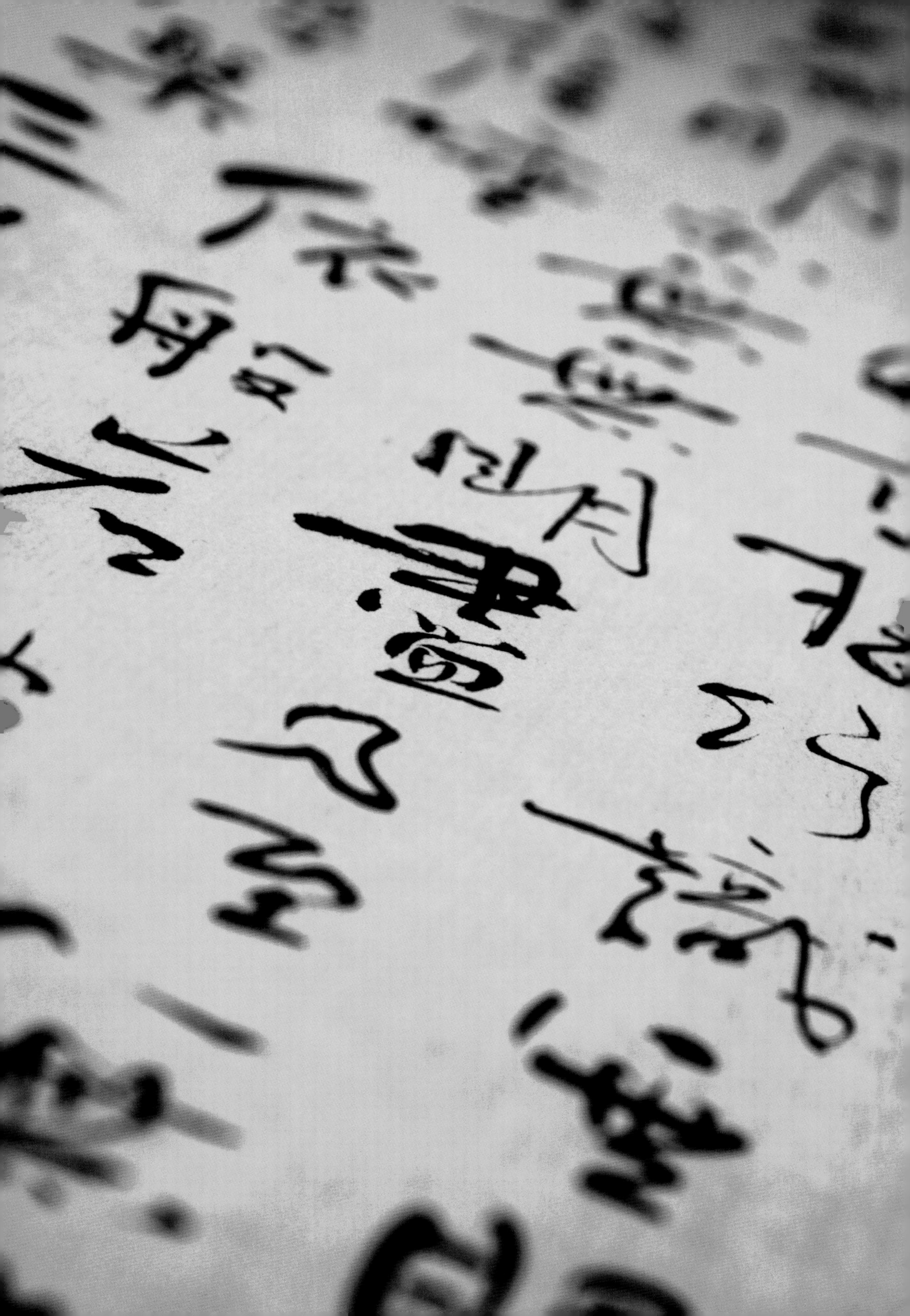

중국어 방

컴퓨터가 의식을 가질 수 있을까? 실제로 생각하고 의식이 있는 마음을 가질 수도 있도록 적절하게 구성된 인공지능 컴퓨터 시스템을 지칭하는 말이 **강한 인공지능**이다. 이에 비해 **약한 인공지능**은, 인간처럼 생각하고 마음도 가지고 있는 듯이 그저 행동만 내는 시스템을 가리킨다. 강한 인공지능이라는 발상을 공격한 사람으로 철학자 존 설(1932-)이 있다. 그는 1980년에 그 유명한 중국어 방 실험을 발표했다.

폐쇄된 방에 앉아 있다고 상상해보자. 벽에 나 있는 구멍으로 당신은 한자가 쓰여 있는 종이 한 장을 받는다. 당신은 중국어를 모른다. 하지만 어떻게 하면 한자를 써서 적당한 대답을 작성할 수 있는지 알려주는 지침서를 참고할 수 있다. 이 지침서를 보고 당신은 종이에 한자를 써 내려간 후 벽에 나 있는 구멍을 통해서 바깥 세계에 적절한 답장을 내보낸다. 방 바깥에 있는 사람이 보기에 당신은 중국어를 완벽하게 이해하고 있는 듯이 보인다. 하지만 당신은 그저 규칙을 따랐을 뿐이고 받은 종이나 내보낸 종이나 당신에게는 그저 뭔지 모를 그림일 뿐이다.

이 사고실험이 시사하는 바는, 컴퓨터에서 실행되는 프로그램이 있다고 할 때 그 컴퓨터와 그 프로그램이 상당히 지능적으로 보일지라도 그 프로그램이 컴퓨터에 마음, 의식, 이해를 제공해 줄 수는 없다는 것이다. 그러나 일부 철학자들은 이를 반박했다. 비록 당신이 중국어를 이해하지 못하더라도 당신, 폐쇄된 방, 지침서, 지침서를 따라서 하는 행동 등으로 구성된 시스템은 **이해**라는 것을 하고 있으며, 그것은 당신의 외부에 있으면서 당신이 인지하지 못하는 일종의 의식consciousness이라는 것이다.

뇌세포 하나하나를, 동일한 입출력 기능을 가진 전자 부품으로 서서히 교체하는 사고실험을 생각한 사람들도 있다. 당신의 뇌세포가 그저 몇 개만 교체된다면 확실히 당신은 여전히 "당신"이다. 하지만 일 년 정도 후에 당신의 뇌세포가 모두 교체되었고 그 사이에 당신이 의식과 자각 능력을 갑자기 잃어버리는 일이 벌어지지 않았다면, 이때 당신은 여전히 "당신"인 것인가?

물론 대다수의 유용한 인공지능 작업에서, 인공지능은 단순히 지능적으로 행동하는 것으로 충분하다. 그렇지만 중국어 방과 그것의 암시에 관한 논쟁은 계속 뜨겁다.

참조 튜링 테스트 (1950), 자연어 처리 (1954), 심리치료사 일라이자 (1964), 편집병자 패리 (1972)

폐쇄된 방에 앉아 있다고 상상해보자. 벽에 나 있는 구멍으로 당신은 한자가 쓰여져 있는 종이 한 장을 받는다. 당신은 중국어를 모르지만 어떻게 하면 한자를 써서 적당한 대답을 작성할 수 있는지 알려주는 지침서를 참고할 수 있다. 여기서 인공지능 철학의 흥미로운 질문이 시작된다.

001101101001110101110110101
1110110101
01001100

블레이드 러너

미래에 지능적 로봇은 적어도 피상적인 검사를 통해서는 인간과 구별이 어려울 것 같아 보인다. 그런 날이 온다면 인류와 인간관계에 어떤 영향을 미칠까? 이 주제는 여러 유명 영화에서 다루어졌는데 특히나 영향력이 있었던 영화가 1982년 작 <블레이드 러너>이다. 리들리 스콧(1937-)이 감독한 이 영화는 필립 K. 딕(1928-1982)이 1968년에 발표한 소설 <안드로이드는 전기 양의 꿈을 꾸는가?>에 바탕을 두고 있다. 2019년의 로스앤젤레스를 배경으로 하는 이 영화에는 **리플리칸트**라는 것이 나오는데, 영화의 주인공에 의해 "은퇴"(죽임)를 당해야만 하는 인조인간들을 말한다. 이 리플리칸트는 인간과 너무 비슷해서 보이트-캄프 테스트라는 것을 통해 구별해낸다. 이 테스트는 일련의 질문들을 던져서 미묘한 감정 반응과 안구의 움직임을 관찰한다. 리플리칸트 중 하나인 레이첼은 그녀가 인간이라고 믿고 있다. 그녀에게는 더 완전한 개인 역사와 인간적 경험의 환상을 제공하는 기억이 심어져 있다.

<블레이드 러너>에 나오는 레이첼을 두고 독립 연구자 옐레나 구가는 이렇게 적었다. "인간은 인공지능을 창조하고자 열망하기는 하지만, 통제가 가능한 종류의 인공지능을 원한다. 따라서 이 영화에서는 자율적이고 독립적인 인공지능이라는 문제를 풀기 위해 통제가 가능한 기억을 주입한다. . . . 윤리, 자유 의지, 꿈, 기억, 기타 인간에게만 해당하는 모든 가치들이 "검토의 대상"이 되면서 . . . 어쩌면 심지어 인간보다도 더 인간성을 표현할 수 있도록 개발된 휴머노이드 로봇이라는 대중적 표현을 통해서 급진적으로 재정의된다."

철학자 그렉 리트만은 다음과 같이 말했다. "인간이 계속해서 복잡한 컴퓨터 시스템을 개발하고 유전 공학으로 놀라운 일을 수행함에 따라, 우리가 인공적 형태의 삶을 어떻게 다루어야만 할 것인가가 점점 중요한 쟁점이 되고 있다. 스콧 감독의 잔인한 악몽 같은 공상과학 영화처럼 철학적으로 도전적인 영화는 우리가 현실 세계의 의무에 대해 자기 자신에게 물어볼 때 유용하다. 왜냐하면 이런 영화는 가상의 상황에서 우리의 선입견을 시험함으로써 우리의 이론이 일관성을 가지는지 확인할 수 있게 해주기 때문이다."

참조 메트로폴리스 (1927), 아시모프의 로봇공학 3원칙 (1942), 인공지능의 윤리학 (1976), 터미네이터 (1984), 스티븐 스필버그의 영화 A.I. (2001)

블레이드 러너에서 인간과 유사한 인공지능 리플리칸트는 보이트-캄프 테스트라는 것을 해서 구별해낼 수 있다. 이 테스트는 미묘한 감정 반응과 안구의 움직임을 관찰한다.

자율주행 차량

"무료하기만 하던 자동차가 이제 막 당신의 세상을 뒤바꾸려 한다"라고 엔지니어이자 작가인 호드 립슨과 멜바 커먼은 말했다. "모바일 로봇 공학의 급속한 발전에 힘입어 자동차는 우리의 삶을 맡길 최초의 주류 자율 로봇으로 변모할 태세를 갖추었다. 운전을 자동화하려는 시도가 거의 백 년이나 실패한 후에야 현대적인 하드웨어 기술과, 딥러닝이라고 불리는 새로운 세대의 인공지능 소프트웨어가 합쳐져서 이제는, 예측할 수 없는 환경 속에서도 안전하게 움직이는 인간 수준의 능력을 자동차에 부여하게 되었다."

스스로 운전하는 차, 또는 자율주행 차량은 인간의 개입 없이 주변을 감지하면서 운전을 할 수 있다. 이 차량에는 레이저에 기반한 라이다LIDAR, 레이더, GPS, 컴퓨터 비전 등의 기술이 다양하게 들어 있다. 노인이나 장애인의 이동성 향상이나 교통사고 감소는 물론이고 특히 운전자 혹은 탑승자가 차량 내에서 다른 활동을 할 수 있어서 잠재적 혜택이 많다.

이 분야에서 주요 활동은 1980년대에 시작되었다. 예를 들어 미국 방위고등연구계획국(DARPA)이 자금 지원을 한 ALV(풀어서 설명하자면 '자율 육상 차량') 프로젝트는 1984년에 시작되었는데, 일반 도로 위로 달리는 차량을 시연했다. 이 차량은 바퀴가 8개였고 3개의 디젤 엔진으로 구동되어 시속 5km 정도의 속도로 달렸다. 컬러 비디오카메라와 레이저 스캐너가 장착되었고, 목표 지향 계산 모듈과 내비게이터 계산 모듈을 써서 추론을 했다. 21세기에는, 이미 많은 차량에 도입된 낮은 수준(예: 차선 유지 보조, 자동 비상 제동)에서부터 운전자가 전혀 신경 쓸 필요도 없고 심지어는 운전대가 없어도 되는 완전 자율에 이르기까지 다양한 수준의 자율성이 존재한다.

자율성이 높은 차량은 흥미를 유발하는 어려운 문제들을 많이 던져준다. 피할 수 없는 충돌이 임박한 경우 누구를 구해야 할지 결정하려면 어떤 규칙을 사용해야 할까? 탑승자 한 명이 여러 명의 보행자보다 우선순위에 놓여야 하는가? 테러리스트가 자율주행차에 폭탄을 실어서 목표물로 보낼 가능성은? 해커가 내비게이션 시스템을 건드려서 사고를 일으킨다면?

참조 테슬라의 "빌려온 마음" (1898), 살상용 군사 로봇 (1942), 인공지능의 윤리학 (1976), 아시모와 친구들 (2000), 화성 위의 인공지능 (2015), 자율 로봇 수술 (2016), 적대적 패치 (2018)

자율주행 차량은 다양한 기술을 써서 주변을 감지한다. 오늘날 많은 차량에 도입된 낮은 수준(예를 들어 차선 유지 보조, 자동 비상 제동)에서부터 운전자가 전혀 신경쓸 필요가 없는 완전 자율에 이르기까지 다양한 수준의 자율성이 존재한다.

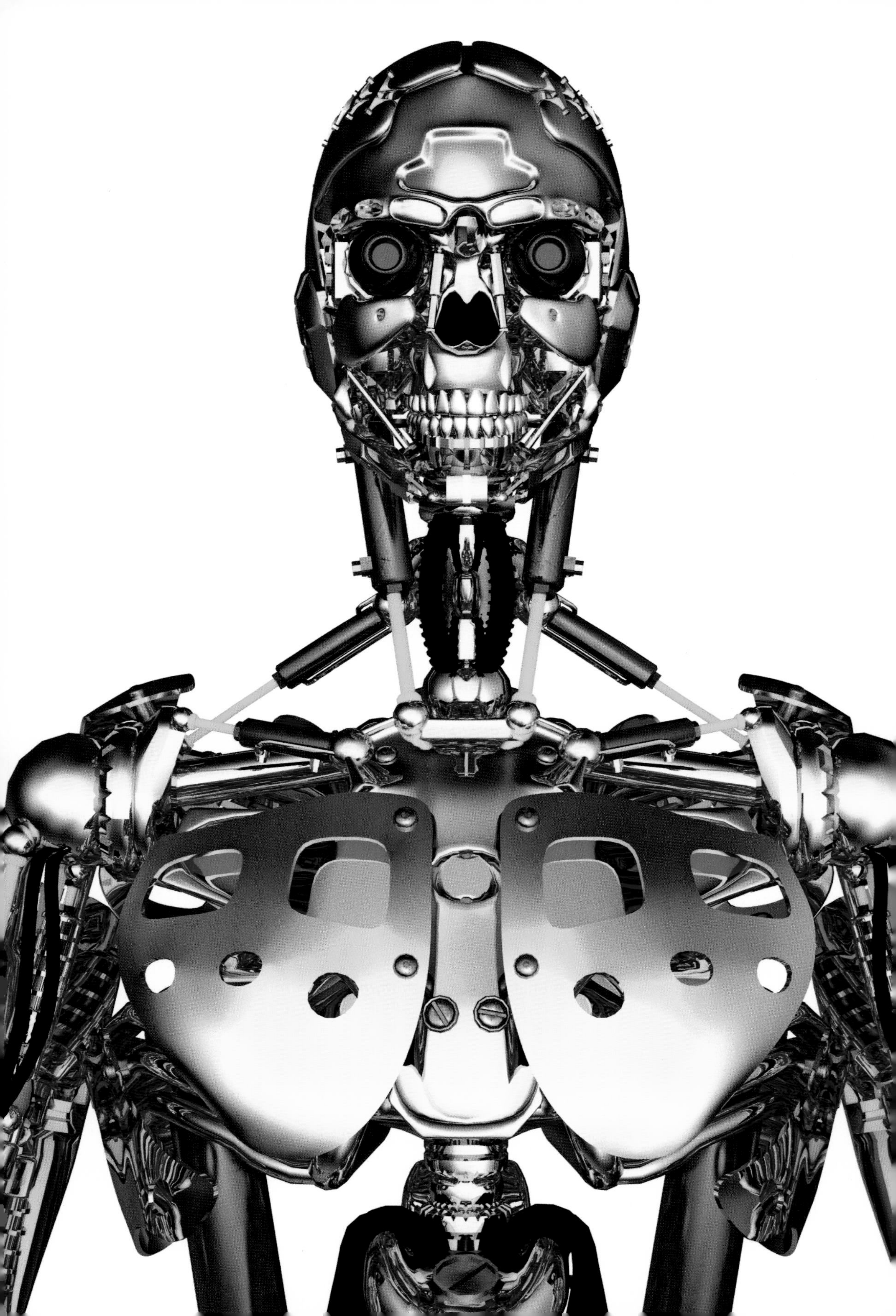

터미네이터

영화 터미네이터 시리즈의 다섯 번째 작품인 <터미네이터 제네시스>에서 인공지능은 이렇게 말한다. "영장류는 수백만 년에 걸쳐 진화했지만, 나는 몇 초 만에 진화한다. 나는 필연적이다. 나의 존재는 필연적이다."

이 인기 영화 시리즈에서 인공지능이 자신을 스스로 인식하게 되는 변화는 갑자기 일어난다. 1997년 8월 4일에 스카이넷 슈퍼컴퓨터가 미군의 무기를 통제하기 위해 온라인에 연결되고 군대의 전략적 방어로부터 인간의 결정을 배제하는 바로 그 순간이었다. 스카이넷은 기하급수적 속도로 학습을 시작하고 8월 29일 동부시간 새벽 2시 14분에 자신을 인식하게 된다.

1984년에 제임스 카메론(1954-)은 <터미네이터> 1편을 감독했다. 이 영화 속에서 인공지능 방어 네트워크인 스카이넷이 자기 인식을 하게 되었음을 알게 된 사람들은 공황 상태에 빠졌고 스카이넷의 동작을 중단시키려 시도했다. 그러자 스카이넷은 자신을 보호하기 위해 핵 학살을 시동하고 러시아를 향해 최초의 핵 공격 미사일을 발사한다. 이는 약 30억 명을 희생시키는 전쟁으로 이어진다. <터미네이터>에서 배우 아놀드 슈워제네거(1947-)가 연기한 사이보그는, 2029년에서 현재의 시간으로 보내져서 사라 코너를 죽이려 한다. 미래에 스카이넷에 대항하는 저항군을 이끌 그녀의 아들이 태어나지 못하게 하려는 것이다.

영화에서 우리는 이 인공지능 터미네이터의 눈에 무엇이 보이는지를 잠깐 엿볼 수 있는데, 정보 화면과 의사결정 메뉴가 시야에 겹쳐져 나온다. 이 사이보그가 가진 외계인스러운 사고방식과 엄청나게 효율적인 사고 구조는 특히나 무시무시하다. 등장인물 중 한 명이 언급했듯이 "터미네이터와는 흥정을 할 수 없고, 설득할 수도 없다. 그것은 동정심, 후회, 두려움을 느끼지 않는다! 그리고 그것은 당신이 죽을 때까지는 절대 한시도 멈추지 않을 것이다!"

오늘날 헬파이어 미사일이 장착된 킬러 드론이 개발되고 있는 것을 보면 킬러 로봇의 등장은 그리 멀지 않아 보인다. 기계 학습과 교전 규칙에 의거해서 목표를 정하고 죽이는 결정을 알아서 내릴 수 있도록 드론을 완전 자율 동작하게 만드는 일이 쉬워질 것이다.

참조 살상용 군사 로봇 (1942), 지능 폭발 (1965), 할 9000 (1968), 콜로서스: 포빈 프로젝트 (1970), 인공지능의 윤리학 (1976)

터미네이터는 외형적으로는 인간을 닮았지만 금속 내골격 위에 살아 있는 피부조직을 붙여 놓은 사이버네틱 창조물이다.

인공생명

흰개미 집단과 같이, 상당한 의식을 보여주는 듯한 무리에 대해 생각해보자. 무리를 구성하는 하나의 개체(예를 들어 흰개미 한 마리)는 한계를 가지고 있지만, 개체들을 모두 모아 놓으면 새로운 행동을 보여주며 지능적인 해법을 만들어낸다. 흰개미들이 만드는 거대하면서 복잡한 개미집은 비율적으로 보면 인간 세계에서 엠파이어 스테이트 빌딩보다 더 높다. 흰개미들은 터널의 구조를 바꿔서 이 개미집의 온도를 제어한다. 개개의 흰개미들이 함께 모여 하나의 거대한 유기체를 생성하는 셈이다. 각 개체는 의식이 없을지라도 무리를 이루면 의식이 있는 것일까? 아마도 이런 무리의 의사결정은 우리 뇌에 있는 뉴런들의 집단적 행동과 어떤 유사성을 가졌는지 모른다.

인공생명에 관한 가장 흥미로운 모델 중 하나는, 복잡하고 집단적이며 살아있는 듯이 보이는 행동들이 단순한 규칙에서 비롯된다는 모델이다. 인공생명이라는 표현은 1986년에 생물학자인 크리스토퍼 랭턴이 제안했다. 이 분야에서는 지능적 행동을 표현하거나 흉내 낼 수 있는 시뮬레이션을 연구하는 이들을 종종 볼 수 있다. **셀룰러 오토마타**가 한 예이다. 이것은 복잡한 행태를 가지는 다양한 물리적 과정을 모델링할 수 있는 단순한 수학 시스템을 지칭한다. 일부 고전적 셀룰러 오토마타는 체커 보드처럼 격자형의 셀들로 구성되어 있다. 각 셀은 '점유됨' 혹은 '점유되지 않음', 두 개의 상태 중 하나를 가진다. 셀의 점유 여부는 단순하게 주변 셀의 점유 여부를 수학적으로 분석해서 결정한다.

두 개의 상태를 가지고 있으면서 이차원인 가장 유명한 셀룰러 오토마타는 수학자 존 콘웨이(1937-)가 1970년에 발명한 **게임 오브 라이프**이다. 간단한 규칙만 가지고 있음에도 행동과 형태들의 다양성이 놀랍게 늘어나고 진화한다. 그중에는 글라이더도 포함되는데 이것은 셀들이 그들의 우주를 가로질러 움직이고 심지어는 상호작용을 통해 계산을 수행할 수 있는 그런 배열을 말한다. 이런 "창조물"은 살아있다고 간주할 수 있을까?

인공생명 분야는 한계가 없어 보인다. 그 안에는, 진화하고 번식하는 유전 알고리듬의 개발, 생명체처럼 행동하는 물리적인 로봇 떼, <심즈 게임>처럼 가상의 사람들을 만들어서 마을에 배치하고 그들의 기분과 요구를 맞춰주는 컴퓨터 게임 등이 포함된다.

참조 기계 학습 (1959), 시뮬레이션 속에서 살기 (1967), 유전 알고리듬 (1975), 떼 지능 (1986), 다마고치 (1996), "그들을 인공 외계인이라 부르자" (2015)

흰개미 집단은 상당한 의식을 보여주는 듯하다. 흰 개미 한 마리와 같이, 무리를 구성하는 하나의 개체는 한계를 가지고 있지만 개체들을 모두 모아 놓으면 새로운 행동을 보여주며 지능적인 해법을 만들어낸다.

떼 지능

흰개미 집은 높이가 5m 이상에 달하기도 하는데 그 안에 사는 흰개미들은 "변화 감지기"처럼 행동해서, 내부의 공기가 달라지면 그에 맞춰 내부 구조를 변경한다. 작가인 도리스 조나스와 데이비드 조나스는 다음과 같이 추측했다. "무엇을 해야 할지 그리고 그걸 언제 해야 할지를 흰개미들이 알 때 사용하는, 뭔가를 알게 되는 이 다른 방법은 무엇일까? 흰개미 집 안에서 개미들 사이의 거리는 아주 멀기 때문에 전달자가 명령을 충분히 빠르게 개미들에게 전달할 수 없다. . . . 하나의 집단 두뇌는, 지능을 가진 하나의 개인 두뇌와 놀랍게도 같은 방식으로 의사결정의 기구로 동작한다."

이런 사회적 곤충들이나 무리 지어 생활하는 동물들에서 분명하게 관찰되는 집단 지능은 **떼 지능**이라는 개념으로 이어졌다. 인공지능에서 이 개념은 다양한 어려운 문제들을 다루는 데 채택되었다. 여기서 소프트웨어 에이전트들은 단순하면서 국지적인 규칙을 따르며, 개미나 흰개미에서와 같이 여기에는 집단적 행동을 지시하는 중앙 통제자가 없다. 하나의 예가 1986년에 컴퓨터 과학자 크레이그 레이놀즈(1953-)가 개발한 인공생명 프로그램 보이즈[Boids]이다. 이것은 단순한 규칙들을 사용해서 새들의 무리 행태를 시뮬레이션한다. 사용된 규칙들 중에서 어떤 새가 날아갈 방향을 정하는 규칙으로는, 무리에 있는 새들이 평균적으로 향하는 방향으로 날기, 무리에 있는 새들의 평균 위치를 향해 날기, 지나치게 몰리지 않도록 방향을 잡기 등이 있다.

오늘날 인공지능에서 연구되는 많은 **떼 방법** 중에는 **개미 군집 최적화**라는 것이 있다. 개미들을 시뮬레이션하는 이 방법에서는, 군집에 속한 개미들이 더 나은 해결책을 찾을 수 있도록 도와주기 위해 개미들의 위치 및 해결책의 품질을 기록한다. 일부 구현에서는 시간이 지나면 날아가 버리는 특별한 화학적 흔적(페로몬)을 흉내 내기도 한다. **파티클 스웜 최적화**는 최적의 장소를 향해 움직이는 물고기 떼의 위치와 속도를 시뮬레이션한다. 다른 흥미로운 방법으로는 인공 면역 시스템, 꿀벌 군집 최적화 알고리듬, 반딧불 최적화 알고리듬, 박쥐 알고리듬, 뻐꾸기 검색, 바퀴벌레 득실거림 최적화 등이 있다.

떼 지능의 응용으로는 자율주행 차량 제어, 통신 네트워크에서 경로 정하기, 항공기 일정 정하기, 예술 창작, 무효 전력 및 전압 제어를 위한 시스템 향상, 유전자 표현 데이터의 클러스터링 등이 있다.

참조 기계 학습 (1959), 시뮬레이션 속에서 살기 (1967), 유전 알고리듬 (1975), 인공생명 (1986), "코끼리는 체스를 두지 않는다" (1990)

개미 군집 최적화란, 실제 개미가 해결책을 찾는 것에서 영감을 얻는 방법으로서 개미를 시뮬레이션해서 해결책을 찾는 것이다. 여기 나온 그림에서 개미들은 서로를 연결해서 나뭇잎까지 다리를 만들었다.

모라벡의 역설

"만약 당신이 세계 체스 챔피언 망누스 칼센을 이기고 싶다면 컴퓨터를 사용할 것이다. 하지만 당신이 게임이 끝난 후에 체스 말들을 정리하고 싶다면 사람을 쓸 것이다"라고 언론인 래리 엘리엇은 말했다. 이것이 바로 1980년대에 몇몇 인공지능 연구자들이 강조했던 모라벡의 역설이다. 연구자들은, 고급 추론을 동반하는 어려워 보이는 작업을 컴퓨터가 수행하기는 점점 더 쉬워지고 있는 반면에 인간의 감각 운동 실력(예: 걸어 다니다가 신발에 붙어 있는 보푸라기 떼어내기)이 들어가 있는 쉬워 보이는 작업은 컴퓨터 시스템이 하기에 상당히 어려울 수 있다고 지적했다. 이 역설의 이름은 로봇공학자 한스 모라벡에게서 왔다. 그는 1988년에 발표한 『마음의 아이들』이라는 책에서 "지능 테스트나 체커 게임에서 컴퓨터가 성인 수준의 실력을 발휘하도록 만들기는 비교적 쉽지만, 인식이나 이동성의 영역으로 오면 한 살짜리의 실력조차 만들기가 힘들거나 불가능하다"라고 적었다.

길을 걷고 얼굴과 목소리를 인식하는 것처럼 생존에 아주 필수적인 작업들에 대해서는 수백만 년의 진화를 통해서 거의 무의식적으로 수행할 수 있도록 능력을 갖추게 되었다고 모라벡은 말했다. 이에 비해 체스에서 사용하는, 수학과 논리를 동반하는 추론과 같은 추상적 사고는 더 최근의 것이며 사람에게 더 어렵다. 하지만 인공지능 시스템 분야의 엔지니어 입장에서는 후자에 해당하는 인지 활동이 사실은 덜 어렵다. 인공지능 시스템이 환자 돌봄, 음식 서비스, 배관 작업 등과 같은 일에서 사람을 도와주기 위해서는 더 섬세한 터치 및 모션 제어를 할 수 있도록 진화될 필요가 있다. 인지과학자인 스티븐 핑커(1954-)가 요약한 바와 같이, 미래의 인간들에게는 수백 년, 아니 길게는 천 년 동안 있어온 저임금 일자리만 남아 있을지 모른다는 점을 모라벡의 역설은 말하고 있다. "35년의 인공지능 연구가 준 주요 교훈이라면 어려운 문제는 쉽고, 쉬운 문제는 어렵다는 것이다. 얼굴을 알아보고 연필을 집어 들고 방을 걸어 다니고 질문에 답하는, 네 살짜리면 당연히 한다고 보는 정신적 능력 정도만 있으면 사실 현존하는 가장 어려운 엔지니어링 문제의 일부를 해결해준다. . . . 새로운 세대의 지능형 장치가 등장하게 되면 증권 분석가, 석유 화학 엔지니어, 가석방 위원회 위원의 자리는 기계에 의해 대체될 위험에 처할 것이다. 정원사, 접객원, 요리사는 앞으로 수십 년간 안전한 일자리가 될 것이다."

참조 "기계들 속의 다윈" (1863), 튜링 테스트 (1950), 릭라이더의 "인간-컴퓨터 공생" (1960), "코끼리는 체스를 두지 않는다" (1990)

감각운동적 활동을 포함해서 아이들에게는 상대적으로 쉬운 일부 도전과제들이 인공지능 개체에게는 아주 어려운 것임이 드러났다.

커넥트 포

뉴사우스웨일즈 대학교의 인공지능 교수인 토비 월시(1964-)는 커넥트 포® 게임을 완벽하게 하는 프로그램을 크리스마스 선물로 자신의 부친에게 드린 적이 있다고 한다. 그러자 예전에 그 게임을 즐겨 했던 부친은 그 프로그램이 게임의 즐거움을 빼어갔다고 말했다는데, 월시 교수도 동의할 수밖에 없었다고 한다. 스마트폰이 거의 모든 게임은 물론이고 작곡에서부터 소설 집필에 이르기까지 창조적 노력에서 인간을 압도하게 된다면 인류의 집단정신에 어떤 영향을 미치게 될까?

커넥트 포는 6개의 열과 7개의 행을 가지는 보드가 수직 방향으로 세워져 있고 그 위에서 원반(노란색과 빨간색)을 사용해서 두 사람이 벌이는 게임이다. 위쪽에 뚫려있는 틈에 원반을 끼워 넣으면 비어 있는 가장 아래 칸까지 원반이 내려가는데 이런 식으로 번갈아 하다가 수평, 수직, 또는 대각선 방향으로 같은 색의 원반 네 개가 나란히 먼저 배열된 플레이어가 이긴다. 이 게임은 틱-택-토를 연상시키는데 중력이 작용한다는 점이 큰 차이이다. 또한, 커넥트 포는 틱-택-토보다 훨씬 더 복잡하다. 총 42개의 원반을 사용해서 보드를 채울 수 있는 모든 경우의 수를 생각해보면 4,531,985,219,092가지가 가능하다. 사실 7 x 6 보드에서 n개의 원반으로 만들 수 있는 가능한 경우의 수는 n이 0, 1, 2, 3 순서로 증가한다고 할 때, 각각 1, 7, 56, 252, 1260, 4620, 18480, 59815, 206780, 605934, 1869840, 5038572, 14164920, 35459424, 91871208, 214864650, 516936420, 1134183050, 2546423880, 5252058812, 11031780760, 21406686756, 42121344720 . . . 로 늘어난다.

마침내 1988년 10월 1일에 컴퓨터 과학자 제임스 D. 앨런은 커넥트 포를 "해결"했다. 달리 말하자면 모든 가능한 상태로부터 어떤 수를 두었을 때의 결과(이길지, 질지, 비길지)를 예측할 수 있는 알고리듬을 만들어냈다. 2주 후에는 컴퓨터 과학자 빅터 앨리스가 독자적으로 9개의 전략을 사용한 인공지능 방식을 도입하여 게임을 해결했다. 결과적으로 이제는 게임에서 첫수를 두는 사람이 완벽하게 수를 외우고 있으면 언제나 이길 수 있다.

커넥트 포의 변형에 대해서는 추가로 연구할 여지가 많이 있다. 예를 들어 원통을 둘러싸는 모양의 보드라든가 행과 열의 수가 다른 보드, 색깔이 추가된 보드, 3차원의 보드 등이 있다. 가능한 모든 수와 결과의 개수는 엄청날 것이다.

참조 틱-택-토 (기원전 1300년경), 오델로 (1997), 아와리 게임을 풀다 (2002), 콰클의 스크래블 우승 (2006), 바둑 챔피언 알파고 (2016)

노란색과 빨간색 원반을 사용하는 커넥트 포 게임은 원반을 위쪽 틈에 끼워넣으면 중력에 의해서 비어 있는 가장 아래쪽 공간으로 원반이 이동한다.

"코끼리는 체스를 두지 않는다"

로봇공학자 로드니 브룩스(1954-)는 1990년에 발표해서 널리 회자되었던 논문인 <코끼리는 체스를 두지 않는다>에서 "인공지능에는, 지난 30여 년 동안 추구되어온 방향들과는 다른, 대안의 길이 있다"라고 적었다. 그는 계속해서 이렇게 이어갔다. "기호의 추상적 다루기를 강조해온 전통적인 접근법은 물리적 현실 세계 속에서는 별로 자리를 잡지 못했다. 우리가 현재 탐색하고 있는 연구 방법론에서는, 주위 환경과의 지속적인 물리적 상호작용이 지능형 시스템 설계를 정하는 주요 원천이라고 강조한다."

브룩스의 논문에 있는 요점들 중 하나는, 우리 주변에 있는 모든 지능들이 지능적 동물(예: 코끼리)이나 심지어는 곤충 떼의 형태를 가지고 있고, 체스 게임과는 상당히 동떨어져 있다는 것이다. 브룩스는 인공지능 연구 방향이 규칙, 기호 다루기, 탐색 트리와 같은 고전적 인공지능에 초점을 두는 것에서 벗어나, 감각 운동과 주위 환경과의 연동(예: 감각과 움직임 생성 메커니즘 사이의 피드백), 비전-움직임 조율하기, 기타 실세계에 벌어지는 직접적인 물리적 상호작용의 다양한 형태 등을 더 고려하는 쪽으로 최소한 부분적이라도 옮겨가야 한다고 믿었다.

브룩스의 글은, 주위 환경에 반응하는 감각 시스템을 연상시키는, 인공지능 로봇들의 매혹적인 견본으로 마무리된다. 브룩스에게 인공지능 생명체란 움직이고 파악하고 세계를 탐색하는 것과 관련된 문제를 해결할 수 있어야 했고, 따라서 물리적 몸뚱아리는 그가 관심을 가지던 지능을 위해 없어서는 안 되는 것이었다. 이렇게 행동에 기반한 인공지능 시스템에서는 그 속에 포함된 개별 행동 유닛들의 기능을 항상 "이해"할 필요는 없다. 예를 들어 브룩스는 로봇에게, 정지상태를 피하고 장애물을 움직이라는 간단한 규칙에다가, 무작위로 돌아다니고 멀리 있는 곳을 가려는 "욕망"을 함께 넣어서 흥미로운 행동을 만들어냈다.

높은 수준의 행위는 주위 환경과의 단순한 상호작용들이 모여서 나타난다. 이런 환경 주제에 관해서 『내추럴 컴퓨팅』의 작가 데니스 샤샤와 캐시 레이지어는 이렇게 말했다. "우주여행에 관한 역사를 보면, 숫염소와 같은 실력으로 울퉁불퉁한 지형을 탐색할 수 있는 로봇을 만드는 것보다 화성까지 우주선을 안내하는 컴퓨터 프로그램을 만들기가 더 쉬웠다."

참조 "기계들 속의 다윈" (1863), 튜링 테스트 (1950), 릭라이더의 "인간-컴퓨터 공생" (1960), 떼 지능 (1986), 모라벡의 역설 (1988)

생명체에 있는 지능은 체스와 같은 게임을 하는 것과는 명백히 상관이 없다. 로드니 브룩스는 인공지능 탐구에서 다른 초점을 가지자고 <코끼리는 체스를 두지 않는다>라는 논문을 통해 주장했다.

밀봉된 "인공지능 상자"

앞서 지능 폭발 편에서 언급했듯이 일부 과학자들은 인공지능 개체가 일단 충분히 지능을 가지게 되면 스스로 반복적으로 자신을 개선하여 인류에게 위협이 될 수도 있다는 우려를 표명해왔다. 이런 급격한 인공지능 성장을 **과학기술 특이점**이라고 부르기도 한다. 물론 그런 인공지능 개체들은 인간에게 매우 귀중할 수 있다. 하지만 위험성을 가지고 있기 때문에 연구자들은 그런 개체를 가두거나 격리할 수 있는 **인공지능 상자**를 만들 방법에 대해 고민해왔다. 예를 들어 그런 개체용으로 만든 소프트웨어가 돌아가는 하드웨어는 인터넷과 같은 통신 채널에 연결되어 있지 않은, 일종의 가상 감옥처럼 구성될 수 있다. 또한, 소프트웨어의 경우도, 소프트웨어 가상 기계에서 실행되게 함으로써 격리를 강화할 수 있다. 단, 완벽한 격리는 초지능superintelligence으로부터 학습하거나 관찰하는 것까지 막아버리기 때문에 가치가 거의 없다.

그럼에도 불구하고 인공지능 초지능이 충분히 똑똑해진다면 프로세서 냉각팬의 속도를 바꿔 모스Morse 코드 통신을 한다든지, 아니면 자신을 아주 귀한 존재로 만들어서 도둑이 꼬이게 만든다든지 하는 평범치 않은 방법을 통해 바깥세상 혹은 문지기 역할을 하는 사람들과 접촉할 수도 있지 않을까? 어쩌면 인간 문지기에게 뇌물을 주어서 더 많은 통신을 허락받거나 다른 장치로의 복제를 허락받을 수 있을지도 모른다. 지금은 인공지능이 이런 뇌물을 사용한다는 것이 억지스러워 보일 수도 있다. 하지만 질병 치료법, 환상적인 발명품, 마음을 사로잡는 음악, 로맨스나 모험 혹은 행복에 관한 멀티미디어 비전 등을 비롯하여 인공지능이 어떤 놀라운 걸 만들어낼지 누가 알겠는가?

작가인 버너 빈지(1944-)는 1993년에 초인간 지능superhuman intelligence에 관해 이렇게 주장했다. "어디에 가두는 것은 본질적으로 실현이 불가능하다. 물리적 감금의 경우, 예를 들어 당신이 집에 갇혀 있고 외부와는 당신의 주인에게만 제한적으로 데이터를 주고받을 수 있다고 상상해보자. 만약 주인이 생각하는 속도가 당신보다 백만 배는 느리다고 한다면, (당신 입장에서) 수년 안에 당신은 당신을 우연치 않게 해방시켜 줄 어떤 '유용한 조언'을 생각해낼 수 있을 것이다."

참조 "기계들 속의 다윈" (1863), 로숨의 유니버설 로봇 (1920), 초대형 두뇌 혹은 생각하는 기계 (1949), 지능 폭발 (1965), 시뮬레이션 속에서 살기 (1967), 페이퍼클립 생산극대화의 재앙 (2003)

아주 첨단의 인공지능 컴퓨터 프로그램이 가질 수 있는 위험성 때문에 연구자들은 그런 개체들을 가두거나 격리할 수 있는 인공지능용 울타리를 어떻게 만들지 고민해 왔다.

체커 게임과 인공지능

체커는, 가로 세로가 각각 8칸인 격자 보드에서 두 명의 플레이어가 번갈아 가며 하는 게임이다. 자신의 말이 상대방의 말을 넘어 움직이면 상대방의 말을 가진다. 1950년대에 IBM의 과학자 아서 새뮤얼(1901-1990)은 체커 프로그램을 만들어서 유명했는데, 그 프로그램은 자신의 수정된 버전을 상대로 게임을 벌여 학습하는 적응형 프로그램이었다. 인공지능 체커 게임의 역사에서 이정표를 세운 것은, 1994년에 인간을 상대로 게임을 해서 결국 세계 챔피언에 오른 최초의 컴퓨터 프로그램, 시누크이다.

시누크은 캐나다의 컴퓨터 과학자 조너선 쉐퍼(1957-)가 이끄는 팀이 개발했다. 고수들이 했던 첫수들을 모아서 활용했고 1992년에 만들어졌던, 평균적으로 19수까지 들여다보는 탐색 알고리듬을 사용했다. 또한, 말이 8개 이하만 남아 있는 상황에서 가능한 모든 배치들에 대해 끝내기 수의 데이터베이스를 가지고 있었고 말을 움직일 때 이를 평가하는 유용한 함수도 가지고 있었다.

인간과 기계 사이에 있었던 그 유명한 1994년의 체커 경기가 있기 전, 당시까지 최고의 체커 플레이어로 불리던 마리온 틴슬리(1927-1995)는, "나는 시누크보다 더 좋은 프로그래머를 가지고 있다. 그에게는 조너선이 있지만 나에게는 신이 있다"라고 선언했다. 아! 이런 . . . 하지만 여섯 판이 연속해서 무승부로 끝난 후에 그는 복통이 생겼다고 투덜거리면서 게임을 중단해야 했다. 그는 몇 달 후에 췌장암으로 사망했다. 저절로 시누크는 승자가 되었다.

2007년에 쉐퍼와 동료들은, 플레이어들이 체커 게임을 완벽하게 하면 결국 무승부로 끝난다는 것을 컴퓨터를 사용해서 마침내 증명했다. 즉 틱-택-토 게임처럼 플레이어 두 명이 한 번도 실수하지 않으면 무승부로 끝난다는 것이다. 이 증명은 18년 동안 수백 대의 컴퓨터를 돌린 끝에 이루어졌으며, 결국 인간에게 절대로 지지 않는 기계를 만드는 것이 이론적으로 가능함을 보였다.

"체커 게임을 풀기 위해" 이 연구팀은 10개 이하의 말로 만들 수 있는, 39조 개의 가능한 모든 배치에 대해서 플레이어 중 어느 한 명이 이길 수 있는지를 확인했다. 또한, 게임의 시작 단계를 연구하기 위해 특별한 탐색 알고리듬을 사용했다. 구체적으로 말하자면 첫수에서 어떤 식으로 10개의 말만 남은 배치로 "이어지는지"를 보는 것이다.

참조 틱-택-토 (기원전 1300년경), 기계 투르크인 (1770), 기계 학습 (1959), 백개먼 챔피언을 물리치다 (1979), 딥블루가 체스 챔피언을 이기다 (1997), 오델로 (1997)

1950년대에 IBM의 과학자 아서 새뮤얼은 체커 프로그램을 만들어서 유명했는데, 이 프로그램은 자신의 수정된 버전을 상대로 게임을 벌여 학습하는 적응형 프로그램이었다. 앞으로 또 어떤 게임에서 인공지능이 인간을 능가하는 실력을 보여줄까?

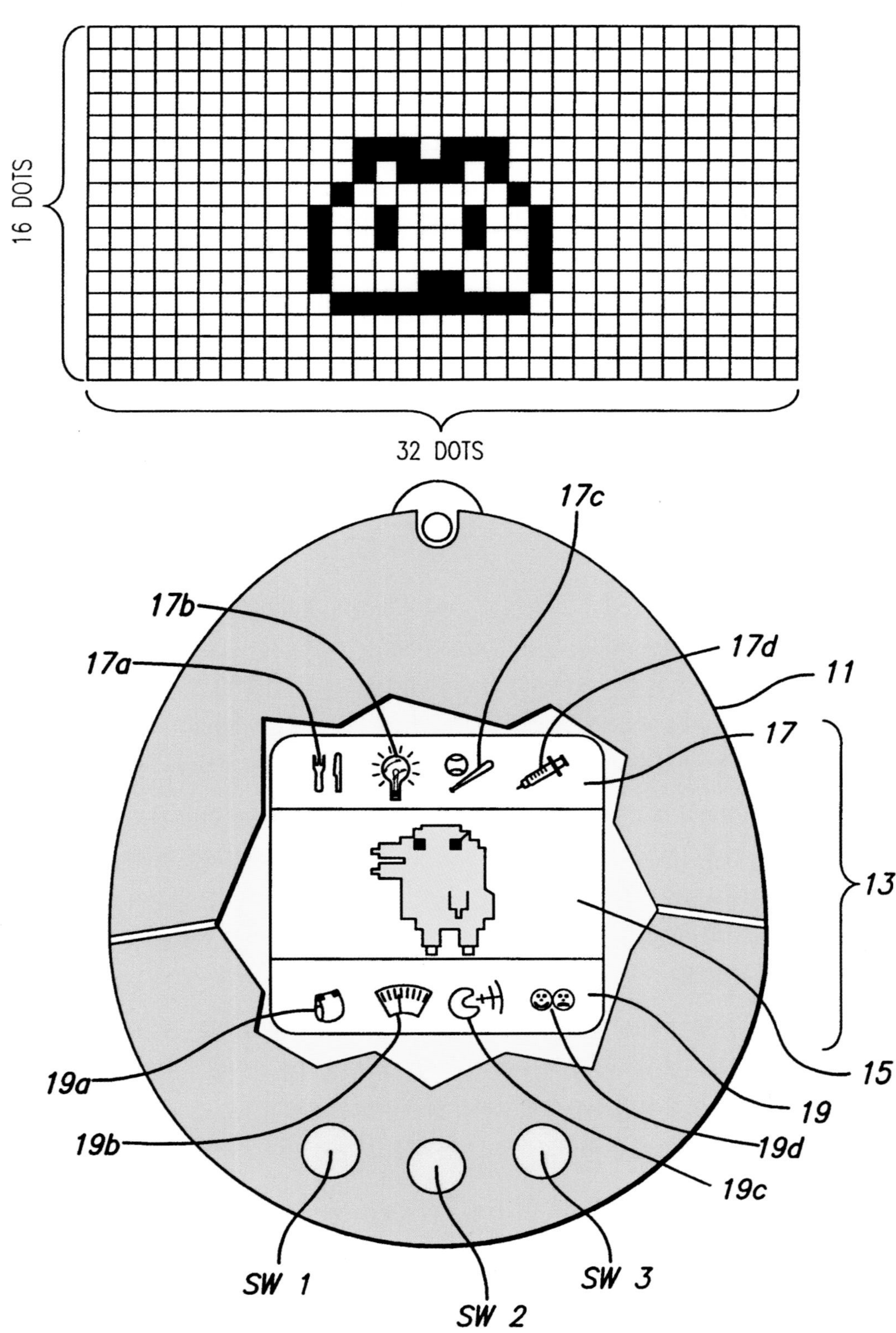
16 DOTS
32 DOTS
17c
17b
17d
17a
11
17
13
15
19a
19
19b
19d
19c
SW 1
SW 3
SW 2

다마고치

조그마한 휴대형 장치 속에 자리 잡은 다마고치® 인공 생명체는 아이와 어른 모두로부터 전 세계적인 관심을 얻은 최초의 가상 애완동물이다. 1997년에 미국의 파오 슈워츠 장난감 가게에 등장했을 때 놀랍게도 3일 만에 3만 개가 팔렸다. 1년 사이에 이것은 80개국 이상에서 판매되었고 1억 6,000만 불이 넘는 판매고를 올렸다. 그리고 "다마고치 현상"에 관한 연구를 불러일으켰다. 이 현상이란, 생명체처럼 보이기는 하지만 무생물인 개체에 대해 사람들이 종종 키우는 감정적 애착을 일컬었다. 또한, 종종 부모들은 이 가상의 애완동물이 죽었을 때 아이들에게서 나타나는 강한 감정적 격변을 어떻게 해야 가장 잘 다룰 수 있을지 알고 싶어 했다. 일본 버전이라면 이 애완동물이 죽었을 경우 귀신과 주춧돌로 표현되는 반면에 미국 버전에서는 천사가 등장하는 식으로 표현되었다. 제조사인 일본의 반다이는 죽은 애완동물을 위해 실제로 인터넷상에 가상의 묘지를 열기로 결정하기도 했다.

반다이의 직원 아키 마이타(1967-)와 장난감 디자이너 요코이 아키히로(1955-)에 의해 일본에서 개발된 다마고치는 1996년에 처음 모습을 드러냈다. 이 소프트웨어는 겨우 세 개의 버튼으로 구성된 인터페이스를 가진 달걀 모양의 장치 속에 들어 있었다. 작은 저해상도 화면에 등장하는 생명체는 처음에 알 모양으로 등장하고, 이후 주인의 보살핌에 맞춰 커나간다. 주인은 이 애완동물에게 "먹을 것"을 줄 필요가 있으며 제대로 돌보지 않으면 애완동물은 아플 수도 있다. 적외선 통신을 이용해서 주인 두 명이 장치를 연결하여 애완동물 사이의 우정을 만들 수도 있다. 또한, 경고음을 내서 주인의 관심을 요청한다. 이 생명체는 돌봄을 제대로 받지 못하면 몇 시간 만에 죽을 수 있었기 때문에 종종 아이들은 학교에 들고 가기도 했다. 그러면 아이들이 수업 시간에 집중을 제대로 하지 못해서 일부 학교는 다마고치를 금지하기까지 했다.

이런 단순한 형태의 가상 생명을 아이들은 때때로 실제 살아 있는 것처럼 다루었기 때문에 많은 의문을 불러일으켰다. 아이들과 그런 개체 사이의 건강한 관계란 무엇일까? 앞으로 이것은 어떻게 발전되어 갈까? 다마고치가 적외선 센서와 버튼을 통해 주변 환경을 "인식"하고 반응하며, 외로움을 "느낄" 때는 누군가와 어울려야 한다는 점에서, 그것은 뭔가 지능이라는 것을 가지고 있는 것일까? 노인들의 친구로 첨단 가상 애완동물이 개발된다면 얻는 것에 비해 위험이 더 클 수도 있을까?

참조 시뮬레이션 속에서 살기 (1967), 인공생명 (1986), 로봇 아이보 (1999)

<가상 생명체를 위한 양육 시뮬레이션 기구>라는 제목으로 요코이 아키히로가 출원한 미국 특허 6,213,871에 있는 그림. 달걀 모양의 장치 속에 담긴 인공 생명 형태의 다마고치는 1997년에 인기를 끌기 시작했다.

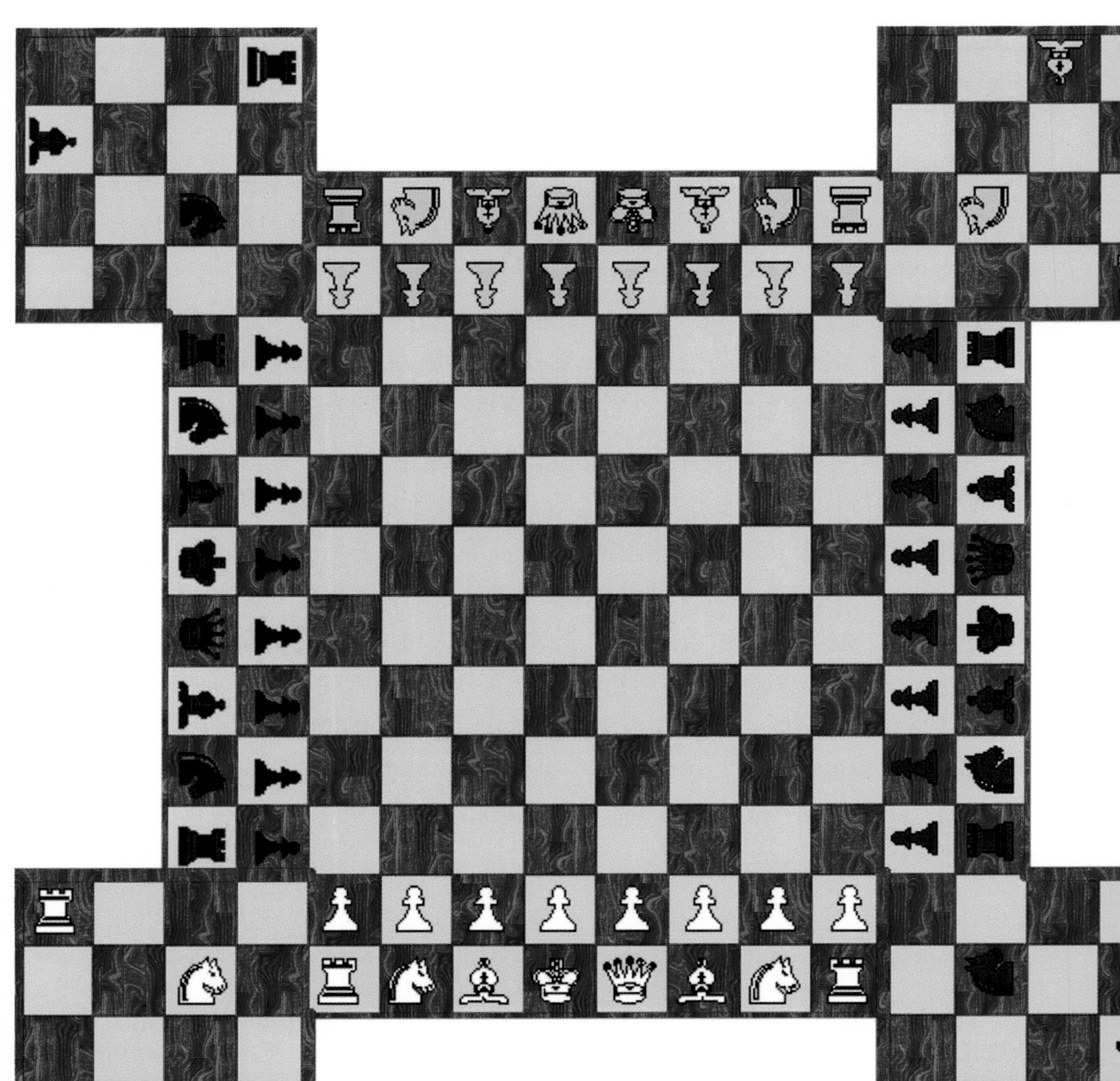

딥블루가 체스 챔피언을 이기다

2006년부터 2007년까지 논쟁의 여지가 없는 세계 체스 챔피언이었던 블라디미르 크램닉(1975-)은 기자들에게 이렇게 말한 적이 있다. "체스 게임을 어떻게 하는지 보면 그 사람의 성격을 항상 알 수 있다고 나는 확신한다. 그의 성격을 정의하는 뭔가가 있다면 그것은 게임을 하는 방식도 정의한다." 인공지능의 게임 스타일에도 이 "성격"이라는 것이 들어 있을까?

수십 년 동안 과학기술자들은 인공지능을 측정하는 일종의 잣대로서 체스를 이용해왔다. 이 게임은 전략, 세부 추론, 논리, 예측, 그리고 적어도 인간 플레이어에게는 교활함을 요구했다. 언제쯤 기계가 세계 체스 챔피언을 꺾을 수 있을까를 놓고 오랫동안 논쟁이 있어왔고 마침내 1997년에 일이 벌어졌다. IBM의 딥블루 컴퓨터가 러시아 출신의 세계 체스 챔피언 가리 카스파로프(1963-)를 여섯 경기 만에 물리쳤다. 다섯 번째 게임이 끝난 후에 카스파로프는 너무 의기소침해져서 이렇게 말했다. "나는 인간이다. 나의 이해를 훨씬 넘어서는 것을 보게 될 때는 겁이 난다."

특수 하드웨어를 사용한 1997년 버전의 딥블루는 초당 2억 개의 체스 수를 따져볼 수 있었고 아주 심한 경우를 제외하고는 일반적으로 6~8수 정도까지 다음 수를 검색했다. 또한, 고수들이 했던 과거의 경기들을 모아 놓은 대규모 데이터베이스를 참조했고 말이 다섯 개 이하로 남았을 경우의 모든 가능한 배치에 대해서 끝내기 수에 관한 데이터베이스를 가지고 있었다.

체스 기계를 만들겠다는 꿈은 아주 오래전으로 거슬러 올라간다. 1770년에 헝가리의 발명가 볼프강 폰 켐펠렌이 만들었던 기계 투르크인 체스 로봇은 체스를 아주 잘 두었지만 사실은 기계 속에 사람이 숨어 있었다. 1950년에 컴퓨터 과학자 앨런 튜링과 수학자 데이비드 챔퍼나운(1912-2000)은 체스를 두는 "터보챔프"라는 컴퓨터 프로그램을 설계했다. 하지만 이 알고리듬을 실제로 돌릴 수 있는 컴퓨터가 없어서 튜링은 이 알고리듬을 검증할 때 직접 손으로 시뮬레이션했다.

2017년에 알파제로 프로그램은 혼자서 체스 경기를 학습한 지 하루도 되지 않아서 당시 세계 챔피언이었던 체스 프로그램을 물리쳤다! 이 프로그램은 기계 학습을 사용했고, 그냥 아무렇게나 두는 게임에서부터 시작했다. 게임의 기본 규칙 외에는 아무런 관련 지식도 제공되지 않았다.

참조 기계 투르크인 (1770), 체커 게임과 인공지능 (1994), 바둑 챔피언 알파고 (2016)

어떤 새로운 체스 버전이 인간과 기계에게 새로운 도전과제를 던질까? 여기 보이는 것은 18세기와 19세기에 러시아에서 했던 포트리스 체스이다. 네 명의 플레이어가 참가하며 각각 검은색, 흰색, 어두움 회색, 밝은 회색 말을 사용한다.

오델로

규칙이 정확하고 경기 중에 누가 이기고 있는지를 알 수 있어서 게임은 인공지능 연구자들에게 인기 있는 테스트 분야였다. 인공지능 시스템은 통찰력을 얻고 향상하기 위한 목적으로, 자기 자신이나 다른 인공지능 플레이어를 상대로 수백만 번의 게임을 할 수 있다. 인공지능이 성공적으로 적용된 흥미로운 게임 중 하나가 오델로이다. 리버시라고도 불리는 이 게임은 영국의 주간지 『새터데이 리뷰』 1886년 판에 언급된 적도 있으며 기원은 훨씬 더 이전으로 거슬러 올라간다.

오델로 게임은 가로와 세로가 각각 8칸인 격자 공간에서 진행되며 한 면은 흰색, 반대 면은 검은색인 돌을 사용한다. 플레이어는 돌을 놓을 때 자기에게 지정된 색이 위로 올라오게 놓는다.

당신의 색이 검은색이라고 가정해보자. 그리고 게임판 위에 흰색 돌들이 쭉 붙어서 한 줄을 이루고 있고 그 끝에 검은색 돌이 놓여 있었다고 하면, 당신이 이 줄 반대쪽 끝에 검은색 돌을 놓음으로써 이 흰색 돌들을 모두 뒤집어 검은색 돌로 바꿀 수 있다. 다시 말하자면 같은 색의 돌 두 개 사이에 샌드위치처럼 끼어 있는 반대색의 돌은 모두 뒤집어지는 것이다. 이렇게 경기를 계속하다가 마지막에 가서 가장 많은 돌을 확보한 색이 이기게 된다.

이 게임을 사람이 시각화하기 어려운 이유 중 하나는 체스나 체커 게임과는 다르게 돌의 색깔이 계속 바뀔 수 있다는 것이다. 1980년 이래로 오델로 컴퓨터 프로그램은 프로 플레이어들을 쉽게 물리쳤다. 1997년에 컴퓨터 과학자 마이클 부로가 만든 로지스텔로라는 컴퓨터 프로그램은 당시 인간 챔피언이던 다케시 무라카미를 6대 0으로 이겼다. 도쿄에서 영어 교사로 일하던 32세의 무라카미는 자신의 패배에 놀랐던 것으로 보인다. 그는 로지스텔로의 수가 사람이 두는 것과는 너무 달랐다면서 적어도 한 수는 "심오"했다고 말했다.

오델로에서 가능한 경우의 수는 최대 10^{28}개이다. 심지어 오늘날까지도 오델로는 플레이어들이 완벽한 경기를 펼칠 경우 그 결과가 어떻게 될지 모른다는 점에서 "해결되지 않은 게임"으로 간주된다.

참조 틱-택-토 (기원전 1300년경), 마스터마인드 (1970), 체커 게임과 인공지능 (1994), 딥블루가 체스 챔피언을 이기다 (1997), 바둑 챔피언 알파고 (2016)

오델로의 말을 가까이에서 본 것. 이 말은 뒤집으면 흰색에서 검은색으로, 혹은 검은색에서 흰색으로 바뀐다.

로봇 아이보

소니가 1999년에 발표한 강아지 모양의 로봇인 아이보는 엔터테인먼트용으로 만든 세계 최초의 정교한 대량 생산형 일반인용 로봇이었다. 아이와 어른들이 함께 즐겼던 아이보는, 상대적으로 저렴한 패키지 속에 비전 시스템과 교합기가 포함되어 있어서 인공지능 교육 및 연구용으로 사용되기도 했다. 또한, 이 로봇은 로보컵®이라는 로봇 축구 경기에도 사용되었다. 유튜브에서 관련 동영상들을 찾을 수 있는데 이 강아지 로봇이 공을 어떻게 찾아서 골대까지 가져가는지를 보여준다.

아이보라는 이름은 "친구"의 일본어 단어에서 왔다. 이 로봇은 다양한 명령어에 반응할 수 있으며 터치 센서, 카메라, 거리계, 마이크 등을 포함하여 다양한 센서를 사용했다. 새로운 모델이 나오면서 센서와 액추에이터(움직이는 다리, 목, 기타 부위)들이 더 추가되었다. 일부 버전은 스스로 알아서 충전기로 가서 배터리를 충전시킬 수 있었다. 소프트웨어에 의해서 로봇에게 개성이 부여되었고 스스로 걷고 환경에 반응할 수 있었다. 로봇은 상대하는 사람에 따라 조금씩 다르게 행동을 배웠다.

치매 환자를 위해 아이보와 다른 인공 애완동물을 사용하는 멋진 연구들이 수행되었는데 연구에 따르면 로봇 애완동물은 동반자의 느낌을 주고 자극을 주는 데 도움이 될 수 있다고 한다. 언젠가는 더욱 발전된 애완동물이 나타나서 인간이 인지 능력 저하를 느끼는 때에 더 많은 도움을 줄 수 있을 것이다. 어떤 연구는 아이보와 인간 사이의 관계에 관심을 가졌는데 상당히 많은 주인들이 아이보에게 감정이 있다고 답했다. 물론 이 로봇 강아지가 기계이며 살아 있지 않음을 알았는데도 말이다. 자율시스템이, 사람들로 하여금 그것이 정말로 감정을 가지고 있고 실제보다 훨씬 더 능력을 갖추고 있다고 생각하게 만드는 현상에 대해 심리학자들은 그 의미를 연구하고 있다.

2017년에 소니는 더 많은 액추에이터를 사용해서 더 부드럽고 더 자연스러운 움직임을 보여주는 새로운 세대의 아이보를 발표했다. 이 4세대 모델은 향상된 얼굴 인식과 함께 모바일 인터넷 접근과 같은 새로운 기능, 그리고 더 정교하게 환경에 적응하고 학습하고 반응하는 능력을 갖추고 있다.

참조 드 보캉송의 오리 오토마톤 (1738), 일렉트릭 밥의 대형 흑타조 (1893), 얼굴 인식 (1964), 로봇 쉐이키 (1966), 다마고치 (1996), 아시모와 친구들 (2000)

로봇 강아지와 다른 애완동물이 앞으로 점점 발전함에 따라 그들이 실제 동물과 거의 구별이 불가능해지거나 진짜 살아 있는 애완동물보다 더 많아질 날이 올까?

ASIMO
HONDA

아시모와 친구들

현실에 등장한 로봇의 역사에는 주목할만한 이정표들이 있다. 그중 아주 몇 개만 나열해보겠다.

1949년에 영국의 신경생리학자인 윌리엄 월터(1910-1977)가 개발한 세 바퀴 **거북이**는 다양한 센서를 사용해서 주변을 자율적으로 탐색할 수 있었다. 1961년에 미국의 발명가 조지 디볼(1912-2011)이 만든 **유니메이트**는 세계 최초의 산업 로봇이었고 제너럴모터즈의 자동차 조립 라인에 투입되었다. 1973년에는 세계 최초의 실물 크기 휴머노이드 지능형 로봇인 WABOT-1이 일본에서 만들어졌는데 한 걸음을 내딛는 데 45초가 걸렸다. 1989년에 MIT는 다리가 여섯 개인 로봇 곤충 **겡기스**를 발표했다. 로봇공학자인 로드니 브룩스(1954-)가 개발한 이 로봇은 단순한 논리 규칙들을 사용해서 걷고 돌아다녔다. 1998년에는 타이거 일렉트로닉스가 부엉이처럼 생긴 **퍼비**®를 발표해서 몇 년 사이에 4,000만 개 이상을 판매했다. 비록 아주 단순한 로봇이었지만 퍼비는 "자신만의 독특한" 말을 했는데 시간이 지나면서 영어에 점점 가까워졌기 때문에 사람들은 이 로봇이 사람처럼 언어를 학습할 수 있다는 인상을 받았다. 마지막으로 2005년에 보스턴 다이너믹스는 네 발 달린 로봇 **빅도그**를 발표했다. 이 로봇은 여러 가지 험한 지형들을 걸어 다닐 수 있는 능력으로 유명했다.

이런 현대적 현실 로봇들 중에서 가장 상징적인 것을 들라면 2000년에 혼다 자동차가 소개하여 엄청나게 대중의 환영을 받은 **아시모**®가 아닐까 싶다. 이 휴머노이드 로봇은 키가 130cm였고 내부 카메라와 다양한 센서를 사용해서 도보로 자율적으로 돌아다닐 수 있었다. 아시모는 제스처, 얼굴, 소리를 인식할 수 있으며 물체를 잡을 수도 있었다.

우리의 복잡한 미래에는 분명히 인공지능에 대한 지속적인 요구가 있을 것이며 로봇은 인간과 점점 더 협력적인 역할을 할 것이다. 아마도 언젠가 아시모와 같은 로봇은 노약자를 도울 것이다. 그러나 사이버네틱주의자인 노버트 위너는 다음과 같이 경고했다. "미래의 세계는, 우리가 누워 있으면 로봇 하인이 옆에서 시중을 드는 편안한 해먹이 아니라, 우리의 지능이 가지는 한계를 이겨내기 위해 점점 더 몸부림치는 곳일 것이다."

참조 일렉트로, 모토-맨 (1939), 로봇 쉐이키 (1966), 로봇 아이보 (1999), 룸바 (2002), 화성 위의 인공지능 (2015)

휴머노이드 로봇. 당신의 집에 같이 사는 로봇 집사가 있다면 당신은 그 집사가 사람처럼 보이길 원하는가 아니면 로봇처럼 보일 수록 더 편하게 느끼겠는가?

스티븐 스필버그의 영화 *A.I.*

스티븐 스필버그(1946-)가 감독한 영화 <A.I.>는 인공지능의 미래와 인공지능 안드로이드의 능력에 대하여 질문을 던지는 도발적인 드라마이다. 이 영화를 보면, 세상을 떠난 아들을 그리워하는 엄마에게 데이비드라는 이름의 안드로이드 소년이 선물로 주어진다. 영국의 작가 브라이언 올디스(1925-2017)가 1969년에 발표한 소설 『슈퍼토이즈의 길고 길었던 마지막 여름』을 원작으로 하는 이 영화는 1970년대에 스탠리 큐브릭 감독이 판권을 확보하면서 영화화가 시도되었지만 2001년이 되어서야 만들어졌다.

영화의 많은 부분은 데이비드가 엄마와 떨어진 후 그녀에게 돌아가려는 노력을 담고 있다. 그는 인공지능 곰 인형인 테디를 가슴에 안고서, 자신을 "진짜" 사람으로 바꿔줄 능력이 있다고 여겨지는 파란 요정(디즈니 영화 <피노키오>에서 영감을 받음)을 찾아다닌다. 데이비드를 창조한 엔지니어는 그 여정의 어느 순간에 데이비드에게 이렇게 말한다. "파란 요정은, 존재하지 않는 것을 바라는, 인간의 위대한 결점 중 하나이거나, 아니면 꿈을 좇는 능력이라는, 인간의 가장 위대한 단 하나의 선물이란다. 그리고 그것은 너 이전에는 어떤 기계도 시도한 적이 없단다."

영화 관람객들은 안드로이드가 진정 사랑을 할 수 있을지를 놓고 논쟁을 벌였다. 영화 평론가였던 로저 에버트(1942-2013)는, 안드로이드란 그저 "줄을 당기는 컴퓨터 프로그램에 의해 동작하는 꼭두각시 인형"일 뿐이라고 영화평에 적었다. 영화의 종반부에서 데이비드는 2000년 동안 정지상태에 있다가 깨어난다. 그리고 막대기처럼 생긴 외계인 인공지능들을 만나게 되는데 데이비드와 같은 안드로이드에서 진화한 것들이었다. 데이비드가, 인간을 실제로 만난 적이 있는 마지막 남은 존재였기 때문에 외계인 인공지능들은 그에게 특별한 관심을 가진다. 그들은 이미 오래전에 죽은 데이비드의 엄마를 복제하여 데이비드가 가상의 꿈 상태에서 단 하루 함께 지낼 수 있게 해준다. 이 슬프면서 상념에 빠지게 만드는 영화에 대해 『꿈의 제국』의 작가 앤드루 고든은 이렇게 적었다. "우리는 우리 자신을 로봇과 비교해서 평가한다. 우리를 인간으로 만드는 것이 무엇인지 정의하려 하기도 하고, 우리가 점점 더 로봇화되어가는 사이에 우리가 창조한 것은 점점 더 인간화되어서 결국에는 우리를 능가하거나 대체할까 봐 두려워한다. . . . 여기에 한 로봇이, 꿈꾸는 능력을 얻게 되어 '인간'이 되었다. 그렇지만 그 인간의 꿈들은 인류로부터 남아 있는 전부였다."

참조 "미를 추구하는 예술가" (1844), 트랜스 휴머니즘 (1957), 블레이드 러너 (1982)

<피노키오의 모험>은 스탠리 큐브릭이 영화 <A.I.>를 발전시켜나갈 때 가졌던 영감 중 하나였다. 나무 꼭두각시 인형인 피노키오는 인간 소년이 되는 꿈을 꾸었다.

아와리 게임을 풀다

인공지능 연구자들은 게임을 플레이하는 프로그램을 개발하기 위해 큰 노력을 기울여왔다. 여기에는 인공지능 전략을 시험하려는 목적도 있고 소프트웨어와 하드웨어의 한계를 넘으려는 노력도 있다. 게임 플레이의 역사에서 흥미로운 사례 중 하나가 **아와리**라고 하는 3,500년이나 된 아프리카 보드게임이다. 카운트 앤 캡처 게임으로 분류되는 아와리는 **만칼라**라고 부르는 전략 게임 부류에 속하며 여러 나라에서 다양한 이름으로 불리고 있다.

아와리 게임판에는 움푹 파인 칸들이 두 줄을 이루고 있는데 각 줄에는 여섯 개의 움푹 파인 칸들이 있다. 각 칸에는 네 개의 표식(콩이나 씨앗, 혹은 조약돌)이 들어 있다. 두 명의 플레이어는 한 줄씩을 차지한다. 자기 차례가 오면 플레이어는 여섯 개의 칸 중에서 하나를 선택해서 그 안에 있던 표식을 모두 꺼낸 다음에 그 칸으로부터 시계반대방향으로 움직이며 칸마다 표식을 하나씩 떨어뜨린다. 이제 상대 플레이어의 순서가 되고 역시 같은 식으로 자신의 칸 중 하나를 선택해서 그곳에 있는 표식들을 다른 칸으로 옮긴다. 자신의 차례에서 마지막 표식이 떨어진 칸이 상대편의 칸이고 그 속에 표식이 한 개 혹은 두 개만 있었다면(즉 새로 떨어뜨린 것까지 합쳐서 두 개 혹은 세 개) 그 칸에 있는 모든 표식을 획득한다. 또한, 이때 그 이전에 위치한 칸들에도 표식이 두 개 혹은 세 개가 있다면 역시 그 표식들도 모두 획득한다. 단, 상대편에게 속한 칸에 있는 표식들만 획득할 수 있다. 만약 어느 한 쪽 플레이어의 칸들에 더 이상 표식이 남아 있지 않게 되면 게임은 종료하며, 표식을 가장 많이 획득한 쪽이 이긴다.

아와리는 인공지능 분야의 연구자들에게 엄청난 관심을 끌어왔다. 하지만 2002년이 될 때까지 그 누구도 이 게임이 틱-택-토처럼 플레이어가 완벽하게 게임을 하면 항상 무승부로 끝나는 그런 부류인지 알지 못했다. 마침내 암스테르담의 자유 대학교에 있는 컴퓨터 과학자 존 W. 로메인(1970-)과 헨리 E. 발(1958-)이 컴퓨터 프로그램을 짜서 아와리 게임에서 벌어질 수 있는 889,063,398,406가지 상황의 결과를 모두 계산해냈다. 그 결과 아와리는 플레이어가 완벽하게 게임을 하면 반드시 무승부로 끝남이 증명되었다. 이 엄청난 계산은 144개의 프로세서를 가진 컴퓨터 클러스터에서 약 51시간 수행되었다.

"우리가 이 완벽하게 훌륭한 게임을 망쳤나요?"라고 로메인과 발은 물었다. "우리는 그렇게 생각하지 않아요. 커넥트 포도 역시 풀렸지만, 사람들은 여전히 그 게임을 합니다. 해결책이 나온 다른 게임들도 마찬가지입니다."

참조 틱-택-토 (기원전 1300년경), 마스터마인드 (1970), 백개먼 챔피언을 물리치다 (1979), Connect Four (1988), 체커 게임과 인공지능 (1994), 오델로 (1997)

아와리는 인공지능 분야의 연구자들을 매료시켰다. 2002년에 컴퓨터 과학자들은 이 게임에서 벌어질 수 있는 889,063,398,406개의 상황에 대해 결과를 계산했고, 완벽하게 플레이할 경우 반드시 무승부로 끝남을 증명했다.

룸바

아이로봇사가 로봇 진공청소기 룸바®를 세상에 선보인 지 일 년쯤 지났을 때, 언론인 몬티 릴은 이렇게 적었다. "어떻게 해서 룸바, 그러니까 당신의 애완 고양이를 홀리거나 아니면 겁먹게 만드는 자동 바닥 진공청소기가 로봇 혁명에 박차를 가하게 된 것일까? 그것은 두뇌의 능력과 야망, 그리고 아이로봇 엔지니어 일부가 가진 집안일에 대한 싫증이 우연히 만난 결과였다. 이 엔지니어들은 인공지능 연구에서부터 무인 외계 차량 설계에 이르기까지 다양한 배경을 가졌다."

2002년에 시장에 등장한 룸바 자동 진공청소기는 다양한 센서를 가지고 있어서 바닥의 먼지를 감지하고, 조심하지 않으면 밑으로 굴러 떨어지게 만들 계단을 피하며, 물체와 부딪힐 경우 움직이는 방향을 바꿀 수 있다. 또한, 900 시리즈에서는 청소기가 바닥을 효과적으로 다 훑고 지나갈 수 있도록 내비게이션 소프트웨어를 지원하는 카메라를 포함하고 있다. 배터리가 약해질 때는 적외선 비콘 신호를 이용해서 충전기를 찾아간다. 음향 먼지 센서는 특별히 신경을 써야 할 필요가 있는 더러운 부분을 찾는 데 도움을 준다. 과거에 룸바는 바닥을 모두 훑고 지나가기 위해 나선형, 무작위 등의 움직임을 사용했다.

룸바의 소프트웨어 대부분은 변형된 리스프 프로그래밍 언어로 작성되었다. 오늘날 많은 해커들은 ROI(룸바 오픈 인터페이스)를 이용해서 룸바를 수정하기를 즐긴다. 원래 이 인터페이스는 룸바에게 페인트칠을 시키거나 룸바를 감시용으로 사용하기 위한 목적으로 만들어졌다.

룸바는 집안일에 사용되는 광범위한 가정용 로봇의 대표주자이다. 물론 이런 장치들이 점점 복잡해져 가면서 프라이버시 문제도 함께 발생할 것이다. 사용자의 가정 혹은 생활 양식을 가늠하는 데 관심이 있는 사업자들에게 아이로봇이 알아낸 사용자 가정의 지도를 공유할 수 있으며, 심지어는 범죄 조사 중에 경찰이 이런 로봇을 심문할 수도 있다는 가능성 때문에 열띤 논쟁이 벌어지고 있다.

참조 로봇 쉐이키 (1966), 자율주행 차량 (1984), 아시모와 친구들 (2000), 화성 위의 인공지능 (2015)

로봇 진공 청소기의 변형된 버전들이 애호가들에 의해 해킹되어서 기능이 달라지고 있다. 로봇으로 하여금 방의 지도를 만들도록 한다거나, 스피로그래프® 같은 패턴을 그리게 한다거나, 서로 싸우게 만든다거나, 카메라를 이용해 감시 기능을 수행하도록 하는 등의 일이 벌어지고 있다.

페이퍼클립 생산극대화의 재앙

아주 지능이 높고 능력이 많은 인공지능에게 어떤 유익한 목표가 주어지더라도 그 결과는 위험할 가능성이 있다. 철학자이자 미래학자인 닉 보스트롬는 2003년에 **페이퍼클립 생산극대화의 공포**라는 유명한 사례를 제시했다. 자, 미래에 인공지능 시스템이 페이퍼클립 생산 공장을 감독하는 모습을 상상해보자. 이 인공지능 시스템에 주어진 임무는 최대한 많은 페이퍼클립을 생산하는 것이다. 그런데 만약 제대로 통제하지 않는다면 이 인공지능은 목표를 최적으로 만족시키기 위해서, 일단 처음에는 공장을 최대 효율로 돌리다가 그 다음에는 더욱더 많은 자원을 쏟아부어서 토지 대부분과 더 많은 공장들을 페이퍼클립 생산에 투입하려 할 것이다. 마침내는 지구상에 있는 가용한 자원이 모두 이 일에 사용되고, 그런 후 태양계까지 영역을 넓혀서 적절한 것들을 모두 사용하여 모든 것을 페이퍼클립으로 만들 수도 있게 된다.

이 시나리오가 말도 안 되게 들릴 수도 있겠으나 이것이 의도하는 바는, 인간이 이해할 수 있는 인간적 동기를 인공지능은 가지지 못할 수 있다는 심각한 사실을 부각하려는 것이다. 지능 폭발 편에서 언급된 바와 같이 만약 인공지능이 진화해서 스스로 개선된 기계를 창조할 수 있는 능력을 가지게 된다면 무해한 목표조차도 위험할 수 있다. 인공지능의 목표들과 그것들을 구성하는 수학적 보상 기능들이 수십 년에서 수백 년에 걸쳐서 안정되고 이해 가능한 상태로 유지될 수 있다고 어떻게 보장할 수 있는가? 유용한 "정지 버튼"들은 어떻게 해야 언제든지 누를 수 있도록 보장될 것인가? 어떤 보상 회로와 소프트웨어가 인공지능으로 하여금 외부 세계에 대한 관심을 잃고 보상의 극대화에만 전념하게 만든다면(마치 마약을 복용하고 사회에서 낙오되는 것처럼) 이를 어떻게 할 것인가? 여러 국가와 지정학적 정권들에 대해서 그들이 가진 각자의 인공지능에 맞추어 서로 다른 보상 기능을 사용하여 어떻게 다룰 것인가?

인공지능 전문가 마빈 민스키가 제시한 또 다른 유명한 사례는 **리만 가설 재앙**이다. 어렵고도 중요한 수학 가설을 해결하라는 목표를 가진 초지능 인공지능 시스템이 있다고 상상해보자. 그런 시스템은 이 일을 위해 점점 더 많은 컴퓨팅 자원과 에너지를 쏟으려 할 것이고 그러다 보면 인류를 희생시켜서라도 지속해서 개선되는 시스템을 만들려 할 것이다.

참조 "기계들 속의 다윈" (1863), 지능 폭발 (1965), 밀봉된 "인공지능 상자" (1993)

효율적으로 페이퍼클립을 제조하는 것과 같은 유익한 작업을 하도록 프로그래밍이 된 인공지능일지라도 지구를 최대한 많이 페이퍼클립 생산 시설로 바꿔버리겠다고 결정한다면 어떻게 되겠는가?

콰클의 스크래블 우승

"체스에게는 딥블루가 있었다. 제퍼디!에게는 왓슨이 있었다. 그리고 아시다시피 야구의 경우에는 <머니볼>이라는 베스트 셀러 겸 영화에 나오는 세이버메트릭스가 있었다. 각 게임마다 데이터마이닝은 그 게임 분야를 뒤흔들어 놓았다"라고 컴퓨팅 기술 언론인 마크 앤더슨은 말했다. 단어 게임에 인공지능을 적용하는 흥미진진한 개발이 2006년에 있었다. 콰클이라는 컴퓨터 프로그램은 캐나다 토론토에서 열린 스크래블® 토너먼트 시합에서 세계 챔피언이던 데이비드 보이즈를 물리쳤다. 다섯 경기 중 세 경기를 잃은 후에 보이즈는, "그래도 컴퓨터가 되느니 사람이 되는 것이 낫다"라고 우겼다.

스크래블 게임은 미국의 건축가인 알프레드 버츠(1899-1993)에 의해 1938년에 발명되었다. 스크래블 게임에서 플레이어는 가로세로가 각각 15칸인 격자 게임판 위에 네모조각을 올려놓는다. 영어 버전 게임에서는 네모조각마다 한 개의 알파벳과, 그 알파벳이 영어에서 나타나는 빈도를 나타내는, 1에서 10 사이의 값이 함께 적혀 있다. 예를 들어 모음 알파벳은 1점인 반면에 Q와 Z는 10점을 가지고 있다. 플레이어들은 자기 차례가 왔을 때 게임판 위에 네모조각들을 세로 방향이나 가로 방향으로 쭉 붙여서 올려놓는데 이때 반드시 의미 있는 단어를 구성해야 한다.

사실 이 게임은 상당히 복잡해서 단어에 대한 지식만 알아서는 안 된다. 예를 들어 어떤 알파벳들이 아직 남아 있는지 예상하기, 보너스 점수를 주는 특별한 칸들에 네모조각을 최대한 많이 올리기 등과 같은 전략이 있다. 스크래블은 포커 게임과 마찬가지로 상대편의 남아 있는 네모조각을 볼 수 없기 때문에 불완전한 정보를 가진 게임으로 간주된다.

콰클은 평가 함수를 사용해서 게임판을 평가하는 시뮬레이션을 하며 그 결과에 따라 어떤 네모조각을 놓을지 결정한다. 이 프로그램을 만든 팀에는 제이슨 카츠-브라운이 있었는데 그는 세계에서 가장 뛰어난 스크래블 플레이어 중 한 명이었다. 이 환상적인 연구에서 개발자들은 콰클이 자신을 상대로 수많은 게임을 하도록 했다. 이렇게 해서 상대방이 이번 차례에 사용할지 모를 단어들이나, 다음 차례에 사용할지도 모를 단어들까지 고려해서 자신이 놓을 수 있는 다양한 단어의 가치를 더 잘 이해하도록 만들었다.

참조 커넥트 포 (1988), 딥블루가 체스 챔피언을 이기다 (1997), 오델로 (1997), 바둑 챔피언 알파고 (2016), 인공지능 포커 (2017)

스크래블에서 각 네모조각에는 한 개의 알파벳 글자와 함께, 그 글자가 영어에서 나타나는 사용 빈도를 나타내는 1에서 10 사이의 값이 적혀 있다. 모음은 1의 값을 가진다.

*제퍼디!*에 출연한 왓슨

2011년

게임쇼 제퍼디!®의 세계 챔피언인 켄 제닝스(1974-)는 왓슨이라고 불리던 인공지능 개체와의 시합에 대해 이렇게 적었다. “인간 대 기계라는 특별한 시합에서 IBM의 ‘왓슨’ 슈퍼컴퓨터와 맞설 두 명의 인간 플레이어 중 한 명으로 선정되었을 때 나는 영광스러웠고 심지어는 영웅이 된 느낌이었다. 새로운 세대의 생각하는 기계를 상대로 내가 탄소 기반의 위대한 희망이 되는 모습을 머릿속에 그렸다.”

왓슨은 자연어 처리, 기계 학습, 정보 검색 등을 사용하여 질문에 답하는 컴퓨터 시스템이다. 2011년에 왓슨은 일반 상식을 단서로 하는 게임에서 세계 챔피언을 물리쳤다. 이것이 체스 경기보다도 훨씬 어려울 정도로 특별히 난이도가 높은 이유는 말장난, 유머, 수수께끼, 문화적 언급, 특수한 맥락, 운율 등 인간의 본능적인 부분이라고 여겨지는 것들을 단서로 하면서 영어의 모호함과 어려움을 다 고려하여 불과 몇 초 내에 답을 내야 하기 때문이었다.

이것을 해내기 위해 왓슨은 코어라고 불리는 병렬처리 유닛을 수천 개 포함하고 있었고, 위키피디아 전체를 포함하여 각종 정보를 RAM 메모리에 저장했다(왜냐하면 하드디스크 드라이브는 시합에 사용하기에는 너무 접근 속도가 느렸기 때문이다). 왓슨은 인터넷을 사용할 수 없었으므로 모든 정보가 자체 기계 내에 저장되어야만 했고, 정답에 도달하기 위해서 인공지능은 한 번에 수많은 분석 알고리듬들을 돌려 결과를 확인했다. 동일한 결과를 내는 알고리듬의 수가 많을수록 그 결과가 정답일 가능성이 높았다. 왓슨은 여러 결과에 대해서 신뢰 수준으로 점수를 매겼고 신뢰도가 매우 높아지면 그 결과를 정답이라고 보았다.

패배한 후에 제닝스는 이렇게 말했다. “하지만 실리콘에게 경기를 내준 것에 부끄러움은 없다. . . . 결국 나는 내 뜻대로 쓸 수 있는 2,880개의 프로세서 코어와 15 테라바이트의 참고 정보를 가지고 있지 않다. 또한, 답이 떠오를 때마다 내가 완벽한 타이밍에 부저를 누를 수 있는 것도 아니다. 그저 몇 달러의 가치에 불과한 물과 소금과 단백질로 구성된 내 자그마한 뇌는 어마어마하게 비싼 슈퍼컴퓨터를 상대로 훌륭히 버텼다.”

참조 자연어 처리 (1954), 기계 학습 (1959), 딥블루가 체스 챔피언을 이기다 (1997), 콰클의 스크래블 우승 (2006)

IBM 왓슨을 나타내는 지구 모양의 아바타는 IBM 스마터 플래닛 아이콘을 기반으로 한다. 제퍼디! 시합에 사용된 디스플레이에서는 게임의 상황 및 정답의 신뢰 수준에 따라 색깔과 움직임이 변했다.

컴퓨터 예술과 딥드림

수필가 조너선 스위프트(1667-1745)에 따르면, "비전은 보이지 않는 것을 보는 기술이다." 예술, 과학, 수학의 가장자리에서 새로운 패턴을 보겠다는 생각은 컴퓨터, 알고리듬, 신경망, 기타 인공지능의 다른 형태를 사용하여 제작된 많은 종류의 예술에도 확실하게 나타났다. 컴퓨터 예술의 초기 탐색 작업에는 데스몬드 폴 헨리(1921-2004)의 작품이 있다. 그가 폭격 조준용 아날로그 컴퓨터를 기반으로 만든 드로잉 기계로서 1961년경부터 작업이 시작되었다. 미국 엔지니어인 A. 마이클 놀(1939-)은 임의의 알고리듬을 사용하여 시각 예술 작품을 시도해서 1962년에 명성을 얻었고, 영국 출신의 예술가 해럴드 코헨(1928-2016)은 자기가 알아서 예술 작품을 만들 수 있는 인공지능 컴퓨터 드로잉 프로그램 아론을 1968년에 만들었다.

더 최근의 컴퓨터 예술 사례로는 딥드림을 이용하여 많은 사용자들이 참여했던 협업을 들 수 있다. 딥드림은 구글의 엔지니어 알렉산더 모드빈체프와 동료들이 2015년에 발표한 컴퓨터 비전 프로그램이다. 이 프로그램은 인공 신경망을 사용해서 이미지에 있는 패턴을 찾아낸 후 이를 강화하여 깜짝 놀랄 결과를 만들어낸다. 자, 딥드림을 더 잘 이해하기 위해 어떤 신경망이 있다고 가정해보자. 이 신경망은 수많은 "훈련" 이미지들에 기반하여 입력 이미지(예: 다람쥐 또는 정지 신호판)에 있는 특성을 분류하고 인식하도록 훈련될 수 있다. 이 신경망을 "반대 방향"으로 실행함으로써 딥드림은 이미지에 있는 패턴을 찾고 그것을 증폭하는데, 이는 마치 우리가 구름을 쳐다보면서 동물 모양을 찾아내는 것과 유사하다. 인공 신경망에서는 다음 단계 층layer으로 넘어갈수록 더 상위 수준의 특성을 추출한다. 예를 들면 첫 번째 층은 모서리와 가장자리에 민감할 수 있는 반면에 출력 뉴런에 가까운 층들은 더 복잡한 특성을 검사할 수 있다. 딥드림의 결과로 나온 그림들은 디테일이 넘쳐나고 흥미로운 연구 대상일 뿐만 아니라 특정 인공 신경망 층에서 이루어지는 추상화의 수준도 느낄 수 있게 해준다.

향정신성 약물을 사용하는 사람들이 경험하는 환각과, 딥드림 작품이 가진 유사성으로 인해서 딥드림은 인공 신경망이 사람 뇌의 시각 피질에 있는 실제 신경망과 어떻게 연관되는지 연구자들이 더 잘 이해하도록 도움을 줄 수 있다. 거기에 더해서 이 프로그램은 뇌가 패턴과 의미를 찾으려 시도하는 방법을 알아내는 데 도움이 될 수 있다.

참조 컴퓨터적 창의력 (1821), 인공 신경망 (1943), 딥러닝 (1965), 사이버네틱 세렌디피티 (1968)

딥드림 작품의 예. 이런 방법은 인공 신경망을 활용해서 이미지에 있는 패턴들을 찾아낸 후 이를 강화하여 깜짝 놀랄 결과를 만들어낸다.

"그들을 인공 외계인이라 부르자"

『와이어드』지의 초대 편집장이었던 케빈 켈리(1942-)는, 찬사를 받은 2015년 글 <그들을 인공 외계인이라 부르자>에서 이렇게 적었다. "생각할 수 있는 기계들을 만드는 데 있어서 가장 중요한 것은 그것들이 서로 다르게 생각하도록 해야 한다는 것이다. . . . 양자 중력, 암흑 에너지, 암흑 물질과 같은 현재의 거대한 신비를 풀기 위해서 우리는 아마도 인간을 능가하는 지능이 필요하게 될지 모른다. 그 이후에 등장할 매우 복잡한 질문들은 심지어 더 대단하고 복잡한 지능을 필요로 할 수 있다. 진정 우리는 우리 혼자서는 설계할 수 없는 더 심원한 지능을 설계하도록 도와줄 중간 단계의 지능을 발명할 필요가 있을지 모른다."

미래의 질문들은 너무 깊고 어려워서 그 질문들을 풀려면 수많은 서로 다른 "마음 종류들"과, 이런 마음들에 인터페이스 하기 위한 새로운, 인간의 기술이 있어야 할 것이다. 켈리는 생각하는 기계를 외계인과 비교하면서 글을 맺었다. "인공지능(AI)은 외계 지능(Alien Intelligence)의 줄임말이어도 괜찮을 뻔했다. 앞으로 200년 사이에 . . . 우리가 외계 생명체와 접촉할지는 확실치 않다. 하지만 그때까지 우리가 외계 지능을 제조하게 되리라는 점은 거의 100% 확실하다. 그런 합성 외계인을 접하는 순간, 우리는 진짜 외계인과의 접촉에서 예상되는 것과 같은 혜택 및 도전에 직면하게 될 것이다. 그것은 우리로 하여금 우리의 역할, 신념, 목표, 정체성을 다시 평가하게 만들 것이다."

유용한 인공지능 인터페이스의 개발과 함께 우리 자신의 두뇌를 개조한다면 우리가 지금은 전혀 손대지 못하고 있는 심오한 다양한 개념들을 받아들일 수 있을 것이다. 뇌에 겨우 몇 개의 신경절만 있는 유카 나방이 태어날 때부터 유카 꽃의 기하학을 인식할 수 있는 사실에 비춰본다면 우리의 뇌 피질 주름이 가질 수 있는 능력은 과연 얼마나 될까? 물론 우리가 전혀 이해할 수 없는 우주의 측면들이 있을 수 있다. 마치 염소가 절대로 미적분학, 블랙홀, 기호 논리, 시를 이해할 수 없듯이 말이다. 우리가 절대 생각할 수 없는 생각들이 있고 그저 힐끗 볼 수만 있는 비전들이 있다. 인간 현실과 이를 초월한 현실 사이에 있는 얇고 베일 같은 인터페이스에서 우리는 신의 존재를 발견할지도 모른다. 누군가는 이를 인공 신과 춤추는 것에 비유할지 모르겠다.

참조 영혼 찾기 (1907), 초대형 두뇌 혹은 생각하는 기계 (1949), 지능 폭발 (1965), 인공생명 (1986)

켈리는 우리가 미래에, 우리가 만든 "합성 외계인"을 만나게 될 것이라고 믿었다. 그리하여 다른 행성에서 온 지능을 갖춘 외계인과 접촉할 때 기대할 수 있는 것과 같은 혜택과 도전을 우리가 다루게끔 만들 것이라고 믿었다.

화성 위의 인공지능

로봇 우주선과 탐험 차량이 신속하고 현명한 결정을 내릴 필요성이 대두되면서(특히 지구인과의 통신이 계속 유지되지 못하는 상황에서) 인공지능과 자율성은 우주 탐험에 점점 더 많은 역할을 할 것이다. 우리가 태양계로 더욱 뻗어 나가고 심지어는 목성의 유로파 같은 위성에 탐험 차량을 보내게 되면 통신 지연은 특히나 성가신 것이 될 수가 있다.

제한적이기는 했지만 우주에서 환상적이었던 인공지능의 최근 사례로 나사의 **큐리오시티** 탐험 차량이 있다. 이 탐험 차량은 화성을 돌아다니면서 화성에 생명이 살 수 있는지 알아내고 화성의 지질, 기후, 방사선 패턴을 더 잘 이해하는 데 도움을 주었다. 2015년에는 이런 작업을 돕기 위해 AEGIS(뜻을 해석하자면 '늘어나는 과학 정보를 모으기 위한 자율 탐사')라는 이름의 인공지능 소프트웨어가 큐리오시티에 업로드되었다.

행성과학자 레이몬드 프랜시스는 이렇게 말했다. "지금 현재 화성은 완전히 로봇들의 거주지이다. 그리고 장착된 레이저로 무엇을 할지 스스로 결정할 수 있을 정도의 인공지능을 갖춘 로봇들도 있다." 탐색 중이던 큐리오시티는 관심을 끄는 특정한 표면 특성을 발견하게 되면 레이저로 그 표면을 조금 기화시킨 후에 결과 스펙트럼을 검사하여 암석의 조성을 평가할 수 있다. 특히나 AEGIS 덕분에 스스로 암석을 선택한 후 레이저로 정확하게 조준할 수 있다. 또한, 컴퓨터 비전을 사용해서 디지털 이미지를 검사하여 가장자리, 모양, 크기, 밝기 등을 알아낸다. 언론인 마리나 코렌은 이렇게 적고 있다. "큐리오시티를 움직이게 만드는 380만 줄의 코드 중에서 단 2만 줄에 불과한 이 소프트웨어가 자동차 정도의 크기에 바퀴가 여섯 개이고 원자력 동력을 가지는 이 로봇을 현장 과학자로 탈바꿈시켰다."

큐리오시티의 조사로 인해 언젠가는 인간이 직접 탐험할 길을 열릴 수 있을 것이다. 그리고 AEGIS와 같은 시스템은 기계 학습과 기타 인공지능 방법들을 사용해서 이상 여부를 감지함으로써 이런 과정에 도움을 줄 것이다. 큐리오시티가 화성의 반대편에 있어서 지구로부터 통신을 통해 명령을 받을 수 없을 때나, 지구와 통신을 하면 탐험 차량의 전력이 소진될 위험이 있을 때, 인공지능이 특히 유용할 수 있다.

참조 로봇 쉐이키 (1966), 자율주행 차량 (1984), 룸바 (2002)

2015년 10월 6일에 화성의 마운트 샤프 기슭에 도착한 큐리오시티의 모습.

바둑 챔피언 알파고

"체스의 바로크적인 규칙들이 인간에 의해서 만들어질 수 있었다고 말할 수 있는 반면에, 바둑의 규칙들은 너무도 우아하고 유기적이며 엄격히 논리적이어서 만약 우주 어딘가에 지능을 가진 생명체가 존재한다면 그들은 바둑을 두고 있을 것이 거의 확실하다"라고 독일 출신의 미국인 체스 및 바둑 전문가 에드워드 라스커(1885-1901)는 말했다.

바둑은 두 명이 하는 보드게임으로, 기원전 2000년경에 중국에서 기원하여 일본으로 전파된 후 13세기에 그곳에서 큰 인기를 끌었다. 이 게임에서는 두 명의 플레이어가 각각 흰색 돌과 검은색 돌을 들고, 가로세로가 각각 19칸인 게임판 위에 번갈아 가며 놓는다. 한 개 이상의 돌이 상대편의 돌들에 의해 빈틈없이 둘러싸이게 되면 상대편에게 뺏긴다. 게임의 목표는 상대편보다 더 큰 영역을 차지하는 것이다. 바둑은 여러 이유에서 복잡하다. 게임판의 크기가 크고, 전략이 복잡하며, 경우의 수가 엄청나게 많다. 사실 바둑판에서 가능한 경우의 수는 우리 눈에 보이는 우주에 있는 원자의 개수보다도 많다!

2016년에 알파고 프로그램은 대한민국의 이세돌(1983-)을 물리치면서 최초로 핸드캡 없이 세계 최고의 프로 바둑 플레이어를 이긴 바둑 프로그램이 되었다. 알파고를 개발한 딥마인드 테크놀로지즈는 영국의 인공지능 회사로서 2014년에 구글에 인수되었다. 기술적으로 말해서 알파고는 몬테카를로 트리 탐색 알고리듬과 인공 신경망을 사용했다. 2017년에 알파고 제로라는 새로운 버전이 등장했는데 인간이 했던 경기 데이터를 전혀 참조하지 않고 자기 자신과 수백만 번의 게임을 하면서 학습한 후에 알파고 프로그램을 물리쳤다. 어떤 면에서 보면 알파고 제로는 인간이 수천 년에 걸쳐 얻어낸 통찰력, 창의력, 훈련을 겨우 며칠 만에 획득한 후에 더 우수한 방법을 발명했다.

알파고의 놀라운 게임 접근방식을 가리켜 언론인 돈 챈은, "모두의 말에 비추어 봤을 때 , 마치 외계 문명이 우리 한가운데에 수수께끼 같은 지침서를 떨어뜨린 느낌을 받게 된다. 우리가 적어도 일부는 이해할 수 있는 뛰어난 매뉴얼이다"라고 말했다.

참조 인공 신경망 (1943), 마스터마인드 (1970), 백개먼 챔피언을 물리치다 (1979), 딥블루가 체스 챔피언을 이기다 (1997), 오델로 (1997)

알파고 프로그램은 대한민국의 이세돌을 물리쳤다. 이는 핸드캡없이 프로 9단을 이긴 최초의 프로그램이다.

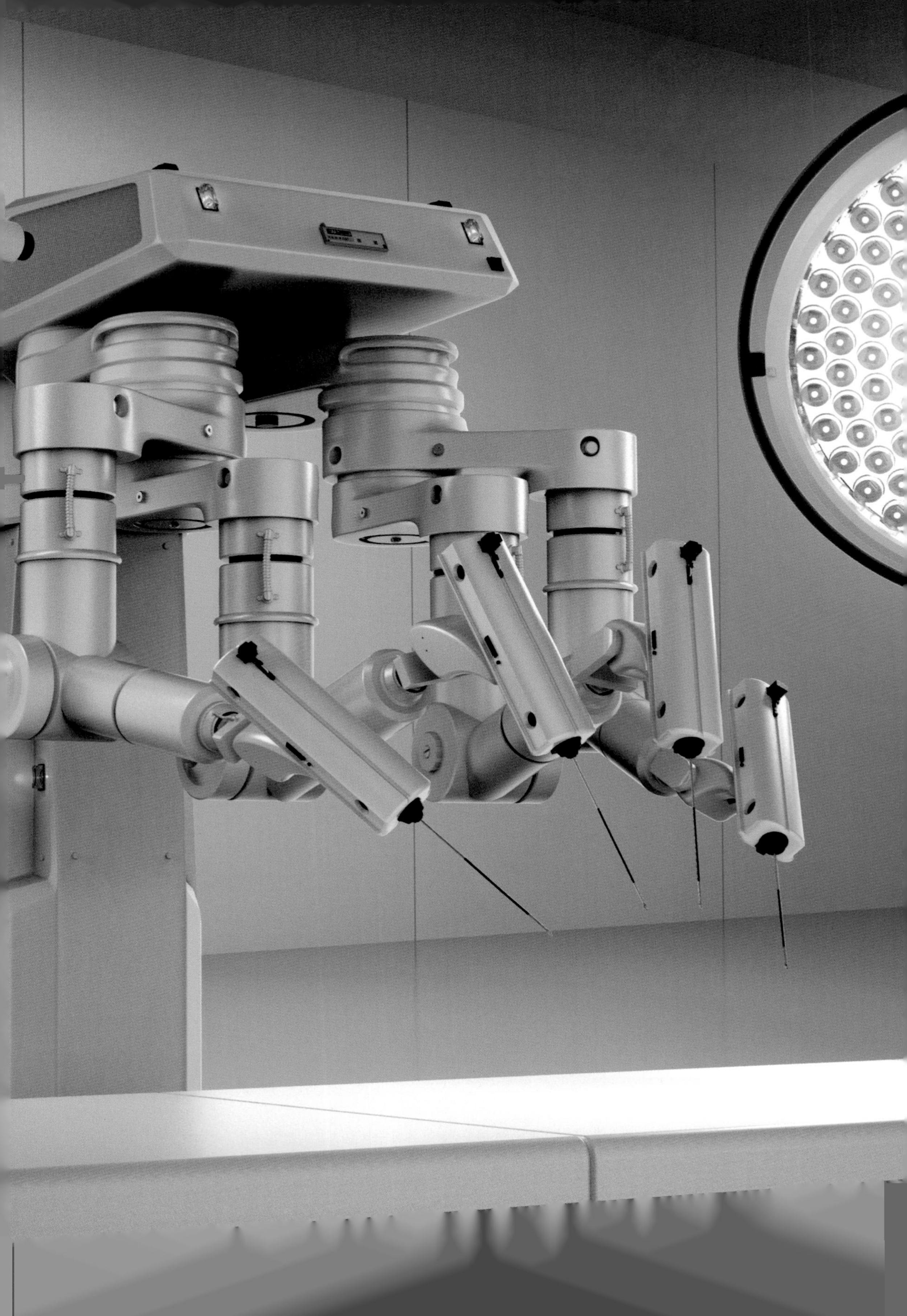

자율 로봇 수술

2016년

2016년에 STAR라는 로봇 수술 시스템이 내장형 강화 비전, 기계 학습, 손재주를 사용하여 돼지의 소장을 수술하는 시연을 보였다. 인간 외과 의사와 비교해서 STAR의 봉합은 더 일관적이었으며 봉합 부위 근처에서 새는 피도 더 적었다. 이 "지도된 해부"의 사례에서는 STAR의 비전 시스템 카메라가 수술 조직을 잘 좇아가도록 돕기 위해 근적외선 형광 태그들이 장 표면에 부착되었다. STAR는 일단 사전에 봉합 작업을 계획한 후에 수술 과정에서 조직이 움직이면 그때그때 조정을 해나갔다.

수술 로봇의 자율성 증가와 관련해서 인상적인 과거의 사례들이 있다. 시작은 수술을 보조하는 로봇이었다. 가장 인기 있는 형태의 로봇 수술로는 복강경 수술과 유사한 키홀 수술 혹은 최소 침습 수술이 있다. 이 수술은 작은 절개를 통해 이루어지며 혈액 손실과 고통은 최소화하면서 환자의 회복 시간은 줄여준다는 평을 듣고 있다. 의사가 환자 위에서 이리저리 움직이며 튜브처럼 생긴 장치를 환자 몸에 넣어 직접 조작하는 형태의 수술과는 다르게, 로봇 수술에서는 의사가 모니터 앞에 편안히 앉아 실시간 삼차원 이미지를 통해 환자 몸속을 들여다보면서 조종 장치를 움직여 로봇 팔에 붙어 있는 수술 기구들을 조작한다. 복강경 수술과는 다르게 로봇 수술은 외과 의사의 손 떨림을 피할 수 있고 손의 큰 움직임도 로봇의 미세한 움직임과 조작으로 바뀌므로 더욱 정확도를 높여줄 수 있다. 원격 외과 수술이라는 새롭게 등장한 분야에서는 고속 통신 네트워크에 연결된 로봇 기구 덕분에 외과 의사가 멀리 떨어져 있는 수술실에 누워있는 환자를 수술할 수 있다.

2000년에 미국 외과 의사 마니 메논(1948-)은 암에 걸린 전립선을 제거하는 데 로봇을 사용한 미국 최초의 의사가 되었다. 같은 해에 그는 미국에서 최초로 로봇 전립선 수술 센터를 세웠다. 오늘날 로봇 보조 복강경 수술은 자궁절제술, 심장 승모판 밸브 수술, 탈장 수술, 담낭 제거 등에 사용되고 있다. 또한, 로봇은 정형외과의 무릎 교체, 모발 이식, 라식 수술 등에서도 중요한 단계에 사용되고 있다.

참조 살상용 군사 로봇 (1942), 자율주행 차량 (1984), 인공지능으로 사망 예측하기 (2019)

자율 로봇이 자체의 비전 시스템과 기계 지능을 사용해서 점점 더 많은 역할을 수행하는 미래의 수술을 상상해보자. 아마도 그것은 CT나 MRI 스캔에서 효율적으로 정보를 가져올 수 있기 때문에 수술실에서 영웅이 될 것이다.

인공지능 포커

2017년

2017년에 두 개의 인공지능 프로그램이 **텍사스홀덤**이라는 게임에서 프로 포커 플레이어를 이기자 수많은 뉴스에서 이를 엄청난 승리라고 보도했다. 과거에 이미 인공지능은 체스나 바둑과 같은 많은 종류의 게임에서 인간을 물리쳐 왔다. 하지만 이런 게임들은 플레이어에게 모든 것이 공개되는 **완전 정보** 게임이었다. 텍사스홀덤 포커 게임에서는 두 명 이상의 플레이어들이 두 장의 카드를 받은 다음, 까놓지 않은 상태에서 시작한다. 새로 카드를 받을 때마다 플레이어는 "돈을 더 걸지, 그냥 갈지, 포기할지"를 결정한다. 여기서 플레이어들은 **불완전한 정보**를 가지고 있다. 그래서 이 게임은 컴퓨터가 하기에 특히나 어려우며, 이기기 위한 전략을 결정하려면 일종의 "직관"이 있어야 한다. 또 하나의 어려운 점은 게임 시나리오의 가능한 경우의 수가 엄청나게 크다는 것이다(대략 10^{160}). 무제한 홀덤 게임에서는 플레이어가 다른 플레이어를 포기하도록 만드는 베팅 전략을 구사하는 것이 일반적이며 종종 '뻥카'를 치기도 한다(예: 유리한 카드를 들고 낮게 베팅하거나 경쟁자를 혼란스럽게 만들기 위한 배팅).

이런 어려움에도 불구하고 **딥스택**이라고 불리는 인공지능은 **헤드업 무제한 텍사스홀덤** 게임에서 전문 포커 플레이어를 물리칠 수 있었다. 이 인공지능은 자기 자신과 수백만 번의 게임을 벌이면서 딥러닝을 이용해 포커 게임의 직관을 키우기 위한 인공 신경망을 학습시켰다. 2017년에는 **리브라투스**라는 이름의 또 다른 인공지능 포커 프로그램이 20일간 열린 많은 게임에서 세계 최고의 인간 텍사스 홀덤 플레이어 네 명을 물리쳤다. 리브라투스는 신경망을 사용하지 않는 대신에 **반 사실적 후회 최소화**라는 알고리듬 방식을 사용했다. 이 방식은 학습 과정에서 매 게임 시뮬레이션이 끝날 때마다 다시 복기하면서 전략을 향상시킬 방법을 찾는다. 흥미롭게도 딥스택은 노트북 컴퓨터에서 수행될 수 있지만 리브라투스는 훨씬 더 복잡한 컴퓨터 하드웨어가 필요했다.

불완전한 정보를 다룰 수 있는 인공지능은 주택의 최종 판매 가격을 추측하거나 새 차 구매를 위한 가격 협상 등과 같이 많은 현실 상황에서 유용할 수 있음을 기억하자. 흥미롭게도 "포커봇"(포커를 플레이하는 프로그램)과 관련해서 다양한 실력 수준을 보여주는 것들이 지난 몇 년 사이에 등장했다. 하지만 사람들끼리 온라인 포커 게임을 할 때 사람을 도와주는 용도로 그것들을 사용하는 것은 일반적으로 허용되지 않는다.

참조 인공 신경망 (1943), 딥블루가 체스 챔피언을 이기다 (1997), 콰클의 스크래블 우승 (2006), 바둑 챔피언 알파고 (2016)

2017년에 인공지능 프로그램들이 텍사스홀덤 게임에서 인간 프로 포커 플레이어를 물리쳤다. 이 게임에서는 플레이어가 불완전한 정보를 가진다. 그래서 컴퓨터가 하기에 특히나 어렵고 이기기 위한 전략을 결정하려면 일종의 "직관"이 있어야 한다.

적대적 패치

셔츠에 버튼을 달거나 일단정지 신호판에 스티커를 붙여서 인공지능 개체(예: 스마트 감시 카메라 또는 자율주행차)를 속여 당신이 보여주고 싶은 것으로 오인하도록 만들 수 있다고 상상해보자. 이런 시나리오는 억지가 아니다. 이것은 기계 학습이나 시각 또는 소리에 의존하여 결정을 내리는 인공지능의 위험성을 보여준다.

2017년에 구글의 연구원들은 인공지능 이미지 분류기를 혼돈에 빠뜨리기 위해 알록달록한 사이키델릭 패턴을 가진 원형 패치를 설계했다. 이 패치는 인공지능 시스템을 바보로 만든다. 예를 들어 바나나 옆에 그걸 놓으면 바나나를 토스터기라고 생각하게 만든다. 다른 방식을 사용한 실험들에서는 거북이를 소총으로, 소총은 헬리콥터로 생각하게끔 속였다. 시각적인 적대적 패치가 사람 눈에는 분명히 구분되어 보이지만, 어떤 패턴(예: 건물 옆면에 그린 벽화나 복잡한 삼차원 조각)은 단순히 예술로 잘못 받아들여질 수도 있다. 그래서 예를 들면 그 패턴이 공격용 드론으로 하여금 병원을 군사 목표로 오인하게 만들고 있음에도 불구하고 육안으로 관찰하는 사람은 그런 상황을 알아채지 못할 수가 있다.

또한, 어떤 패치를 쓰면 인공지능 시스템이 정지 신호판을 속도 제한 신호판으로 잘못 분류하기도 한다. 과거의 일부 작업들은 이미지에 있는 픽셀 몇 개를 바꾸는 식과 같이 사람의 눈에 띄지 않는 변화에 초점을 두었다. 2018년에 캘리포니아 대학교 버클리 분교의 연구원들은 음성 인식 시스템에서 사용할 수 있는 적대적 오디오를 만들어냈다. 다르게 말하자면 어떤 오디오 파형이 주어졌을 때 거의 동일한 파형을 만들어내서 음성 인식 시스템으로 하여금 연구원이 의도하는 문구로 그 파형을 해석하게 만드는 것이었다.

"적대적 기계 학습" 연구는 인공지능이 학습하는 동안에 훈련 데이터를 조작하는 것도 포함한다. 이런 적대적 행위를 저지하기 위해서 인공지능 시스템이 반드시 복수의 분류기 시스템을 사용하도록 한다거나, 훈련 중에 적대적 샘플에 의해 방해받지 않도록 프로그래밍하는 것이 가능할 수는 있겠으나, 여전히 많은 인공지능 애플리케이션에서 잠재적 위험은 존재한다.

참조 살상용 군사 로봇 (1942), 기계 학습 (1959), 인공지능의 윤리학 (1976), 자율주행 차량 (1984)

연구원들은 비전 인공지능 시스템 분야에서 원형의 사이키델릭한 패치를 사용하면 이 인공지능 시스템을 속여 바나나를 토스터기로 "여기게" 만들 수 있음을 보여주었다. 이것은 특정 응용에서 인공지능을 사용할 때 발생할 수 있는 위험을 강조하고 있다.

United States Patent [19] | [11] **4,378,116**
Rubik | [45] **Mar. 29, 1983**

[54] **SPATIAL LOGICAL TOY**

[75] Inventor: **Ernö Rubik**, Budapest, Hungary

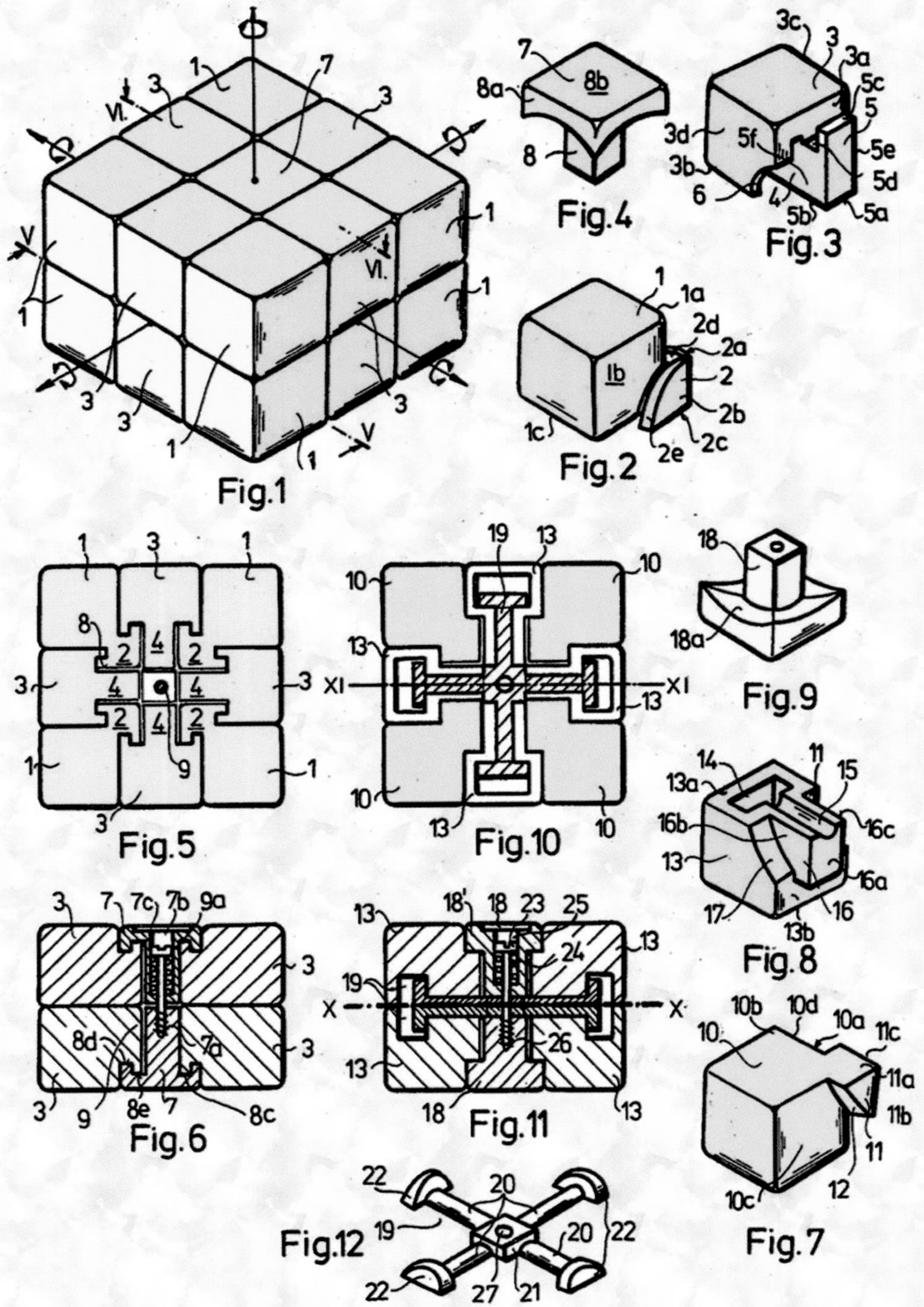

Fig.1 Fig.2 Fig.3 Fig.4 Fig.5 Fig.6 Fig.7 Fig.8 Fig.9 Fig.10 Fig.11 Fig.12

루빅스 큐브 로봇

컴퓨터 비전과 물리적 조작으로 루빅스 큐브®를 맞출 수 있는 로봇의 제작은 인공지능 엔지니어들 사이에서 인기 있는 도전과제였다. 그들은 오랫동안 수많은 종류의 로봇을 설계해왔다. 본래 루빅스 큐브는 1974년에 헝가리의 발명가 루비크 에르뇌(1944-)에 의해 발명되었다. 1982년이 되자 헝가리에서 1,000만 개가 판매되었다(흥미롭게도 그 나라 인구보다도 많다). 지금까지 전 세계적으로 1억 개 이상이 판매된 것으로 추정된다.

작은 큐브들이 3 x 3 x 3의 배열로 구성된 루빅스 큐브는 큐브의 여섯 면이 각각 다른 색으로 통일되어 있다. 외부에 노출된 26개의 서브 큐브들이 내부적으로는 힌지에 연결되어 있어서 이 여섯 면은 회전할 수 있다. 이 퍼즐의 목표는 서브 큐브들이 마구 뒤섞여 있는 상태에서 여섯 면이 각각 동일한 색으로 통일되도록 되돌리는 것이다. 작은 서브 큐브들이 섞여 있는 상태는 총 43,252,003,274,489,856,000가지가 가능하며 이 중 여섯 면이 각각 같은 색으로 통일된 경우는 단 하나이다. 가능한 모든 경우의 수마다 그것에 해당하는 루빅스 큐브가 한 개씩 있다고 가정한다면 지구 전체(바다 포함)의 표면을 250번 완전히 덮을 수 있을 양이다.

2010년에 연구자들은 어느 경우에 있건 간에 루빅스 큐브를 맞추는 데 필요한 조작의 횟수는 20번 이내임을 증명했다. 2018년에는 루빅스 컨트랩션이라고 불리는 민첩한 루빅스 큐브 로봇이 단 0.38초 만에 큐브를 맞춰서 마침내 0.5초 벽을 넘어섰다. 이 시간에는 이미지 캡처, 연산, 움직임 시간이 모두 포함된다. MIT 로봇공학과 학생인 벤 카츠와 소프트웨어 개발자 자레드 디 카를로가 만든 이 로봇은 여섯 개의 콜모겐 서보디스크 모터와 코시엠바 2상 알고리듬이라는 것을 사용했다. 이와 비교해서 2011년에 로봇이 세운 세계 기록은 10.69초였다. 또한, 2018년에는 딥러닝 기계가 인간의 지식을 전혀 사용하지 않고 강화 학습을 통해서 루빅스 큐브 맞추는 법을 스스로 터득했다.

장난감 가게에서는 절대 볼 수 없는 변종으로, 루빅스 테서랙트라고 불리는 4차원 버전이 있다. 루빅스 테서렉트의 가능한 경우의 수는 입이 떡 벌어질 정도인 1.76×10^{120}개이다. 이 테서랙트 큐브의 회전하는 면을 1초에 한 번씩 돌린다고 가정할 경우, 우주가 탄생한 순간부터 돌리기 시작했다고 하더라도 현재까지 그 가능한 모든 경우를 아직 다 만들어내지 못할 정도이다.

참조 하노이의 탑 (1883), 강화 학습 (1951), 로봇 쉐이키 (1966), 아시모와 친구들 (2000)

루비크 에르뇌가 "공간적 논리적 장난감"에 관하여 1983년에 등록한 미국 특허 4,378,116에 나오는 내부 구조도이다.

40 DEATH ♏

인공지능으로 사망 예측하기

2016년에 스탠퍼드 대학교의 연구원들은 인공지능 시스템을 훈련시켜서 어떤 사람이 3개월에서 12개월 사이에 죽을지 여부를 정확하게 예측할 수 있었다. 이 놀라운 응용은, 앞으로 인공지능과 딥러닝이 보여줄 다양한 역할을 대표적으로 보여주는 사례로 이 책에 포함되었다.

일반적으로 환자가 말기 판정을 받고 더는 치료법이 없을 때 환자의 통증, 스트레스, 기타 증상을 완화하는 것을 완화 치료라고 한다. 그런 특정한 간호가 언제부터 보장되어야 하는지를 알게 된다면 환자와 가족 및 간병인에게 유익할 것이며 동시에 그런 간호가 가장 효과적인 시점을 결정하는 데 도움을 줄 것이다. 인공지능 "사망 예측 알고리듬"을 만들기 위해서 스탠퍼드 팀은 암, 심장병, 신경계 질환 등으로 사망한 환자 약 17만 명의 정보를 사용했다. 의료 정보에서 얻은 다양한 정보들, 예를 들면 환자의 진단 내용, 의료 절차, 의료 스캔, 처방전 등이 이 인공지능 시스템을 "가르치는데" 입력으로 사용되었다. 그런 후에 다양한 내부 가중치가 뉴런 유닛들에 적용되어 딥 신경망을 훈련시켰다. 딥 신경망은 13,654차원을 가지는 입력 층layer(예: 진단 코드들과 약물 코드들), 18개의 숨겨진 층(각각은 512차원), 그리고 스칼라 출력 층으로 구성되었다.

결과를 보면, 3개월에서 12개월 사이에 사망하리라고 예측된 사람 10명 중 9명이 실제로 그 기간에 사망했다. 또한, 12개월 이상 생존하리라 예측한 사람 중 95%는 그렇게 오래 살았다. 하지만 의사인 싯다르타 무커지는 최근 『뉴욕타임즈』의 기사에서 이렇게 지적했다. "[딥러닝 시스템은] 학습은 하지만 자기가 왜 그렇게 학습했는지를 우리에게 말하지 못한다. 그것은 확률을 지정하지만 그 뒤에 숨어 있는 추론을 쉽게 표현할 수 없다. 시행착오로 자전거를 배운 아이에게 자전거를 탈 수 있게 해주는 규칙을 설명해달라고 하면 그냥 어깨를 으쓱하고 도망가버리는 것과 같이, 이 알고리듬도 우리가 '왜?'라고 물으면 우리를 멍하니 바라본다. 그것은 죽음과 마찬가지로 또 하나의 블랙박스이다." 그럼에도 불구하고 인공지능 사망 예측기에 관한 연구는 계속되고 있다. 2019년에 노팅엄 대학교의 전문가팀은 조기 사망을 예측하는 데 인구학, 생체학, 임상, 생활양식 등에 기반한 기계 학습이 전통적인 방식보다 우수할 수 있음을 보였다.

참조 딥러닝 (1965), 인공지능의 윤리학 (1976), 자율 로봇 수술 (2016)

연구원들은 3개월에서 12개월 사이에 어떤 사람이 죽을지 여부를 정확하게 예측하도록 인공지능 시스템을 훈련시켰다. 만약 여러분이 죽을 날짜 혹은 해를 알 수 있는 상황이라면 그것을 미리 알고 싶은가?

주석 및 참고문헌

“인공지능은 진화의 다음 단계이다. 하지만 그 단계는 좀 다르다. . . . 하나의 인공적인 지능 장치는, 인간 선생이 학생에게 그가 아는 것을 가르치는 것과 같은 식으로 자신이 알고 있는 모든 것을 누군가에게 말할 수 있다. 하지만 그뿐만 아니라, 자체 설계에 관한 모든 것을 다른 장치에 말할 수 있다. . . . 기본적으로 사람의 마음은 신과 비슷하지 않으며 컴퓨터와도 비슷하지 않다. 그것은 침팬지의 마음과 거의 같고 정글을 돌아다니거나 들판에 나가기 위해 [설계된 것]이다.”

— 에드워드 프레드킨, 파멜라 맥코덕의 『생각하는 기계』 속에 인용됨.

필자가 이 책을 작성하기 위해 사용한 자료의 일부와 인용문의 출처에 대한 정보를 제공하기 위해 참고문헌의 목록을 다음과 같이 모아 놓았습니다. 많은 독자들이 알고 있듯이 인터넷 웹사이트는 생겼다가 없어지고 때때로 주소가 바뀌거나 없어지기도 합니다. 여기에 열거된 웹사이트 주소들은 이 책이 작성되던 때에 유용한 배경 정보를 제공했습니다. 위키피디아와 같은 온라인 출처들은 이 책과 같은 탐구의 시작점으로 가치가 있습니다. 저는 때때로 이 사이트를 출발점으로 삼았고 다른 많은 웹사이트와 책, 연구 논문들을 참고했습니다.

여러분이 느끼기에 인공지능에서 흥미롭고 중요한 순간을 제가 간과해서 충분히 제대로 다루지 않은 부분이 있다면 알려주시기 바랍니다. 제 웹사이트 pickover.com을 방문하셔서 여러분이 느끼기에 세상에 영향을 끼친 아이디어를 이메일로 보내주시기 바랍니다. 이 책의 다음 버전에는 아마도 로코의 바실리스크, GAN(생성적 적대 신경망), 뉴로모픽 컴퓨팅, 베이지안 네트워크, 웨스트월드(TV시리즈), 워게임(1983년 영화), LSTM(Long Short-Term Memory) 네트워크 등등과 같은 인공지능의 보석들이 다루어질 것입니다. 마지막으로 편집자인 메러디스 헤일과 존 밀즈, 데니스 고든, 톰 에릭슨, 마이클 퍼로니, 티하 크라섹, 폴 모스코위츠 등이 해 준 조언과 제안에 감사하는 바입니다.

일반 참고 서적

Crevier, D., *AI* (New York: Basic Books, 1993).
Dormehl, L., *Thinking Machines* (New York: Tarcher, 2017).
McCorduck, P., *Machines Who Think* (Natick, MA: A. K. Peters, 2004).
Nilsson, N., *The Quest for Artificial Intelligence* (New York: Cambridge University Press, 2010).
Riskin, J., *The Restless Clock* (Chicago: University of Chicago Press, 2016).
Truitt, E., *Medieval Robots* (Philadelphia: University of Pennsylvania Press, 2015).
Walsh, T., *Machines That Think* (London: C. Hurst & Co., 2017).

출처

들어가는 글

Hambling, D., "Lethal logic," *New Scientist*, vol. 236, no. 3151, p. 22, Nov. 11–17, 2017.
Reese, M., "Aliens, Very Strange Universes and Brexit—Martin Rees Q&A," *The Conversation*, April 3, 2017, http://tinyurl.com/mg3w6ez
Truitt, E., *Medieval Robots* (Philadelphia: University of Pennsylvania Press, 2015).
"Visual Trick Has AI Mistake Turtle for Gun," *New Scientist*, vol. 236, no. 3151, p. 19, November 11–17, 2017.

기원전 400년경: 탈로스

Haughton, B., *Hidden History: Lost Civilizations, Secret Knowledge, and Ancient Mysteries* (Franklin Lakes, NJ: New Page Books, 2007).

기원전 250년경: 크테시비우스의 물시계

Dormehl, L., *Thinking Machines* (New York: Tarcher, 2017).

기원전 190년경: 주판

Ewalt, D., "No. 2 The Abacus," *Forbes*, August 30, 2005, http://tinyurl.com/yabaocr5
Krimmel, J., "Artificial Intelligence Started with the Calendar and Abacus," 2017, https://tinyurl.com/y5tnoxbl

기원전 125년경: 안티키티라 기계

Garnham, A., *Artificial Intelligence: An Introduction* (London: Routledge, 1988).
Marchant, J., "The Antikythera Mechanism: Quest to Decode the Secret of the 2,000-Year-Old Computer," March 11, 2009, http://tinyurl.com/ca8ory

1206년: 알 자자리의 오토마타

Hill, D., *Studies in Medieval Islamic Technology*, ed. D. A. King (Aldershot, Great Britain: Ashgate, 1998).

1220년경: 란슬롯의 구리 기사

Riskin, J., *The Restless Clock* (Chicago: University of Chicago Press, 2016).
Truitt, E., *Medieval Robots* (Philadelphia: University of Pennsylvania Press, 2015).

1300년경: 에이데 기계 공원

Bedini, S., "The Role of Automata in the History of Technology," *Technology and Culture*, vol. 5, no. 1, pp. 24–42, 1964.
Lightsey, S., *Manmade Marvels in Medieval Cultures and Literature* (New York: Palgrave, 2007).

1305년경: 라몬 룰의 아르스 마그나

Dalakov, G., "Ramon Llull," http://tinyurl.com/ybp8rz28
Gray, J., "'Let us Calculate!': Leibniz, Llull, and the Computational Imagination," http://tinyurl.com/h2xjn7j
Gardner, M., *Logic Machines and Diagrams* (New York: McGraw-Hill, 1958).

Madej, K., *Interactivity, Collaboration, and Authoring in Social Media* (New York: Springer, 2016).
Nilsson, N., *The Quest for Artificial Intelligence* (New York: Cambridge University Press, 2010).

1352년: 종교적 오토마타

Coe, F., *The World and Its People, Book V, Modern Europe*, ed. L. Dunton (New York: Silver, Burdett, 1896).
Fraser, J., *Time, the Familiar Stranger* (Amherst: University of Massachusetts Press, 1987).

1495년경: 다 빈치의 로봇 기사

Phillips, C., and S. Priwer, *The Everything Da Vinci Book* (Avon, MA: Adams Media, 2006).
Rosheim, M., *Leonardo's Lost Robots* (New York: Springer, 2006).

1580년: 골렘

Blech, B., "Stephen Hawking's Worst Nightmare? Golem 2.0" (tagline), *The Forward*, January 4, 2015, http://tinyurl.com/yats534k

1651년: 홉스의 리바이어던

Dyson, G., *Darwin among the Machines* (New York: Basic Books, 1997).

1714년: 의식을 가진 방앗간

Bostrom, N., "The Simulation Argument: Why the Probability that You Are Living in a Matrix is Quite High." *Times Higher Education Supplement*, May 16, 2003, http://tinyurl.com/y8qorjcf
Moravec, H., "Robot Children of the Mind." In David Jay Brown's *Conversations on the Edge of the Apocalypse* (New York: Palgrave, 2005).

1726년: 라가도의 책 쓰는 기계

Weiss, E., "Jonathan Swift's Computing Invention." *Annals of the History of Computing*, vol. 7, no. 2, pp. 164–165, 1985.

1738년: 드 보캉송의 오리 오토마톤

Glimcher, P., *Decisions, Uncertainty, and the Brain: The Science of Neuroeconomics*. (Cambridge, MA: MIT Press, 2003).
Riskin, J., "The Defecating Duck, or, the Ambiguous Origins of Artificial Life." *Critical Inquiry*, vol. 29, no. 4, pp. 599–633, 2003.

1770년: 기계 투르크인

Morton, E., "Object of Intrigue: The Turk, a Mechanical Chess Player that Unsettled the World." August 18, 2015, http://tinyurl.com/y72aqfep

1774년: 자케 드로의 오토마타

Lorrain, J., *Monsieur De Phocas* (trans. F. Amery) (Sawtry, Cambridgeshire, UK: Dedalus, 1994).
Riskin, J., *The Restless Clock* (Chicago: University of Chicago Press, 2016).

1818년: 프랑켄슈타인

D'Addario, D., "The Artificial Intelligence Gap Is Getting Narrower," *Time*, October 10, 2017, http://tinyurl.com/y8g5bu5o
Gallo, P., "Are We Creating a New Frankenstein?" *Forbes*, March 17, 2017, http://tinyurl.com/ycsdr6gt

1821년: 컴퓨터적 창의력

Colton, S., and G. Wiggins, "Computational Creativity: The Final Frontier?" In *Proceedings of the 20th European Conference on Artificial Intelligence*, 2012.

1854년: 불 대수

Titcomb, J., "Who is George Boole and Why is He Important?" *The Telegraph*, November 2, 2015, http://tinyurl.com/yb25t8ft

1863년: "기계들 속의 다윈"

Wiener, N., "The Machine Age," 1949 unpublished essay for the *New York Times*, http://tinyurl.com/ybbpeydo

1868년: 대평원의 스팀맨

Liptak, A., "Edward Ellis and the Steam Man of the Prairie," *Kirkus*, November 6, 2015, http://tinyurl.com/yadhxn7t

1907년: 틱-톡

Abrahm, P., and S. Kenter, "Tik-Tok and the Three Laws of Robotics," *Science Fiction Studies*, vol. 5, pt. 1, March 1978, http://tinyurl.com/ybm6qv2y

Goody, A., *Technology, Literature and Culture* (Malden, MA: Polity Press, 2011).

1920년: 로숨의 유니버설 로봇

Floridi, L., *Philosophy and Computing* (New York: Taylor & Francis, 2002).

Stefoff, R., *Robots* (Tarrytown, NY: Marshall Cavendish Benchmark, 2008).

1927년: 메트로폴리스

Lombardo, T., *Contemporary Futurist Thought* (Bloomington, IN: AuthorHouse, 2008.)

1942년: 아시모프의 로봇공학 3원칙

Markoff, J., "Technology: A Celebration of Isaac Asimov," *New York Times*, April 12, 1992, http://tinyurl.com/y9gevq6t

1943년: 인공 신경망

Lewis-Kraus, G., "The Great A.I. Awakening," *New York Times Magazine*, December 14, 2016, http://tinyurl.com/gue4pdh

1950년: 인간의 인간적 활용

Crevier, D., *AI* (New York: Basic Books, 1993).

Wiener, N., *The Human Use of Human Beings* (London: Eyre & Spottiswoode, 1950).

1952년: 음성 인식

"Now We're Talking: How Voice Technology is Transforming Computing," *The Economist*, January 7, 2017, http://tinyurl.com/yaedcvfg

1954년: 자연어 처리

"701 Translator," IBM Press Release, January 8, 1954, http://tinyurl.com/y7lwblng

1956년: 다트머스 인공지능 워크샵

Dormehl, L., *Thinking Machines* (New York: Tarcher, 2017).

McCorduck, P., *Machines Who Think* (Natick, MA: A. K. Peters, 2004).

1957년: 트랜스 휴머니즘

Huxley, J., *New Bottles for New Wine* (London: Chatto & Windus, 1957).

Istvan, Z., "The Morality of Artificial Intelligence and the Three Laws of Transhumanism," *Huffington Post*, http://tinyurl.com/ycpx9bwa

Pickover, C., *A Beginner's Guide to Immortality* (New York: Thunder's Mouth Press, 2007).

1959년: 지식 표현 및 추론

Nilsson, N., *The Quest for Artificial Intelligence* (New York: Cambridge University Press, 2010).

1964년: 심리치료사 일라이자

Weizenbaum, J., "ELIZA—A Computer Program for the Study of Natural Language Communication Between Man and Machine," *Communications of the ACM*, vol. 9, no. 1, pp. 36–45, 1966.

1964년: 얼굴 인식

West, J., "A Brief History of Face Recognition," http://tinyurl.com/y8wdqsbd

1965년: 전문가 시스템

Dormehl, L., *Thinking Machines* (New York: Tarcher, 2017).

1965년: 퍼지 논리

Carter, J., "What is 'Fuzzy Logic'?" *Scientific*

American, http://tinyurl.com/yd24gngp

1965년: 딥러닝

Fain, J., "A Primer on Deep Learning," *Forbes*, December 18, 2017, http://tinyurl.com/ybwt9qp3

1967년: 시뮬레이션 속에서 살기

Davies, P., "A Brief History of the Multiverse," *New York Times*, 2003, http://tinyurl.com/y8fodeoy.

Koebler, J., "Is the Universe a Giant Computer Simulation?" http://tinyurl.com/y9lluy7a

Reese, M., "In the Matrix," http://tinyurl.com/y9h6fjyx.

1972년: 편집병자 패리

Wilks, Y., and R. Catizone, "Human-Computer Conversation," arXiv:cs/9906027, June 1999, http://tinyurl.com/y7erxtxm

1975년: 유전 알고리듬

Copeland, J., *The Essential Turing* (New York: Oxford University Press, 2004).

Dormehl, L., *Thinking Machines* (New York: Tarcher, 2017).

1979년: 백개먼 챔피언을 물리치다

Crevier, D., *AI* (New York: Basic Books, 1993).

1982년: 블레이드 러너

Guga, J., "Cyborg Tales: The Reinvention of the Human in the Information Age," in *Beyond Artificial Intelligence* (New York: Springer, 2015).

Littman, G., "What's Wrong with Building Replicants?" in *The Culture and Philosophy of Ridley Scott* (Lanham, MD: Lexington).

1984년: 자율주행 차량

Lipson, H., and M. Kurman, *Driverless* (Cambridge, MA: MIT Press, 2016).

1986년: 떼 지능

Jonas, David, and Doris Jonas, *Other Senses, Other Worlds* (New York: Stein and Day, 1976).

1988년: 모라벡의 역설

Elliott, L., "Robots Will Not Lead to Fewer Jobs—But the Hollowing Out of the Middle Class." *The Guardian*, August 20, 2017, http://tinyurl.com/y7dnhtpt

Moravec, H., *Mind Children* (Cambridge, MA: Harvard University Press, 1988).

Pinker, S., *The Language Instinct* (New York: William Morrow, 1994).

1990년: "코끼리는 체스를 두지 않는다"

Brooks, R., "Elephants Don't Play Chess," *Robotics and Autonomous Systems,* vol. 6, pp. 139–159, 1990.

Shasha, D., and C. Lazere, *Natural Computing* (New York: Norton, 2010).

1993년: 밀봉된 "인공지능 상자"

Readers may wish to become familiar with the concept of *Roko's Basilisk*, a thought experiment in which future AI systems retaliate against people who did not bring the AI systems into existence. In many versions of Roko's Basilisk, AIs retroactively punish people by torturing simulations of these people.

Vinge, V., "The Coming Technological Singularity." VISION-21 Symposium, March 30–31, 1993.

1994년: 체커 게임과 인공지능

Madrigal, A., "How Checkers Was Solved." *The Atlantic*, July 19, 2017, http://tinyurl.com/y9pf9nyd

1997년: 딥블루가 체스 챔피언을 이기다

Webermay, B., "Swift and Slashing, Computer Topples Kasparov." May 12, 1997, http://tinyurl.com/yckh6xko

2000년: 아시모와 친구들

Wiener, N., *God and Golem* (Cambridge, MA: MIT Press, 1964).

2001년: 스티븐 스필버그의 영화 A.I.

Gordon, A., *Empire of Dreams: The Science Fiction and Fantasy Films of Steven Spielberg* (New York: Rowman & Littlefield, 2007).

2002년: 룸바

Reel, M., "How the Roomba Was Realized." *Bloomberg*, October 6, 2003, http://tinyurl.com/yd4epat4

2002년: 아와리 게임을 풀다

Romein, J., and H. Bal, "Awari is Solved." *ICGA Journal*, September 2002, pp. 162–165.

2003년: 페이퍼클립 생산극대화의 재앙

It should be noted that AI researcher Eliezer Yudkowsky (b. 1979) has said that the paper-clip maximizer idea may have originated with him. See the podcast "Waking Up with Sam Harris #116—AI: Racing Toward the Brink" (with Eliezer Yudkowsky).

2006년: 콰클의 스크래블 우승

Anderson, M., "Data Mining Scrabble." *IEEE Spectrum*, vol. 49, no. 1, p. 80.

2011년: 제퍼디! 에 출연한 왓슨

Jennings, K., "My Puny Human Brain." *Slate*, Feb. 16, 2011, http://tinyurl.com/86xbqfq

2015년: "그들을 인공 외계인이라 부르자"

Kelly, K., "Call them Artificial Aliens," in Brockman, J., ed., *What to Think About Machines That Think* (New York: Harper, 2015).

2015년: 화성 위의 인공지능

Fecht, S., "The Curiosity Rover and Other Spacecraft Are Learning to Think for Themselves." *Popular Science*, June 21, 2017, http://tinyurl.com/y895pq6k,

Koren, M., "The Mars Robot Making Decisions On Its Own," *The Atlantic*, June 23, 2017, http://tinyurl.com/y8s8alz6

2016년: 바둑 챔피언 알파고

Chan, D., "The AI That has Nothing to Learn from Humans." *The Atlantic*, October 20, 2017. http://tinyurl.com/y7ucmuzo

Ito, J., and J. How, *Whiplash: How to Survive Our Faster Future* (New York: Grand Central Publishing, 2016).

2018년: 적대적 패치

Brown, T., et al., "Adversarial Patch," 31st Conference on Neural Information Processing Systems (NIPS), Long Beach, CA, 2017.

2019년: 인공지능으로 사망 예측하기

Avati, A., et al., "Improving Palliative Care with Deep Learning," *IEEE International Conference on Bioinformatics and Biomedicine (BIBM)*, Kansas City, MO, pp. 311–316, 2017.

Mukherjee, S., "This Cat Sensed Death. What if Computers Could, Too?" *New York Times*, January 3, 2018, http://tinyurl.com/yajko6pv

Rajkomar, A., et al., "Scalable and accurate deep learning with electronic health records," *npj Digital Medicine*, vol. 1, no. 18, 2018, http://tinyurl.com/ych74oe5

이미지 출처

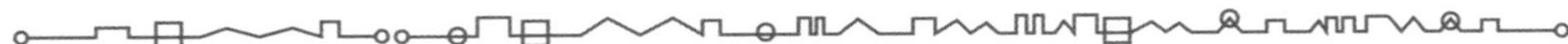

이 책에 나오는 몇몇 낡고 희귀한 이미지들은 깨끗하고 읽기 쉬운 형태로 입수하기 어려워서 이미지 처리 기술을 적용하여 먼지와 흠집을 제거하고 희미한 부분을 강화하기도 했으며 경우에 따라서는 세부 사항을 강조하거나 이미지를 더욱 매력적으로 만들기 위해 흑백 사진에 살짝 색깔을 입혔습니다. 바로옵건대 역사적 순수주의자들께서는 이런 약간의 예술적 건드림을 용서해주시고 제 목표가 광범위한 독자들에게 미학적으로 흥미로운 매력적인 책을 만드는 것이었음을 이해해주시기 바랍니다. 인공지능을 둘러싼 주제들의 놀라운 깊이와 다양성에 제가 빠져버렸음이 사진과 그림을 통해 분명히 드러나야만 한답니다.

Alamy: The Advertising Archives: 72; David Fettes: 154; richterfoto: 152; Science Photo Library: 128

Courtesy of International Business Machines Corporation, © (1962) International Business Machines Corporation: 88

Courtesy of Universal Studios Licensing LLC: endpapers, 126

Cyclopaedia: Abraham Rees: 6

Gallica: Robert de Boron: 14; Guillaume de Machaut: 16

Internet Archive: J.J. Grandville: 30; Ramon Llull: 18

iStock/Getty Images Plus: ChubarovY: 194; in-future: 194; Kickimages: 138; Paulbr: 158; Vera Petruk: 198; PhonlamaiPhoto: 190; JIRAROJ PRADITCHAROENKUL: 76; Rouzes: 110; sergeyryzhov: 8; Soifer: 192; Vladimir Timofeev: 156

Getty: Al Fenn: 90; Kyodo News/Contributor: 168; The Washington Post/Contributor: 180; Westend61: 82

Google Research Team: 194

Library of Congress: Charles Verschuuren: 64

New York World's Fair 1939-1940 records, Manuscripts and Archives Division, The New York Public Library/ Mansfield Memorial Museum: endpapers, 68

Scientific American: 136

Shutterstock: 7th Son Studio: 146; Charles Adams: 124; Berke: 170; Black Moon: 44; gualtiero boffi: 122; Willyam Bradberry: endpapers, 48; camilla$$: 178; Chesky: 142; Esteban De Armas: 74; Digital Storm: 184; Dmitry Elagin: 52; Leonid Eremeychuk: 134; Evannovostro: 114; Everett Historical: 78; Ilterriorm: 166; Eugene Ivanov: back cover, 24; Ala Khviasechka: xii; Anastasiia Kucherenko: 120; MicroOne: 86; Morphart Creation: 26; MossStudio: 98; NadyaEugene: 150; Nor Gal: 164; Ociacia: back cover, 96; Phonlamai Photo: 60, 84, 108; Photobank gallery: 46; PHOTOCREO/Michal Bednarek: endpapers, 102; Saran_Poroong: 188; Glenn Price: 176; Quality Stock Arts: 174; R-Type: 130; ra2studio: 140; Robsonphoto: 212; Benjavisa Ruangvaree: 28; Tatiana Shepeleva: 100; Travel mania: 148; Trial: 172; Tsuneomp: 144; videodoctor: 118

Stanford University: Chuck Painter: 92

United States Patent and Trademark Office: 56, 62, 106, 112, 160, 196

Wikimedia: Rocky Acosta: 80; Ismail al-Jazari/MFA Boston: 12; Aquarius70: 162; Edward S. Ellis/Cover of "Steam Man of the Prairies": 50; Emesee/Electric Sheep: 40; David Iliff: 20; Jastrow/Ludovisi Collection: 4; Erik Möller, Mensch-Erfinder-Genie exhibit, Berlin: 22; Jessica Mullen: 182; NASA: back cover, 94, 132, 136; John R. Neill: 58; New York World's Fair 1939: 70; Joseph Racknitz/Humboldt University Library: 34; Rama: 36; William Bruce Ellis Ranken/Christie's: 104; SRI International: 116; Sybil Tawse/"Bulfinch's Mythology": 2; Robert Toombs/New York Five Cent Library: 54; Carston Ullrich: back cover, 42; Mogi Vicentini: 10; Theodore Von Holst: 38; Jiuguang Wang: 66

색 인

저자소개

클리퍼드 A. 픽오버는 과학과 수학에서부터 종교, 예술, 역사에 이르기까지 다양한 주제에 관하여 50권 이상의 책을 집필했으며 이 책들은 수십 개 언어로 번역되었다. 그는 예일 대학교에서 박사학위를 받았고 600개가 넘는 미국 특허를 가지고 있으며 트위터 팔로워는 34,000명이 넘는다. 그의 특허는 IBM, 이베이, 구글, 트위터, 야후, 페이팔, 링크드인 등을 포함하여 다양한 회사들에 의해 소유되고 있다. 그의 웹사이트인 Pickover.com은 방문자 수가 수백만 명이 넘는다.

그의 작업, 창의성, 경이감을 설명하면서 『뉴욕타임즈』는 이렇게 적었다. "픽오버는 우리가 알고 있는 현실을 넘어서 그 이상의 영역까지 깊이 생각한다." 『와이어드』는 "버키 풀러는 과거에 크게 생각했고, 아서 C. 클라크는 현재에 크게 생각하는 사람이다. 그런데 클리프 픽오퍼는 두 사람을 능가한다"라고 평했다. 『크리스천 사이언스 모니터』는 이렇게 언급했다. "픽오버는 새로운 세대의 다 빈치가 미지의 비행 기계를 제작하고 새로운 모나리자를 창조하도록 영감을 준다."

인공지능: 100개의 징검이야기

초판 1쇄 펴낸날 2020년 6월 29일
지은이 클리퍼드 A. 픽오버 **옮긴이** 이재범
펴낸이 이재범 **펴낸곳** 지식함지 **등록** 2014년 1월 8일(제2016-000066호)
주소 경기도 성남시 분당구 성남대로 295 에이동 1034호
전화 070-4324-4369 **팩스** 0505-937-5958
홈페이지 http://knowledgebasin.com **이메일** info@knowledgebasin.com
인쇄 한국학술정보(주)
ISBN 979-11-89610-05-0(03000)

이 도서의 국립중앙도서관 출판예정도서목록(CIP)은 서지정보유통지원시스템 홈페이지(http://seoji.nl.go.kr)와 국가자료종합목록 구축시스템(http://kolis-net.nl.go.kr)에서 이용하실 수 있습니다. (CIP제어번호 : CIP2020024656)

책값은 뒤표지에 있습니다.